本书受教育部人文社会科学研究项目（10YJC630013）资助

经济转轨进程中高层管理团队与企业战略的匹配研究

曹志来/著

科 学 出 版 社

北 京

内 容 简 介

本书依据理论分析和逻辑演绎构建汽车行业、零售业、房地产行业和电力行业四个行业的企业战略选择理论分类，并运用内容分析法，对这四个行业的中国上市公司年报进行内容分析、编码，得出四个行业企业战略选择分类的定量数据；另外，结合行业转轨经济背景，运用描述性统计方法对这四个行业的企业战略选择变迁进行经验分析，运用离散因变量的多元选择 Logit 回归模型就四个行业的高层管理团队人口统计学特征对企业战略选择的影响进行实证研究，进而提出一些高层管理团队人口统计学特征与企业战略选择匹配的管理建议。

本书适用于以下两类人群，一类是企业战略管理方向的教学科研人员，另一类是企业管理尤其是企业战略管理领域的业界精英。

图书在版编目（CIP）数据

经济转轨进程中高层管理团队与企业战略的匹配研究 / 曹志来著. —北京：科学出版社，2020.12

ISBN 978-7-03-064270-7

Ⅰ. ①经… Ⅱ. ①曹… Ⅲ. ①企业管理-管理人员-关系-企业战略-战略管理-研究 Ⅳ. ①F272.92 ②F272.1

中国版本图书馆 CIP 数据核字（2020）第 018374 号

责任编辑：李 莉 邓 娴 / 责任校对：贾娜娜

责任印制：张 伟 / 封面设计：无极书装

科学出版社出版

北京东黄城根北街 16 号

邮政编码：100717

http://www.sciencep.com

北京虎彩文化传播有限公司印刷

科学出版社发行 各地新华书店经销

*

2020 年 12 月第 一 版 开本：720×1000 B5

2020 年 12 月第一次印刷 印张：13

字数：262 000

定价：118.00 元

（如有印装质量问题，我社负责调换）

前　言

在经济转轨进程中，随着市场化、现代化、国际化的不断深入，中国企业的战略环境、战略选择与高层管理团队发生了明显的变迁。首先，企业所处的战略环境日渐复杂化、多元化，市场瞬息万变，竞争越来越激烈。其次，企业的战略选择空间越来越大、战略调整压力越来越大，是通过技术变革还是通过区域内外市场扩张或国内外市场扩张以促进产品扩张，是纵向一体化扩张还是横向一体化扩张，甚至是不相关多元化扩张，企业时常面临多种战略选择。这些都要求企业高层管理团队通过对企业战略环境的深入分析、准确判断与把握，对企业自身能力与竞争对手的比较与分析，逐渐提高其战略管理能力。与此同时，中国逐渐实现了工商管理硕士学位（master of business administration，MBA）教育的普及化，企业管理者已经逐渐掌握包括战略管理理论在内的现代管理理论与经验。认知基础和价值观等的差异会使企业管理者做出不同的战略选择，不同的战略选择也需要不同类型的高层管理团队来实现，企业高层管理团队与企业战略之间的匹配对企业战略能力的提升起到至关重要的作用。

与经济发达国家不同，中国的渐进式转轨经济环境使得高层管理团队与企业战略之间的匹配不同于成熟市场经济国家。而且制造业、服务业、能源基础产业的企业，又因不同的宏观转轨经济环境和行业竞争特点而存在差异。汽车行业因其市场关联度高、产业链长、涉及行业范围广及消费需求拉动大等特点，在中国经济发展过程中发挥着不可替代的作用。零售业是中国第三产业中发展较快，市场化、现代化与国际化水平最高的行业之一。房地产行业作为中国的支柱性产业之一，对国民经济的发展起着不可替代的推动作用，房地产行业的发展取决于国家或地区的经济发展水平，其又会反过来影响国家或地区的发展。电力行业是国民经济的第一基础产业，是关系国计民生的重要产业，是世界各国经济发展战略中优先发展的重点产业，作为一个传统而又特殊的公共事业性产业，电力行业对促进国民经济的发展起到了重要作用，是国民经济发展的基础和支柱，也是最重要的基础能源。因此，本书选取汽车行业、零售业、房地产行业和电力行业四个有代表性的行业来研究企业高层管理团队与企业战略选择的匹配问题。

第1章为导论。导论主要包括本书的研究背景，文献综述，本书研究内容、思路与方法。在经历了经济转轨进程的中国，企业高层管理团队的战略管理职能日益重要，行业战略环境与发展特征呈现显著行业间差异，高层管理团队与企业战略选择类型的匹配存在行业差异，这也是本书的研究背景。

第2章为理论基础与概念模型。在梳理高层管理团队与战略选择匹配的相关基础理论和关键概念的基础上，本书提出高层管理团队的认知基础和价值观、资源、能力三个维度，从不同的角度影响战略问题发现、战略分析、战略制定这三个战略决策过程，并最终影响企业的战略选择类型，据此构建中国经济转轨进程中高层管理团队与企业战略的匹配关系模型：其中，对于高层管理团队认知基础和价值观、资源、能力这三个维度的自变量，采用人口统计学特征作为观测变量，包括团队规模、平均年龄、平均教育水平、年龄异质性、教育水平异质性和职业背景异质性六个要素。而对于战略决策这个因变量则采用战略选择类型作为观测变量，包括战略投资内容、战略空间布局和战略投资方式三个层面下产品开发战略、市场开发战略、纵向一体化战略、横向一体化战略、相关多元化战略、非相关多元化战略、本地扩张、本区域扩张、跨区域扩张、跨国扩张、独资新建、合资新建和并购这十三种战略选择类型。

第3～6章这四章分别是汽车行业、零售业、房地产行业和电力行业的企业战略选择变迁的实证研究。首先，依据理论分析和逻辑演绎构建四个行业的企业战略选择理论分类。其次，运用内容分析法，对2000～2012年相关行业中国上市公司年报内容进行内容分析、编码，得出四个行业企业战略选择分类的定量数据。最后，采用描述性统计方法结合行业转轨经济背景对四个行业的企业战略选择变迁进行经验分析。

第3章为汽车行业企业战略选择变迁。通过经验分析得出在经济转轨期中国汽车行业上市公司的战略选择以增长型战略为主。该章研究中将增长型战略进一步细分为产品开发战略、市场开发战略、相关多元化战略、非相关多元化战略、横向一体化战略和纵向一体化战略。通过对上市公司年报中的战略投资情况的分析，可以发现中国汽车行业上市公司高层管理团队每年和每届战略选择的侧重点不同：无论是每年的战略选择，还是每届的战略选择都是以产品开发战略、横向一体化战略和市场开发战略为主，其他战略作为辅助。外部环境和产业政策对汽车企业的战略选择有着深远的影响，但在同样的环境下每个企业的战略选择又不尽相同，这与各企业的高层管理团队决策有较大关系。

第4章为零售业企业战略选择变迁。通过经验分析得出，外部宏观环境和产业环境对零售业企业（又称零售企业）战略选择有重要影响。这主要体现在如下四个方面：中国经济持续稳步快速增长拉动了消费需求的大幅增长，为零售业创造了持续快速增长的市场空间，也促进了零售企业的快速发展；中国资本市场的发展拓宽了企业的融资渠道，为零售企业实施扩张战略提供了重要的资金基础；零售业市场竞争的区域性、商圈内顾客消费的有限性、店址资源的垄断性及顾客对店铺品牌的日益认可而提升的店铺忠诚等零售业特征，促使零售企业在20世纪90年代中期至2008年全球金融危机发生前这十几年行业快速发展时期纷纷“跑马圈地”，进行了大量的新店扩张；零售业内竞争的加剧、国外新业态对中国传统零售业的冲击形成了多元化的“推力”，房地产等行业高利润的诱惑形成了多元化的“拉力”，“推力”与“拉力”的双重作用使多元化扩张也成为零售企业一种重要的战略选择。然而，即使面对相同的宏观环境和产业环境的影响，不同的高层管理团队为零售业企业选择了不同的战略：有些企业仍然在零售业务内扩张，不管是采用旧店扩张、原业态新店扩张还是新业态新店扩张，只是根据店铺和业态扩张的需要来进一步确定不同时期横向一体化的具体战略选择；有些企业虽然仍然以零售业为主营业务，但一直采用多元化战略，尤其是以非相关多元化战略居多；有些企业战略主线尚不明确，在零售业和多元化之间摇摆不定，一会儿是零售业务内扩张，一会儿又是多元化战略的尝试。

第5章为房地产行业企业战略选择变迁。纵观2001～2010年房地产上市公司的高层管理团队每年战略选择和每届战略选择，可以发现中国房地产企业战略选择在很大程度上受到来自外部的宏观环境的影响。在房地产行业发展环境不断波动变化的情况下，房地产企业的战略选择随着宏观环境变动进行调整。来自外部的宏观经济环境、政策环境深刻影响着房地产行业的战略选择行为。但是，在同样的产业环境下，不同的高层管理团队为房地产行业企业在战略选择上会做出不同的战略决策。

第6章为电力行业企业战略选择变迁。通过对电力企业2000～2012年的战略选择分析来看，在经济转轨进程中，尤其是对电力行业这种关系国计民生的公用事业，企业战略很大程度上是政府意志的体现，企业在制定战略规划时，政府的宏观调控政策和扶持方向是企业高层管理团队考虑的最重要的一个方面。总体上看，大部分企业都会选择增长型战略，这符合企业发展的一般规律，稳定型战略只是企业在遇到发展瓶颈时所采取的一种缓冲战略。虽然经历了2008年的金融危机，但选择增长型战略的企业仍然占主流。

第7～10章这四章分别对汽车行业、零售业、房地产行业和电力行业高层管理团队与企业战略选择的匹配进行了实证研究。选取上市公司年报数据，采用多元选择Logit回归模型，分析得出各行业企业高层管理团队人口统计学特征对企业战略选择的倾向，并据此提出企业高层管理团队与企业战略选择的匹配策略。

第7章为汽车行业高层管理团队与企业战略选择的匹配。实证研究结果显示，高层管理团队平均年龄越大，在进行战略决策时越愿意选择相关多元化战略、纵向一体化战略、市场开发战略，而平均年龄越小越倾向采用非相关多元化战略、横向一体化战略和产品开发战略。高层管理团队规模越大，越倾向选择产品开发战略、市场开发战略、纵向一体化战略，规模越小则越偏向于采用非相关多元化战略、横向一体化战略、相关多元化战略。高层管理团队平均教育水平越高，越偏好市场开发战略、横向一体化战略和非相关多元化战略，平均教育水平越低则越倾向采用纵向一体化战略、产品开发战略和相关多元化战略。高层管理团队年龄异质性越大在制定战略时越偏向于按产品开发战略、纵向一体化战略、横向一体化战略、非相关多元化战略、相关多元化战略及市场开发战略的顺序来选择；高层管理团队的年龄异质性越小，则按相反的顺序选择。高层管理团队职业背景异质性与企业战略选择之间并不是简单的线性关系，而是"∩"形关系，说明在一定范围内高层管理团队的职业背景异质性越大，越倾向采用横向一体化战略、非相关多元化战略和纵向一体化战略，而职业背景异质性越小的高层管理团队更愿意选择相关多元化战略、市场开发战略和产品开发战略。

第8章为零售业高层管理团队与企业战略选择的匹配。实证研究结果显示，规模大的零售业高层管理团队会偏好于选择七分战略选择分类的内涵式发展、旧店扩张和新业态新店扩张，而三分战略选择分类则是偏好于零售业务外扩张，在战略持续性上则是偏好于持续零售业务外扩张。平均任期长的零售业高层管理团队会偏好于选择七分战略选择分类的纵向一体化扩张、相关多元化扩张、新业态新店扩张，而三分战略选择分类则偏好于零售业务外扩张。在战略持续性的选择平均任期越长越倾向选择扩张方向摇摆不定和持续零售业务外扩张。年龄异质性大的高层管理团队常常偏好于选择七分战略选择分类的新业态新店扩张、纵向一体化扩张和相关多元化扩张，而三分战略选择分类则是偏好于零售业务外扩张，但战略持续性上则是扩张方向摇摆不定。教育水平异质性大的高层管理团队常常偏好于选择七分战略选择分类的内涵式发展、原业态新店扩张、相关多元化扩张，而三分战略选择分类则是偏好于内涵式发展，但战略持续性上则是倾向选择持续零售业务内扩张。任期异质性大的零售业高层管理团队更偏好于选择七分战略选择分类的纵向一体化扩张、非相关多元化扩张、原业态新店扩张，但对三分战略选择分类影响不显著，任期异质性大的高层管理团队显著倾向选择持续零售业务外扩张。

第9章为房地产行业高层管理团队与企业战略选择的匹配。实证研究结果显示，高层管理团队规模仅对市场开发战略和产品开发战略的选择有显著影响，规模越大越偏好于市场开发战略。高层管理团队年龄异质性的战略类型选择顺序为横向一体化战略、市场开发战略、稳定型战略、产品开发战略、非相关多元化战略、相关多元化战略、纵向一体化战略。高层管理团队的教育水平异质性的战略类型选择顺序为纵向一体化战略、稳定型战略、市场开发战略、非相关多元化战略、横向一体化战略、产品开发战略、相关多元化战略。高层管理团队的职业背景异质性的战略类型的选择顺序为非相关多元化战略、相关多元化战略、稳定型战略、市场开发战略、产品开发战略、横向一体化战略、纵向一体化战略。

第10章为电力行业高层管理团队与企业战略选择的匹配。实证研究结果显示，电力行业高层管理团队成员的平均年龄越大，越倾向选择产品密集型战略、市场密集型战略、纵向一体化战略等与本企业生产产品更相关的战略；反之，平均年龄越小，则越可能选择横向相关多元化战略和非相关多元化战略等风险较大的战略。电力行业高层管理团队的平均教育水平越高则越可能选择市场密集型战略和产品密集型战略；而平均教育水平越低则会选择横向相关多元化战略、非相关多元化战略、纵向一体化战略。电力行业高层管理团队规模越大，越倾向选择纵向一体化战略、产品密集型战略、横向相关多元化战略；团队规模越小，越倾向选择市场密集型战略和非相关多元化战略。年龄异质性越大的电力行业高层管理团队越倾向选择市场密集型战略和纵向一体化战略，而年龄异质性越小的高层管理团队则倾向选择产品密集型战略、非相关多元化战略、横向相关多元化战略。电力行业高层管理团队教育水平异质性越大，越倾向选择纵向一体化战略和产品密集型战略；教育水平异质性越小，越倾向选择市场密集型战略、非相关多元化战略和横向相关多元化战略。

第11章为研究结论与管理建议。主要从不同行业企业战略选择的变迁、不同行业高层管理团队与企业战略的匹配两个层面，对各章节的分析进行总结与概括，并得出行业间比较层面的结论。基于本书的研究结论，从构建高层管理团队比首席执行官（chief executive officer，CEO）单打独斗更重要，构建有适度异质性的高层管理团队等方面提出比较具体的管理建议。

总之，在中国转轨经济环境下，企业战略决策日益复杂，对企业高层管理团队要求日益提高，企业高层管理团队与企业战略选择的匹配日益重要。本书基于逻辑演绎、内容分析和实证研究，剖析中国转轨经济背景下，不同行业企业高层管理团队与企业战略的匹配关系，构建高层管理团队与企业战略选择的匹配模型，研究高层管理团队与企业战略选择的匹配偏好，以期对高层管理团队理论和企业战略管理相关研究的发展和进步有所贡献。

本书是教育部人文社会科学研究项目“经济转型进程中高管与企业战略的匹配”（10YJC630013）的最终研究成果，感谢教育部对本书的资助。本书部分章节由笔者带领研究生共同完成，在此感谢石常战、刘婷婷、安瑞勤三位研究生对本书部分章节的付出，感谢科学出版社的编辑对本书出版所付出的辛勤工作。

曹志来

2019年7月26日于东财园

目　录

第1章　导　论

1.1　本书研究背景

1.1.1　企业高层管理团队的战略管理职能日益重要

1. 企业不再缺失战略决策能力

计划经济时代中国企业主要是缺失有战略决策能力的工厂制企业。改革开放后，中国进入经济转轨时期。这期间，随着经济体制改革和市场机制的引入，国有企业先后进行了承包经营责任制和公司制改造，企业管理者获得了越来越多的决策权。与此同时，自主决策、自负盈亏的股份制企业或其他形式的非公有制企业不断产生并快速发展，非公有制经济占国内生产总值（gross domestic product，GDP）比重已超过60%，成为中国经济社会发展的重要基础。

2. 日益复杂化的战略环境既是机会也是挑战

中国企业的外部环境发生以市场化、现代化与国际化为主要特征的剧烈变化，在这种环境下企业拥有越来越多的战略抉择空间，从产品到资本，从国内到国际；同时企业必须经常面对复杂环境的动态变化，这对中国企业的战略决策提出越来越高的要求；企业战略的有效调整对企业适应变化、扭转危机、提高绩效具有决定性意义（刘益等，2005）。

3. 企业高层管理团队战略决策能力不断提升

经济转轨进程中，中国实现了MBA教育的普及化，许多理工科背景的企业管理者完成了MBA教育，越来越多的中层甚至基层管理者在接受MBA教育，战略管理的理论与方法已经成为企业高层管理人员培训项目的标准内容。中国企业的管理者已经逐渐掌握包括战略管理理论在内的现代企业管理理论与经验，并将其运用于决策过程中（Tan and Litsschert，1994）。

1.1.2　行业战略环境与发展特征呈现显著行业间差异

中国经济转轨进程中，经济体制改革不断深化，对外开放程度不断提高，市场竞争日趋激烈。但不同行业改革力度与路径、对外开放程度与方式、市场竞争压力与机制各不相同。

1. 汽车行业的战略环境与发展特征

改革开放引领中国成功从计划经济转轨到市场经济。汽车行业因其市场关联度高、产业链长、涉及行业范围广及消费需求拉动大等特点，在中国经济发展过程中发挥着不可替代的作用。经过35年的快速发展，中国一跃成为世界第一汽车生产大国。2017年中国汽车产销量分别为2901.54万辆和2887.89万辆，同比分别增长3.19%和3.04%，产销量连续9年保持世界第一。而且随着人均可支配收入的增加、换购与增购的比例上升及城镇化、工业化的推进，中国汽车市场刚性需求旺盛。虽然取得了如此举世瞩目的成就，但是中国汽车行业仍然面临着诸多问题，如产业结构不合理、行业集中度仍然较低、缺乏自主品牌及相关核心技术研发实力较弱等。

纵观中国汽车行业的发展，主要经历了高速发展期和平稳增长期，现阶段正处于产业结构调整期。外部环境的不稳定，给中国汽车行业的发展带来了很大影响。2001年随着中国正式加入世界贸易组织（World Trade Organization，WTO），进出口关税降低，国外汽车巨头纷纷在中国投资设厂，在很大程度上影响了中国汽车工业自主品牌的发展，但同时带来了众多机遇。2003年受“非典”、自然灾害和国际原油价格持续走高的影响，各汽车企业产销量一度急剧下滑。2004年中国相继颁布了《汽车产业发展政策》等多项政策法规，加上汽车信贷紧缩、环保等因素的影响，中国汽车工业的发展增速有所降低。2008年突如其来的国际金融危机给世界资本市场蒙上了一层阴影，国际汽车市场的不景气给中国汽车市场带来了沉重的打击，与此同时暴露出中国汽车行业还存在一些亟待解决的问题。为了应对金融危机带来的不利影响，中国政府在2009年1月出台了《汽车产业调整和振兴规划》，使中国汽车企业迅速走出了金融危机的阴影，进入平稳发展的快车道。同时《汽车产业调整和振兴规划》还提出，“利用市场机制和宏观调控手段，推动企业兼并重组，整合要素资源，提高产业集中度，实现汽车产业组织结构优化升级”。这势必给中国汽车行业的发展注入新的活力。2012年有关汽车行业的利好政策逐渐退出及限购令的颁布，使得中国汽车行业的增速变缓，从高速增长期进入平稳发展期。另外，随着国际能源危机和环保意识的增强，传统的燃油汽车已经不符合时代发展的需要，节能与环保型汽车成为国际汽车行业发展的新方向。中国汽车行业紧随时代发展，及时推出了一系列鼓励政策（如《节能与新能源汽车产业发展规划（2012—2020年）》等），着力推进新能源汽车产业的发展。这既加快了中国汽车产业的转型升级，又符合中国倡导转变经济发展方式、发展战略性新兴产业的方针。

由此可见，国际国内环境的变化、国家相关政策及产业相关新技术突破都会对中国汽车行业的发展产生巨大的影响。

2. 零售业的战略环境与发展特征

零售业是中国第三产业中发展较快，市场化、现代化与国际化水平比较高的行业之一。

中国零售业发展较快，改革开放以来，零售业发展实现了历史性跨越。1978～2007年的30年间，社会消费品零售总额增长57倍，年均增长率高达15%（夏春玉和汪旭晖，2008），中国零售业获得了前所未有的增长。2017年全年，社会消费品零售总额366 262亿元，比2016年增长10.2%。

中国零售业成为市场化程度较高的领域之一。1978年之前，零售领域的绝大部分消费品都通过计划分配，流通渠道、流通环节和商品价格也由政府制定。经过20多年的改革，96%的消费品、95%的农副产品流通完全放开，企业自主采购、自主定价、自主经营，市场配置资源的基础性作用越来越大。市场主体从单一到多元。1978年，国有和集体流通企业销售额占消费品零售总额的比重高达98%。随着流通体制改革的深化，个体、私营、外资商业等非公有制经济快速发展，零售领域形成了多种投资主体平等竞争、共同发展的格局。2003年大型零售企业销售额中，国有商业企业只占13.3%，集体商业占4.2%，私营商业占18.7%，其余为股份公司、外资及港澳台企业等。非公有制商业零售企业的市场份额已经超过80%，并将继续得到发展（黄海，2005）。

中国零售业市场竞争国际化。1992年7月，国务院批准北京、上海、天津、广州、大连、青岛6个城市及海南、深圳、汕头、珠海、厦门5个经济特区为零售业对外开放的试点区域；2001年中国加入WTO，全国各地零售业对外开放；经过了3年的保护期之后，2004年12月，中国政府取消了对零售业外商进入中国的所有限制，零售业全面对外开放。截止到2005年底，在中国投资的国外各类业态的零售企业已达1027家，其中，世界前50强的各类大型零售企业已经有2/3进入了中国。

中国零售业的现代化水平迅速提高。中国的流通现代化起步于20世纪90年代，经过短短十几年的发展后，连锁经营、物流配送、电子商务等新型流通方式，超级市场、仓储式商场、便利店等新型业态都已出现。2004年全国大型连锁零售企业门店数有5.5万个，比2003年增长18%；营业面积增长26.5%；零售额增长30.2%，占消费品零售总额的比重提高9.6%。北京、上海、天津、重庆、深圳等地连锁企业的销售额，都已超过当地零售总额的20%（黄海，2005）。面对新技术、新渠道的挑战，中国零售企业不断创新转型，传统业态分化发展，零售新业态频现，技术驱动智慧零售，零售资本深度整合。

中国零售业的快速发展为零售企业提供了发展机遇。与此同时，改革开放后，市场化、现代化与国际化的快速进程，意味着中国的零售市场发生了前所未有的变化，中国零售业经历着史无前例的激烈竞争和战略变革。一方面，中国零售市场的对外开放使外资零售企业凭借经营理念、管理方式、业态、技术等方面的优势，快速抢占本土零售企业的市场份额；另一方面，中国居民的消费观念和消费行为也在迅速转变，零售业传统经营模式已经不能满足他们的全部需求，中国零售企业必须进行战略调整。

3. 房地产行业的战略环境与发展特征

房地产行业作为中国的支柱性产业之一，对国民经济的发展有着不可替代的推动作用。房地产行业的发展取决于国家或地区的经济发展水平，又会反过来影响国家或地区的发展。它同许多产业都有着密切的联系，其发展推进了建材、冶金、运输、家电、装饰、物业管理、社区服务等相关产业的发展。

中国房地产市场的迅速成长，可以追溯到1998年中国开始实行住房制度改革。进入2004年以来，房地产市场出现了供给结构不合理、房地产炒作现象严重和房价上涨过快的现象，针对这一系列问题，国家政府开始推行一系列调控政策来调控房地产行业。2005年3月，国务院办公厅发布了被称为“国八条”的调控措施，提出应当从8个方面采取措施，以加强房地产市场的引导和调控。2006年5月，为加大宏观调控措施的执行力度和调控效果，又公布6条房地产调控政策，被称为“国六条”。2010年4月国务院针对地价、房价过快上涨，以及投机性购房再度活跃的问题，提出“新国十条”，其中“限购令”的实施，在京沪等大城市已经初见成效。2011年，中央坚定不移地坚持调控政策，楼市政策继续从严，成交量下降，房价上涨幅度减缓，部分城市已经开始出现降价现象。其后，中国房地产市场先后经历了2015年“330新政”后1年多的楼市利好政策、2016年“930新政”以来的政策大幅收紧。多年来房地产行业在内外部环境的影响与制约下，其发展战略经历了不断的改变，在外部环境变化频繁，不确定性增加的未来，房地产行业既面临机遇，也充满挑战。

中国房地产行业的战略环境变化较为频繁，其不仅受到经济环境的影响，而且受到来自政府政策环境的影响。中国的房地产行业受到国家政府宏观调控影响较为明显，房地产企业正处于转型经济时期，企业的经营环境动荡不安，对战略决策而言这是典型的“软环境”，置身于“软环境”下的决策者，在进行决策时必然会以个人认知基础为依据，个人认知基础往往存在诸多盲点与局限，由此带来的种种缺憾和不足需要通过团队来加以弥补，这就使高层管理团队在战略选择中的重要性得到凸显。

4. 电力行业的战略环境与发展特征

电力行业是国民经济的第一基础产业，是关系国计民生的重要产业，是世界各国经济发展战略中优先发展的重点产业。作为一个传统而又特殊的公共事业性产业，电力行业对促进国民经济的发展起到了重要作用，是国民经济发展的基础和支柱，也是最重要的基础能源。随着社会经济的发展，电力在能源结构中的比重越来越大，电力行业的发展将直接影响到国民经济的发展。

中国的电力行业从1882年至1949年，经过67年的发展，装机容量只达到185万千瓦，而在中华人民共和国成立以后至2000年的半个世纪中，全国的总装机容量已达到3.19亿千瓦，是建国初期的115倍，平均每年以高于10%的速度在增长。特别是改革开放以来，电力行业在从计划经济到市场经济的转轨过程中引入了多种竞争机制，国家制定了“电厂大家办，电网国家管”的电力政策，充分调动了地方政府和企业办电的积极性，电力行业得到了快速发展。尤其在“十五”期间，中国电力行业发展迅速，基本满足了国民经济和社会发展对电力的需求，发电装机容量和发电量已位居世界第二位，电力装备水平有了很大的提高，大容量、高参数、环保型的机组快速增长，电网的覆盖面不断加大，电力行业的现代化程度越来越高，中国电力行业已经进入了大电网、大机组、西电东送、南北互济、全国联网的新发展阶段，并向高效、环保、安全、经济的更高目标迈进。

2015年以来，电力行业受供给侧结构性改革的影响，全国发电装机容量增长趋势出现放缓迹象，但仍然保持在高于用电量增速的较快增长水平。2017年全国总装机量增速为7.6%，为此前10年来最低；而国家发展和改革委员会发布的数据显示，2017年，全社会用电量63 000亿千瓦时，同比增长6.6%，增速较2016年提高1.6个百分点。

电力行业的发展环境发生了显著变化，电力发展清洁化、智能化、国际化、市场化已是大势所趋。中国生态和环保约束持续趋紧，电力结构清洁化调整步伐必将进一步加快。先进信息技术为电力系统智能化发展提供了技术支撑，大数据、云计算、物联网、移动互联网等先进信息技术与电力工业深度融合。能源电力领域是中国企业“走出去”的重要阵地，国家实施“走出去”战略，提出“一带一路”倡议，中国能源电力海外投资、建设项目持续增加，全方位、多领域的电力对外开放格局更加明晰。电力行业以“打破垄断，建立竞争”为目标的体制改革，在全球性范围内已是大势所趋。中国电力体制改革，从发电、输电、配电、售电、用户等多领域全面推进，多模式多层次试点格局已经形成。

1.1.3 高层管理团队与企业战略选择类型的匹配存在行业差异

中国汽车行业、零售业、房地产行业、电力行业的战略环境的显著差异，导致不同行业的企业在战略选择及其与高层管理团队的匹配关系方面各有特征。

1. 汽车行业高层管理团队与企业战略选择类型特征

汽车行业作为消费品制造业，其高层管理团队和企业战略选择类型具有如下明显特征。

第一，汽车行业的产品线庞杂，同一汽车厂商品牌下有多个产品品牌，而且不同产品品牌的产品质量和市场定位也有较大差异，汽车行业的产品技术、生产运营管理、市场营销等专业性较强，因此与企业战略相对应的是，对高层管理团队的要求也相对较高。本书后文的分析结果显示，高层管理团队的平均年龄呈逐渐上升趋势，主要集中在40岁以上，可能是这个年龄段的管理者比较稳重，且具有更加丰富的职业经验。

第二，汽车行业的产业结构呈现大公司化发展趋势，因此高层管理团队的规模相对较大，本书后文的分析结果显示，汽车行业高层管理团队规模大致维持在12 ~ 13人。

第三，汽车行业合资厂商比重较大，引进外资技术、并购国外品牌越来越多，相应的，汽车行业高层管理团队的平均教育水平也呈现比较高的水平，且多数有海外教育背景。

2. 零售业高层管理团队与企业战略选择类型特征

相对制造业企业来说，零售企业战略选择具有其独特性。

第一，零售业（指具有实体卖场的零售业态）具有明显的区域性。零售业的区域性即零售企业必须在一定的商圈内销售。企业如果想要在其他商圈内进行销售以增加市场份额，则必须进行市场的扩张。也就是说，新店铺的扩张是企业扩张战略的必然选择。

第二，零售业具有业态多样性。百货店（department store）、超市（supermarket）、便利店（convenience store）、仓储店（warehouse store）、折扣商店（discount store）、专业店（specialty store）等主要业态，在目标顾客、商品结构、价格策略和销售方法等方面具有较大差异，零售业进入新的业态是其重要的战略选择之一。

第三，业态自身的差异和消费者文化的区域差异使得业态的选择与自身经营管理能力的匹配尤为重要。超市、专业店、便利店等业态适用发展连锁模式，连锁模式秉承了“联购分销，批量经营”的商业经营理念，充分应用了现代工业化大生产原理，通过将企业进货职能和销售职能分离来实现简单化、标准化、专业化的经营原则，最终达到“多品种、少批量、低经费、低风险、高周转、高效益”的竞争优势（于淑华，2005）。百货店、购物广场等业态由于不同区域的消费者对百货的需求偏好有着较大差异，而无法实施标准化经营。因此，在业态选择上还要慎重。

相对制造业企业来说，零售企业高层管理团队的构建和调整具有一定的独特性。

第一，随着国有企业股权分置改革，大多数零售企业并非国有企业，其高层管理团队的构建和调整相对制造业企业来说更加市场化，自由度更大。这一方面表现在企业高层管理团队的产生主要基于企业发展的需要和自身选择的结果，另一方面表现在企业的高层管理团队主要是应对市场变化和企业发展的需要而进行的基于市场的而非政治的战略选择。

第二，制造业企业的发展需要销售、技术研发和质量管理等多方面的高层管理者，但零售业最主要的业务是零售业务，最主要的高层管理者就是经营人才。因此，零售企业高层管理团队构建时更注重经营层面的职业经历，有实证数据显示，零售企业多数高层管理团队成员从营业员起步。

第三，零售战略的核心在于市场的扩大（李飞，2003），而在市场扩张过程中，零售企业需要与商业管理部门、土地规划部门、工商税务部门等多个政府部门沟通，鉴于零售业频繁的市场扩张需求，零售企业高层管理团队中有政府行政管理经历的成员就显得相对重要。有实证数据显示，很多零售企业高层管理团队中都包括有政府行政管理经历的成员。

3. 房地产行业高层管理团队与企业战略选择类型特征

房地产行业又是一个比较特殊的行业，其企业战略选择类型和高层管理团队也有其自身特征。

第一，房地产行业的区域性相对较强，多数从某一区域开始发展，因此其产品开发战略基本占主导，在某一区域执行产品开发战略获得一定经营业绩和品牌影响力时，才考虑进行区域扩张甚至跨区域扩张。因此，房地产行业的高层管理团队规模变化过程为从执行产品扩张战略时的相对较小逐渐上升到执行跨区域市场扩张战略时的相对较大。

第二，相对制造业，房地产行业的产品技术要求不高，但对产品策划能力、市场营销能力、政府攻关能力要求相对较高。因此，房地产行业的高层管理团队平均教育水平比汽车行业低，但近年来也呈逐年上升趋势。

第三，房地产行业是资金密集型产业，因此，其高层管理团队成员的职业背景中，从事企业经营管理的成员比重最大，其次为有金融财务方面从业经历的成员。而且房地产行业属于项目投资占主导地位的产业，项目决策对企业发展影响至关重要，近年来房地产行业开始注意吸纳学术研究领域的专业人才进入高层管理团队，以提升企业在战略决策上的专业性。

4. 电力行业高层管理团队与企业战略选择类型特征

第一，电力行业是一个资金密集型的行业，在电源建设、电网架设、输变电等环节，电力企业的固定资产投入越来越大、建设周期也越来越长，单凭某一家企业的实力很难完成一项电力工程，因此，电力企业战略呈现出两个特征，一是超大型企业集团发展模式，如中国的五大发电集团，包括中国华能集团有限公司、中国大唐集团有限公司、中国华电集团有限公司、中国国电集团有限公司、国家电力投资集团有限公司；二是合资建设战略居多，各企业会互相联合进行开发，这样就必然会有一个企业成为控股企业，与之相配套的是，选择参股方式的企业也会相对较多。与之相对，电力行业的企业高层管理团队规模也是比较大的，对高层管理团队成员的职业背景和教育水平要求也较高。

第二，电力行业的区域垄断性相对较强，对于大多数企业来说，以产品密集型战略和横向多元化战略为主导，以市场密集型战略、纵向一体化战略和非相关多元化战略为对产品密集型战略和横向多元化战略的补充，通过不同战略的互相配合来提高企业效益。与此相对应，电力企业的高层管理团队成员的职业背景中，行政管理经历比较明显，有些电力企业的高层管理团队部分成员甚至由政府任命。

第三，中国电力行业的实力相对较强，有实力向其他发展中国家投资建设，因此，电力行业的跨国扩张战略比其他行业更有优势。已经有个别企业基于地理环境上的便利条件选择了国际性战略，如哈尔滨哈投投资股份有限公司2007年收购了俄罗斯四家公司的股权，这种战略选择多是由于两国毗邻并且出于邦交之谊而做出的，可以为中国拓展国际电力市场探索出不同的道路。

1.2 文献综述

1. 高层管理团队对企业战略影响的研究

Hambrick和Mason基于卡耐基-梅隆学派有限理性的假设，1984年提出了高层管理团队理论模型。遵循组织与环境关系的认知视角，该理论模型认为：高层管理者基于他们对所处战略环境的个人理解做出战略决策行为，他们对环境的感知与认识建立在其经验、价值观和个性的基础上。鉴于驱动高层管理者行为的真实心理数据难以获得，Hambrick和Mason使用代理变量——人口统计学特征（如年龄、职业背景、其他职业经验、教育、社会经济背景等）来测量高层管理团队的心理认知、价值基础等不易观察和度量的特征，尽管所使用的代理变量对于高层管理团队相关特征的测量存在一些不完全、不够准确的问题，但比较有效。

自Hambrick和Mason（1984）提出高层管理团队（top management team，TMT）理论以后，学术界对高层管理团队的研究一直没有中断过。相关研究主要分为三部分（图1-1）：一是高层管理团队背景特征和异质性对企业绩效的影响，这部分占了大多数；二是高层管理团队的战略选择对企业绩效的影响；三是高层管理团队背景特征和异质性与企业战略选择关系的研究。

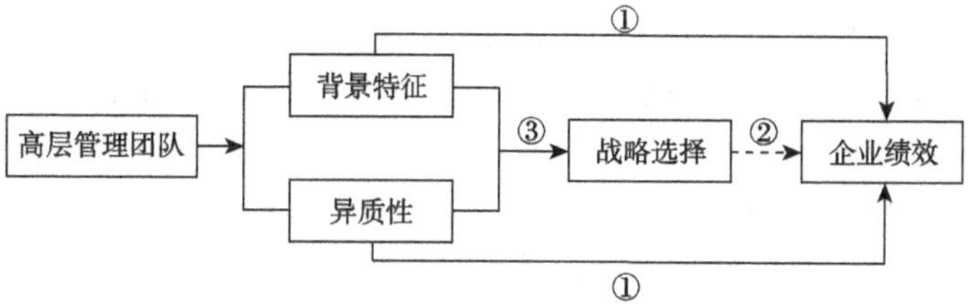

图 1-1 高层管理团队理论相关研究框架

在高层管理团队理论模型提出之后，国外许多学者从企业多元化（Wiersema and Bantel，1992；Herrmann and Datta，2005）、企业战略变革（Wiersema and Bantel，1992）、企业竞争性行动（competitive moves）（Hambrick et al.，1996）、企业战略集合的复杂程度（Ferrier and Lyon，2004）、进入的市场领域（Boeker，1997a；Geletkanycz and Hambrick，1997）、企业创新（Bantel and Jackson，1989；Lee et al.，2017）等诸多战略选择变量进行经验研究，表明高层管理团队特征显著影响企业战略行为。

近年来，国内一些学者开始关注到高层管理团队特征对企业战略的影响，如企业高层管理团队变更与战略更新（李华晶和张玉利，2006）、高层管理团队特征与企业创新（李华晶和张玉利，2006；韦小柯，2006；刘新民等，2017）、家族企业高层管理团队彼此间信任程度与企业战略决策绩效（陈灿和叶敏，2006）、民营企业高层管理团队特征异质性与战略决策绩效（古家军和胡蓓，2008）、创业型企业高层管理团队异质性与创业战略导向（杨林，2013；杨林，2014）。

但这些研究中，仅研究了高层管理团队对企业战略行为的线性影响，并未考虑到不同组织环境下和不同企业战略实施条件下高层管理团队特征与企业战略的匹配关系。

2. 不同组织环境下高层管理团队与企业战略匹配的研究

影响高层管理团队的组织环境可分为外部环境和内部环境两类（Levy，2005）。Levy（2005）研究了高层管理团队对环境的关注与企业全球化战略之间的关系，他得出：当高层管理团队更关注外部环境而非内部环境并考虑外部环境中的多种因素时，企业更倾向采取广泛的全球化战略。Boeker（1997b）研究了CEO、高层管理团队特征与企业过去绩效（内部环境）共同作用对企业战略变化的影响，发现以下几点：差的企业绩效、CEO与高层管理团队的长任期、高层管理团队任期的异质性和更多的战略变化相联系；另外，在相同CEO和高层管理团队特征下，差的企业绩效加剧了战略变化的可能性。Carpenter和Fredrickson（2001）研究了环境的不确定性（外部环境）对高层管理团队特征与企业战略态势之间关系的调节作用，发现：环境的不确定性增强了教育水平异质性与企业全球战略态势的正相关关系，减弱了任期异质性与企业全球战略态势正相关关系，减弱了职能异质性与企业全球战略态势正相关关系。

不同行业环境的差异，同样会影响到高层管理团队与企业战略的匹配。Finkelstein和Hambrick（1990）研究了高层管理团队任期在不同的自由抉择环境下对企业战略持续性、战略与绩效的行业一致性的影响，得出以下几点：长任期团队具有战略持续性，其所领导企业的战略更倾向行业主流战略，绩效更接近于行业平均水平，对于高自由抉择环境的企业来说这种相关关系要强于中低自由抉择环境的企业。Haleblian和Finkelstein（1993）研究了高波动、高抉择行业环境与低波动、低抉择行业环境下高层管理团队规模及CEO主导的权力分配对企业绩效的影响，得出以下几点：相对于稳定的环境，在动荡不确定的环境中，高层管理团队规模大的企业绩效好，CEO主导的企业绩效差；高层管理团队战略决策处于高抉择环境时，上述相关关系更加明显。Geletkanycz和Hambrick（1997）研究了高层管理团队的行业内外联系对企业战略和绩效的影响，研究表明：对于行业环境相对不确定的计算机行业企业来说，战略的行业一致性与企业绩效正相关；对于行业环境相对确定的食品行业著名企业来说,战略的行业一致性与企业绩效负相关。

有些研究还结合了中国转型经济背景，Tan（Tan and Litsschert，1994；Tan，1999；Tan J and Tan D，2005）采用实证研究方法研究了中国企业转型经济中的战略变革，指出随着市场化进程的深入，企业对环境的适应能力提高，经理特质存在显著变化，年轻化和良好的经济管理教育背景表现特别突出，从不同角度催生了前瞻性战略的实施，20世纪90年代以后成立的企业更多地采取创新性战略。葛宝山和陈小沐（2015）通过对中国汽车行业上市公司的研究表明，环境不确定性越高，较高的高层管理团队功能异质性将会促使企业做出创业型的战略决策。

3. 既定战略下高层管理团队与企业战略匹配的研究

高层管理团队特征不仅是影响企业战略决策进而影响绩效的“认知框架的代理变量”，还可以代表企业重要的资源和能力，既能影响企业战略的选择方案，又能影响企业战略的实施。既定战略选择下，高层管理团队特征与企业战略的匹配会因其战略实施的好坏而影响企业绩效。

Geletkanycz和Hambrick（1997）在研究高层管理团队的行业内外联系对企业战略和绩效的影响时得出，企业战略的行业一致性与高层管理团队的行业内联系的紧密匹配会提高企业绩效，企业战略的行业非一致性与高层管理团队的行业外联系的紧密匹配会提高企业绩效。还有研究从管理匹配（managerial fit）的概念角度指出，只有高层管理团队的能力、经历与他们所从事的战略相匹配时企业才能取得好的绩效（Gupta and Govindarajan，1984；Michel and Hambrick，1992），也就是说，除非高层管理团队具有大量的产业内联系，否则企业仅模仿该行业企业运行的外在方面，而没有能够理解运行中的细节或微妙之处，会是非常危险的。

Lohrke等（2004）基于对以往研究的综述，研究了企业高层管理团队在制定与实施企业扭转战略中的作用，他们认为企业高层管理团队对绩效危机的反应（包括战略制定与实施）依赖于三方面因素：其一，影响团队认知而导致绩效下降的因素，如对环境的扫描行为和认知复杂性；其二，激励团队对绩效下降是否做出反应的因素，如绩效下降的因果属性和团队的自我利益；其三，影响团队反应并采取行动的能力因素，如权力、共识和资源。

对于企业高层管理团队来说，其拥有的社会资本既是资源也是能力，吕屹（2015）基于这种视角验证了高层管理团队的社会资本是企业国际化的重要驱动因素，当高层管理团队拥有较大的管理层权力的时候，其社会资本对企业国际化的影响程度会得到加强。

4. 小结

高层管理团队是企业战略决策的主体，但是直到1984年Hambrick和Mason提出高阶梯队理论模型之后，高层管理团队才在战略管理研究领域得到重视。在21世纪初，国外的研究基本上是以美国企业为研究对象，只有个别研究是以其他发达国家企业为研究对象（Yamak and Üsdiken，2006）。中国国内的研究起步大概比国际晚约20年，研究成果主要发表于2010年前后，说明国内的研究才刚刚走完起步阶段。

高层管理团队与企业战略的匹配，可以分为三种情形：高层管理团队与企业战略的匹配因组织环境而不同；在既定战略下，高层管理团队与企业战略匹配；组织环境变化引起的高层管理团队与企业战略的重新匹配。对国际上现有的上述三类情况的研究依次薄弱。对于最后一种情形，像中国这样的新兴市场经济/转轨国家提供了有用且必需的环境背景（Hoskisson et al.，2000）。

1.3 本书研究内容、思路与方法

1.3.1 本书研究内容

经济转轨进程中高层管理团队与企业战略的匹配研究主要包括以下几方面的内容。

1. 经济转轨进程中高层管理团队与企业战略匹配的概念模型

本书采用文献综述法，基于高层管理团队理论、战略选择理论、资源能力理论等战略管理理论，在系统研究高层管理团队、组织环境与企业战略三者关系的理论文献的基础上，结合对中国企业管理实践的考察，初步构建高层管理团队与企业战略匹配的概念模型，包括高层管理团队有哪些维度、哪些人口统计学特征可作为测量变量，企业战略决策过程如何，以战略决策结果即战略选择类型作为测量变量，战略选择类型如何划分等，进而构建高层管理团队与企业战略匹配的概念模型。

2. 经济转轨进程中企业战略选择的变迁

中国进行的是渐进式转轨，不同行业的市场化、现代化和国际化进程并不完全相同，因此在经济转轨进程中，不同行业企业战略选择的变迁也有较大差异。本书结合产业演变、企业成长和企业战略的相关理论，以中国上市公司为样本，采用内容分析、描述性统计等实证研究方法，研究经济转轨进程中不同行业企业战略选择的变迁，分析总结不同的10年跨度期间内汽车行业、房地产行业、电力行业和零售业等行业企业战略选择的变迁特征。因此，该部分进一步分为四章，分别研究这四个行业的企业战略选择的变迁。

3. 经济转轨进程中企业高层管理团队特征与战略选择的匹配

在对不同行业企业高层管理团队特征和战略选择量化的基础上，在高层管理团队理论、战略选择理论等战略管理理论指导下，以中国上市公司为样本，使用面板数据，采用离散因变量的多元选择Logit回归模型，研究不同行业高层管理团队特征对企业战略选择类型的偏好，这一部分也进一步分为汽车行业、零售业、房地产行业和电力行业四章。

4. 经济转轨进程中高层管理团队与企业战略匹配的研究结论与管理建议

在概念模型基础上，本书结合中国经济转轨环境变迁特征和不同行业企业管理实践，总结前述实证研究结论，并提出促进相关行业的中国企业高层管理团队与企业战略匹配的管理建议。

1.3.2 本书研究思路

本书按照如图1-2所示的研究思路展开。

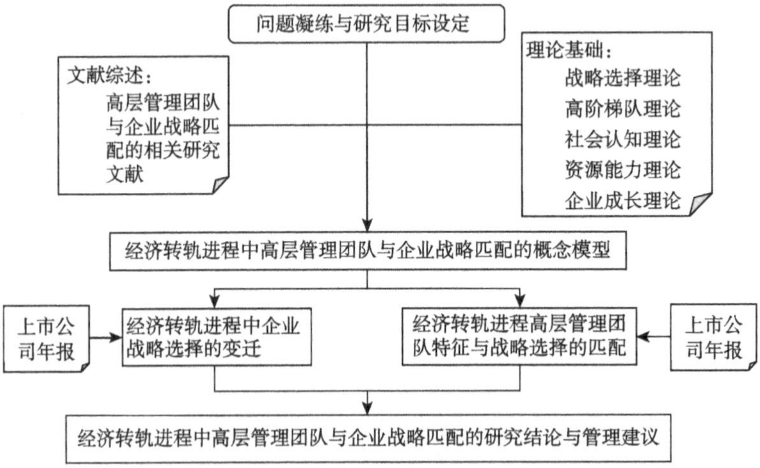

图 1-2 经济转轨进程中高层管理团队与企业战略的匹配研究思路图

（1）本书研究的起点是基于战略选择理论、高层管理团队理论和企业成长理论等理论基础和文献综述，构建出企业高层管理团队特征与企业战略匹配的概念模型。这需要系统梳理20世纪60年代以来关于战略管理的主要理论，尤其是20世纪90年代中期以来关于高层管理团队与企业战略关系方面研究的相关文献，进而总结提炼高层管理团队特征和企业战略的具体变量，建立高层管理团队特征和企业战略相关变量之间的逻辑关系，以构建企业高层管理团队特征与企业战略匹配的概念模型。

（2）本书研究的实证过程是，首先分析经济转轨进程中中国上市公司企业战略选择类型的变迁，重点在于对不同行业的战略选择类型进行定性数据的定量化测量，为检验经济转轨进程中企业高层管理团队特征与企业战略匹配的概念模型奠定实证数据基础。其次对经济转轨进程中汽车行业、零售业、房地产行业、电力行业的企业高层管理团队特征与战略选择类型的匹配进行实证检验。通过实证研究检验和完善经济转轨进程中企业高层管理与企业战略匹配的概念模型。

（3）本书的主要贡献是得出一些理论总结与管理建议，即在前述理论研究和实证检验的基础上，总结得出经济转轨进程中企业高层管理团队特征与企业战略匹配的理论模型，并结合中国企业管理实践，提出促进相关行业的中国企业高层管理团队与企业战略匹配的管理建议。

1.3.3 本书研究方法

结合不同的研究内容，本书拟采用以下研究方法。

1. 文献研究和理论演绎法

本书中理论模型的构建、研究假设的提出、对研究结论的分析与讨论及汽车行业、零售业、房地产行业、电力行业的企业战略选择分类都或多或少基于或援引已有的理论或观点。经济转轨进程中高层管理团队与企业战略匹配的理论模型的构建，主要以战略选择理论、战略的资源和能力理论、团队理论及高层管理团队理论作为理论基础；研究假设的提出、对研究结论的分析，主要是在对相关领域已有的理论或观点进行评述和比较的基础上进行的；汽车行业、零售业、房地产行业、电力行业的战略选择的分类则是在中国相关行业研究的基础上进行归纳与总结后做出的。

2. 逻辑演绎法和内容分析法

中国汽车行业、零售业、房地产行业、电力行业的战略选择（strategic choices）的测量是本书实证研究中的关键环节，国内研究战略选择的测量大体分为三类，一是测量是否进行战略规划，如武亚军和吴剑峰（2006）研究转型经济中的战略规划与企业绩效；二是测量战略决策的质量，如战略决策的准确性、成本和速度（胡蓓和古家军，2007）；三是测量多元化战略，如多元化程度、多元化战略类型、多元化战略模式及其组合（杨林和陈传明，2005），但没有测量战略选择结果的量表，国外关于零售业战略选择的测度也没有合适的量表。因此，在本书中，以重要战略资源的配置为标准采用逻辑演绎法对战略选择方式的分类进行理论归纳，根据上市公司年报公示的重要事项，采用内容分析法，对定性文字进行质化分析，并在纵向上对各公司高层管理团队每届发展战略的确定采用“主导逻辑”（dominant logic）来确定一定时期汽车行业、零售业、房地产行业、电力行业的各企业主导战略，最终对中国汽车行业、零售业、房地产行业、电力行业的企业战略选择类型进行定量数据编码。

3. 实证研究方法

本书分别对汽车业、零售业、房地产行业、电力行业的高层管理团队与企业战略选择类型的匹配关系模型进行定量化的实证检验，以人口统计学特征作为高层管理团队的代理变量，以战略决策结果即战略选择为战略决策的因变量，因此实证研究分为两部分：一部分为中国汽车行业、零售业、房地产行业、电力行业的战略选择变迁的实证分析，另一部分为中国汽车行业、零售业、房地产行业、电力行业的高层管理团队人口统计学特征对战略选择的影响。

本书采用横截面数据和纵向时间序列数据混合的面板数据来检验上述概念模型，选取的样本是在中国上海证券交易所（以下简称上交所）和深圳证券交易所（以下简称深交所）主板上市的汽车行业、零售业、房地产行业和电力行业的上市公司。

第2章　理论基础与概念模型

2.1　理论基础

2.1.1　高层管理人员的职能及其在战略决策中的作用

1. 高层管理人员的职能

关于高层管理人员职能的详细论述可以追溯到1938年巴纳德（Barnard）提出的高层管理人员的三项基本职能（Barnard，1938）。巴纳德认为，在一个企业中，高层管理人员的作用就是作为一个信息相互联系的中心，并对组织中各个成员的活动进行协调，以便使组织正常运转，实现组织的目标。他提出了高层管理人员需要具有三项基本职能，分别是建立和维持企业内信息交流的系统、促使员工同组织建立协作关系进而愿意为企业提供服务、提出和制定企业目标。

钱德勒（Chandler）1962年则从决策与资源配置的角度阐述了高层管理人员的职能，即涉及整个企业资源配置的企业家决策和涉及既定资源配置条件下的运营决策（Chandler，1962）。

明茨伯格（Mintzberg）1973年基于对企业管理实践的具体观察，将高层管理人员的职能归纳为三类角色：一是组织的正式权威和地位产生了高层管理人员的人际关系角色（名义首脑、领导者、联络者）；二是人际关系角色又会使高层管理人员成为信息中枢，同外部的交往带来外界信息，内部信息在高层管理人员那里集中，产生了高层管理人员的信息角色（监听者、传播者、发言人）；三是掌握信息的独特地位和组织赋予的权力地位，使经理在决策尤其是在战略决策中处于中心位置，产生了高层管理人员的决策角色（企业家、故障排除者、资源分配者、谈判者）（Mintzberg，1973）。

2. 高层管理人员在战略决策过程中的作用

首先，战略决策理论的不同学派基于对企业战略的选择空间与形成方式的认识不同，对企业高层管理人员在战略决策过程中的作用方面存在很大的分歧。

早期的战略管理文献（Andrews，1971；Ansoff，1965；Hofer and Schendel，

1979）提出战略选择的理性标准模型（rational normative model），在该模型中，企业高层管理人员运用一系列从分析中得出的客观标准，考察企业的外部环境与内部条件，从而决定企业战略，该学派在很大程度上是将战略变化的决策视为一种机制，并没有将人（包括高层管理人员）的因素考虑在内（Hitt and Tyler，1991），至多认为高层管理人员在企业战略决策过程中起到监督和控制职能。

主要由组织理论和产业组织经济学者组成的外部控制学派（external control perspective）认为战略决策成功与否在很大程度上取决于外部环境的特征（Romanelli and Tushman，1986），强调企业的自主性战略选择的空间非常有限，组织适应所处环境中不同生存空间的能力也非常有限（Aldrich，1979），因此高层管理人员并不重要，也不积极主动，仅作为企业的象征（Astley and van de Ven，1983；Pfeffer and Salancik，1978）。

战略选择学派强调高层管理人员对战略决策产生的潜在影响，认为是人（特别是企业高层管理人员）而不是组织做出决策，而且决策依赖于人的先前过程形成的感觉和评价（Child，1972），战略决策过程被认为受到高层管理人员自身导向的约束，而这种导向则基于高层管理人员的需求、价值、经验、预期和认知（Child，1972；Montanari，1978）。

其次，学者总结出不同的战略决策过程模式，在这些战略决策过程模式中，企业高层管理人员和员工在战略决策过程中的角色和互补程度存在很大的差异。Hart（1992）基于战略决策过程中企业高层管理人员和员工角色的差异，将已有战略决策过程研究模式和观点进行归纳和重新分类，并将其划分为五种模式（表2-1）：命令模式、象征模式、理性模式、交互模式、内部企业家模式。

表 2-1 基于企业高层管理人员和员工角色差异的五种战略决策过程模式

描述	命令模式	象征模式	理性模式	交互模式	内部企业家模式
风格	（专制） 战略由领导者或人数不多的高层管理团队驱动	（培育） 战略由企业使命和愿景驱动	（分析） 战略由正式结构和计划体系驱动	（程序） 战略由内部过程和互动调整驱动	（有机） 战略由组织行动者的倡议驱动
高层管理人员的角色	（指挥官） 提供方向	（教练） 激励	（上司） 评价和控制	（调节人） 授权和促进	（发起者） 认可和支持
组织成员的角色	（士兵） 服从命令	（运动员） 应对挑战	（下属） 跟随系统	（参与者） 学习和改进	（企业家） 实验和承担风险

资料来源：Hart，1992

命令模式。Mintzberg（1973）认为战略执行是一个有意识、受控制的过程，集权于组织最高层。高层管理人员作为指挥官制定战略，而组织成员则是忠实执行战略的好士兵（Bourgeois and Brodwin，1984；Mintzberg and Waters，1982）。Collins和Moore（1970）等对企业史进行研究，表明Henry Ford时代的福特汽车公司、Thomas J. Watson时代的IBM公司、Bill Gates时代的微软公司及Steve Jobs时代的苹果公司，都拥有非常强势的领导者，他们提出综合的规划，并将其成功地实施。

象征模式。企业的长期使命清晰地反映出战略意图（Hamel and Prahalad，1989）并被翻译成组织内外部的具体目标，这些目标激励组织成员取得更高层次的成就（Hasegawa，1986；Imai，1986）。而高层管理人员就像运动项目中的教练员激励组织成员（Nonaka，1988）。通过讲演、劝说、口号、新的方案和认知，高层管理人员提供必要的关注点和动力以指导组织行动者的创造性行为（Itami，1987）。象征模式中反映出的企业高层管理人员和员工在战略决策过程中的角色主要通过对日本企业（如小松制造）的研究而得出。

理性模式。可以归类为理性模式的战略决策过程理论一般遵循理性的战略选择标准模型。战略决策过程通常通过正式的战略规划实施，包括书面的战略及其实施规划（Armstrong，1982；Rhyne，1986；Wood and La Forge，1979）。Hart（1992）指出，按照理性的战略选择标准模型，为了保证战略的有效实施，高层管理人员需要细致地监督和控制下属的活动。通过结构和正式系统，组织成员被引导按照理想的方式行为。

交互模式。Fiol和Lyles（1985）认为战略决策需要基于相互作用与学习而不是对预先制订计划的执行。有限的认知（Slovic et al.，1977）和环境的不确定性（Dutton et al.，1983；Lyles and Mitroff，1980）制约了高层管理人员的能力，并使其将战略决策与战略实施分离开来。反馈与学习的需要使战略决策成为一个反馈与学习的过程（Argyris and Schon，1978）。在这种情况下，高层管理人员会考虑促进与关键的利益相关者的交互作用，并根据整个过程中这些交互作用的结果来确定战略方向（Mintzberg，1987）。

内部企业家模式。战略是通过内部企业家制定的，如新产品的想法是自下向上的，员工倡议形成了企业的战略方向（Kanter，1983；Peters and Waterman，1982）。新的战略萌芽于经营组织日常工作中的各种创新活动（Tushman and Nadler，1986），在这种情况下，高层管理人员主要对下面出现的高潜力建议进行选择和培育（Mintzberg and McHugh，1985）。

2.1.2　战略选择类型

战略的形成普遍被认为有两种模式，一种是渐进的、自然形成的，另一种是有意识的、预期的。战略选择理论认为组织的运行模式不是优胜劣汰、适者生存的自然选择，而是组织的决策者在受到内外部环境多重影响的情况下进行决策，通过组织决策者的战略选择来改变组织所面对的环境，从而推动组织运作模式。

战略选择过程是战略主体通过对内外部环境进行分析，确定自身优势和劣势，以及面临的机会和威胁后，设计其赖以生存和发展的经营战略方案，评价战略方案，做出战略决策。企业拥有的资源并不是取之不尽、用之不竭的，战略决策者必须在有限的企业资源中进行战略选择，确定能够使公司获得最大收益的战略。能否准确地进行战略选择决定着企业主要经营活动的成败，对企业成长有长久性的影响。

在战略选择理论的基础上，研究者基于不同的理论视角、不同的关注点，对于企业战略选择类型有不同的划分，学术界比较认可的战略选择类型主要有以下几种观点。

Miles等（1978）认为企业的战略不是由组织类型或者风格所决定的，而是由一些需要通过战略解决的基本性问题决定的。他们将企业战略分为四种类型，分别是探索者、防御者、分析者和反应者。探索者类型的企业致力于研发新产品和发掘新的市场。防御者类型的企业属于成熟的企业，通过各种手段保护企业的市场地位。分析者类型的企业懂得规避风险，创新产品技术并提高质量以超越竞争对手。反应者类型的企业缺乏内外部的控制，没有系统化的战略规划和设计。这种分类方法得到了学术界的广泛认可,常被用于后续的有关战略和营销的研究中，且得到实证研究的支持。

Porter（1980）认为持续的竞争优势是企业维持高于平均水平的经营绩效的基础，他将企业所拥有的竞争范围和所追求的竞争优势进行组合，提出了三种基本竞争战略类型，即低成本战略、差异化战略和市场聚焦战略。Porter认为，企业应在这三种基本竞争战略中明确做出选择，否则会处于“游离状态”而降低企业绩效。很多学者在Porter竞争战略分类框架的基础上，将其分类不断细化和扩展。Hitt和Tyler（1991）提出企业可以通过实行整合竞争战略获得竞争优势。整合竞争战略是指企业在某种竞争范围内同时追求低成本优势和差异化优势，在此基础上，竞争战略又可以分为成本领先战略、差异经营战略、成本领先聚焦战略和差异经营聚焦战略。Treacy和Wiersema（1995）发展了Porter的战略分类，将基本战略分为成本和效率导向战略、顾客满意导向战略、产品创新导向战略：成本和效率导向战略力求降低总成本，提高生产效率；顾客满意导向战略将顾客满意度作为关注重点，强调服务质量及顾客信任；产品创新导向战略是企业追求产品在功能、外观等各方面的创新，在产品研发上强调不断的突破与创新。

Segev（1989）在Porter（1980）、Miles等（1978）的基础上进行研究，认为战略可以分为防御型、低成本型、分析型、差别化型和投机型。

Ansoff和Stewart（1967）以企业进入市场先后顺序为划分依据，把战略类型分为领先战略、跟随战略、应用战略、模仿战略四种类型。

Ansoff（1965）将产品和市场两个基本面进行组合，发现了可以指导企业进行市场营销的四种战略选择类型：市场渗透战略，即在企业当前已经占有的市场中销售企业已经推出的现有产品的战略；市场开发战略，即在企业以前未开发过的新市场中对已有产品进行推销；产品延伸战略，即针对当前市场，开发新的产品以在市场上进行扩张；多样化经营战略，是在新开发的市场中，针对新开发市场的情况研发新产品的战略。

Mintzberg和Waters（1982）用“决策流中的一种模式”来定义战略，对领导规划意向和组织实际行为之间的关系展开挖掘，认为战略既有深思熟虑后出现的，又有自然出现的。他们将战略类型划分为八类，分别是规划型战略、创业型战略、意识形态战略、伞形战略、流程型战略、松散型战略、一致性战略和强制性战略。

Hill和Jones（2007）对参与海外市场竞争的国际化经营企业应采取的战略选择进行了分类，从两个维度（降低经营成本和减少相应本土客户需求压力）出发，将跨国经营的企业战略分为全球化经营战略、跨国化经营战略、国际化经营战略和本土化经营战略。全球化经营战略是在不同国家市场的战略由母国总部统一制定。跨国化经营战略权衡本土化学习和母国战略，寻求最佳的效率。国际化经营战略是为创造价值，而将企业有价值的竞争力向国际市场进行转移的一种战略。本土化经营战略是决策权在本土企业手中，本土业务的战略决策由当地企业根据实际情况进行制定。

国内对于战略选择类型的研究，多是以国外研究为基础，有的是对国外战略类型的归纳总结，也有的立足于中国国情，依据中国经济特点和行业特征对战略类型进行划分。徐传谌和迟学智（1989）总结了长期实践以来，研究学者及企业经营中对战略的各种分类。依据不同划分标准划分的各种战略类型如表2-2所示。

表 2-2　国内学者依据不同标准划分的战略类型

划分标准	战略类型
按战略作用领域或范围	总战略、分战略
按组织层级	公司总部战略、部门战略
按战略功能	紧缩战略、稳定战略、发展战略、永存战略
按多种经营程度和方式	垂直统一型战略、专业型战略、本业中心型战略、关联型战略、非关联型战略
按竞争方式	低成本战略、产品差异战略、集中优势重点攻关战略
按对环境变化的反应方式	稳定性战略、反应型战略、先导型战略、探索型战略、创造型战略

王方华和吕巍（2011）对现有的公司层次的战略类型进行了归纳，企业面临的战略态势选择可分为稳定型战略、增长型战略、紧缩型战略和混合型战略。其中每种战略又能够进一步细分，如稳定型战略依据其维持稳定的程度，又能分为无变化战略、维持利润战略、暂停战略和谨慎实施战略。增长型战略则还能

够细分为集中型增长战略、一体化战略、多元化战略。紧缩性战略则有抽资转向、放弃、清算三种方式。混合型战略按所混合的战略构成不同，又能分为不同类型的战略组合，即前面所述三种类型战略中每种战略内的混合。吴晓云和吴化民（2011）将Miles等（1978）的战略分类与Treacy和Wiersema（1995）的战略分类结合起来，在此基础上提出了双维度的新战略分类框架，包括积极型战略，即企业不断以积极的姿态寻求新的市场机会和探索新的客户需求。谨慎型和防守型战略根据不同的导向分为以下几种成本和效率导向的谨慎型战略，即凭借本身在成本和企业效率上优势的一种谨慎战略；顾客满意导向的谨慎型战略，则是利用在顾客服务上存在的有利之处，注重客户体验和服务的战略；产品创新导向的谨慎型战略，则是注重产品变革创新的战略；另外还有成本和效率导向的防守型战略、顾客满意导向的防守型战略。

2.1.3 高层管理团队与战略选择的关系

Hambrick和Mason（1984）提出的高层管理团队理论将高层管理团队作为一个团队展开研究，进一步明确高层管理团队的选择及其对组织结果——战略选择与企业绩效的影响，为后续大量的高层管理团队的研究奠定了重要的理论基础。

Hambrick和Mason（1984）认为，如果战略选择拥有一个行为理论成分，那么在一定程度上它们反映了决策制定者的特质。正如March和Simon（1958）所认为的，每个决策者将他或她自己的一系列“假设”带入管理情境中去。这些假设反映了决策者的认知基础：①对于未来事件的知识和假设；②可供选择的知识；③依赖于可供选择知识的推理知识。这些假设也反映了每个决策者个人的价值观——根据偏好而产生的推论或者选择的排列顺序原则。

Hambrick和Mason（1984）还指出，强调背景特征而不是心理角度，本质上看起来符合高层管理团队理论的发展方向：第一，高层管理团队成员的认知基础、价值观和理解，不便于测量或者甚至不适合直接测量；高层管理团队成员可能非常不情愿参与心理测试组，可能难以凑足研究项目所需的人数。第二，一些最重要背景特征（如任期和职能背景）没有接近的心理类似因素。限制于标准心理维度（如控制的程度、对分歧的容忍、认知方式）可能未必限制了调查。第三，高层管理团队理论在管理选择或发展和竞争分析中的最终应用只是对管理者显性数据的收集。因此，他们的一个重要贡献就在于使用代理变量——人口统计学特征（也称传记性特征，如年龄、职业背景、其他职业经验、教育、社会经济背景等）来测量高层管理团队的心理认知、价值基础等不易观察和度量的特征。

战略决策者面临的环境是复杂的，所面临的复杂环境由超过他或她可能理解范围的现象所构成，因此决策者为战略决策带来了一个认知基础和价值观，创造了环境和他或她最终感觉之间的映射。基于此种假设，Hambrick和Mason引入高层管理团队显性的管理特征构建了高层管理团队特征–战略选择–组织绩效的关系模型（图2-1）。

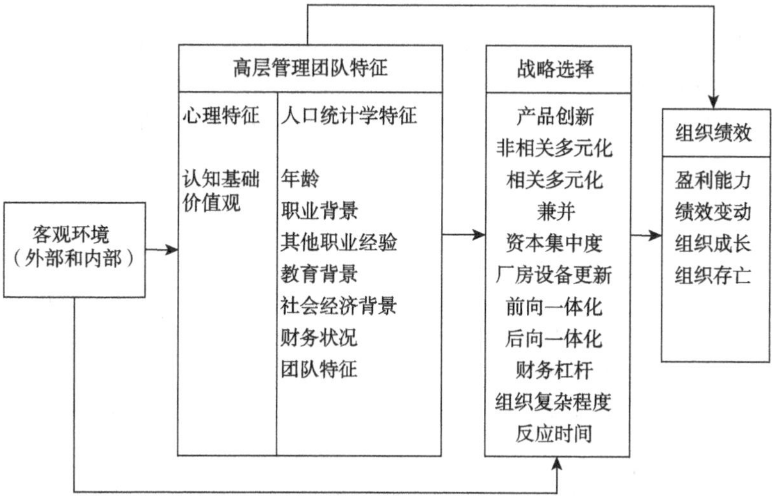

图 2-1　Hambrick 和 Mason 的高层管理团队理论模型

由这个模型可以看出高层管理团队的心理特征、人口统计学特征不是凭空就有的，它们是内部环境和外部环境的反映。而且可以看到高层管理团队的特征会对组织的战略选择产生影响，而通过战略选择，高层管理团队特征又对组织结果产生影响。因此可以这样理解：高层管理团队的特征是在特定的社会环境和行业背景下才能使企业做出一些特定的战略选择，但是仅有战略的变动不一定能够完全影响到企业绩效；可以认为是在特定的客观环境下，高层管理团队人口统计学特征和战略选择共同作用才进一步影响了组织结果。

Hambrick等在1996年提出的高层管理团队研究框架包括组成、结构和过程三个核心要素（Hambrick et al.，1996）。其中，组成和结构指高层管理团队成员的年龄、性别、任期、规模、职业背景、教育背景、工作经验和社会资本等特征，以及它们的相关异质性。据此，可将高层管理团队与战略选择关系的研究分为两个方面，即高层管理团队人口背景特征和异质性对企业战略选择的影响。现有文献对高层管理团队特征的研究主要集中在年龄、规模、任期、教育水平和职业背景等方面。本书将从理论和实证两个角度归纳梳理国内外相关研究成果，并对其进行简要评述。

1. 高层管理团队背景特征与战略选择的关系

国外有关高层管理团队背景特征与企业战略选择的理论研究主要集中在1984

年之后，以高层管理团队理论为代表。Hambrick和Mason（1984）认为高层管理团队成员一些可观测的（如年龄、性别、其他工作经历、教育背景等）和潜在的不可观测的（如认知、价值观念等）特征对其进行战略决策起着关键性的作用，并进一步指出高层管理团队成员年龄越小越愿意选择非相关多元化战略，高层管理团队成员年龄越大则越易墨守成规，不愿变通；职能背景越丰富的高层管理团队对企业的发展越有利。随后Wiersema和Bird（1993）选取日本企业进行跨文化比较研究发现，高层管理团队成员的平均年龄与企业战略变革呈负相关，即平均年龄越小，企业进行战略变革的可能性就越大；反之，则越小。研究还显示平均教育水平和企业战略变革呈正相关，即高层管理团队成员接受的教育程度越高，企业越易进行战略上的变化。

国内关于这方面的理论研究起步较晚，主要是对现有文献的归纳整合，借鉴西方的研究成果，并在此基础上结合中国实际情况予以补充。例如，孙俊华和贾良定（2009）通过整理分析发现，已有的研究主要是从两类、四种视角分别阐释的：其中，两类是CEO或单个领导者及整个高层团队；四种视角是企业家理论、代理理论、高阶理论和管家理论。研究表明，国外的研究都得出了较为一致的结论，即高层管理团队特性对企业战略决策的制定和实施具有重要的影响作用；相对而言，国内的研究应当注意中国特有的社会情境与制定决策时“软情景”的潜在影响。同样，杨林和芮明杰（2010）基于高阶理论、综合理论等研究分析了高层管理团队的构成对企业战略变革与价值关系的影响，结果显示不同的高层管理团队成员特质会对企业战略变革及其价值效果产生截然不同的作用机制。

国外研究高层管理团队成员背景特征对企业战略选择影响的文献很多，从研究结果来看主要有两种。

一是针对某些特征变量的研究结论相同或相似，如对高层管理者年龄、职业背景及教育水平的研究。已有文献一致认为以下几点：①高层管理团队成员的平均年龄越大，企业越容易选择风险较小，相对保守的战略，且进行战略变革的可能性也越小（Bantel and Jackson，1989）；高层管理团队成员平均年龄越小，团队中创新和冒险的精神体现得越明显，则更倾向选择风险相对较大的战略，如多元化战略，其进行战略变革的机会也越大（Wiersema and Bird，1993）。②高层管理团队成员平均教育水平越高，对信息的处理能力就越强（Smith et al.，1994），其更易识别外部机会，而且对高稳定性行业来说，企业进行全球化战略的可能性越大（Richard et al.，2004）。③企业拥有国外经历背景的高层管理团队成员越多，说明其具有的全球化经营经验越丰富，从而更易选择国际化战略（Sambharya，1996；Tihanyi et al.，2000；Carpenter et al.，2003）；而具有技术类专业背景成员较多的团队，更愿意采用多元化战略（Jensen and Zajac，2004）。

二是对某些特征变量的研究没能得出一致的结论，如任期、团队规模等。有的学者认为高层管理团队成员的平均任期越长，在战略选择上越趋于保守，越不愿意进行战略变革（Bantel and Jackson，1989；Finkelstein，1992）；有的研究指出这两者之间并不存在显著的影响关系（Boeker，1997a）；还有的研究结果显示高层管理团队成员的任期与战略选择正相关，即任期越长，企业的战略选择越具有灵活性和多样性（Wally and Becerra，2001；Cho and Hambrick，2006）。对于团队规模而言，有的以高科技公司为研究对象，认为高层管理团队规模越大，企业进行战略决策时可选的方案越多，从而对企业的发展越有利（Smith et al.，1994）；还有的以多个企业为样本，结果表明高层管理团队成员数量越多，成员之间的沟通交流越不畅通，从而会影响到战略决策的质量及整个团队的效能（Brunninge et al.，2007）。

国内的研究主要关注的是高层管理团队特征对单一战略类型的影响，如多元化战略、国际化战略及创新战略等。王瑛等（2003）基于对北京和江苏的2397家工业企业的调查数据研究，认为不论高层管理团队成员任职时间长短，都会关注自主创新战略，并进一步指出新任职的高层管理团队成员更强调自主创新，相反任职时间较长的高层管理团队成员更趋于保守；他们同时认为，学历的高低同样会影响企业的自主创新。韦小柯（2006）以沪深两市155家制造业企业为样本研究发现，高层管理团队成员的任期与企业的研发投入负相关，而年龄和教育水平与企业的研发投入没有显著的关系，李华晶和张玉利（2006）的研究也证实了这一点。李焕荣（2009）通过对112个国际化制造业企业的分析认为，高层管理团队成员的任期越短、教育水平越高，企业的国际化程度越高。总的来看，国内研究最多的还是关于高层管理团队成员背景特征与多元化战略之间的关系，结果显示高层管理团队成员曾任职的企业数量、团队规模及教育水平与企业多元化程度正相关；具有技术类背景的高层管理团队成员更愿意实施多元化战略，而具有财务类背景的则相反（陈传明和孙俊华，2008）；平均年龄与多元化战略负相关（贺远琼和杨文，2010）；企业家的政治网络与多元化战略正相关（巫景飞等，2008；冯栋等，2011）。

也有学者研究得比较全面，涉及多种企业战略类型，如李卫民（2009）在对149家成长性上市公司的数据分析后认为，高层管理团队成员的平均年龄和平均任期与企业战略类型的选择负相关。苏丹（2011）以中国医药制造类上市公司为样本，系统地分析了高层管理团队特征与企业战略变革之间的关系，研究认为高层管理团队成员的同质性越高，企业越倾向实施战略变革。

2. 高层管理团队异质性与战略选择的关系

高层管理团队异质性是指团队成员之间的人口统计学特征及团队成员在认知、价值观和经验上的差异性（Finkelstein and Hambrick，1996）。有关高层管理团队异质性与企业战略的研究主要是基于高层管理团队成员人口统计学特征的差异性来说的。Hambrick和Mason（1984）在运用人口统计学特征分析高层管理团队成员、企业战略选择及组织绩效三者之间关系的时候，也指出了高层管理团队成员的不同背景特征是有差别的，而且这种差别在一定程度上能够促进企业的战略变革。具体的，Wiersema和Bird（1993）基于对日本企业的跨文化研究认为，年龄异质性对团队的稳定性有很强的促进作用，相应的高层管理团队成员能够更加关注企业的战略决策，从而可以提高决策方案的种类和质量；Amason和Sapienza（1997）分析指出高层管理团队成员教育专业异质性与企业进行战略变革的概率正相关；Simons等（1999）从认知理论的角度分析了高层管理团队异质性与冲突对企业绩效的影响，提出高层管理团队成员的教育水平差异程度越高，其认知能力和对信息的处理能力就越强，进而能够制订出更多有利于企业发展的战略方案。

国内学者张平（2006，2007）与黄旭等（2011）对已有的关于企业高层管理团队异质性的研究进行了归纳总结，着重探讨了年龄、任期、教育背景及职业背景等异质性对企业战略选择和绩效的影响，并指出了已有研究的不足和今后的研究方向，这给后来的学者提供了强有力的理论基础。有的学者从团队的战略能力出发，通过构建高层管理团队战略调整能力模型，认为其中战略瞄准能力是由团队的认知异质性决定的，而认知异质性又是建立在高层管理团队背景特征异质性的基础之上的（陈传明和陈松涛，2007）。随后陈忠卫和常极（2009）基于三个不同的视角分析了高层管理团队异质性理论的发展，并指出企业建立异质性的高层管理团队不仅会受到外部环境的影响，还与企业的战略决策有关系。

国外学者早在20世纪80年代就开始关注高层管理团队特征的异质性与企业战略选择之间的关系，相关研究认为这两者具有极为密切的关系。Bantel和Jackson（1989）在分析了多家银行的数据后得出这样的结论：高层管理团队异质性越小，组织中的氛围越融洽，越有利于进行战略变革。Ferrier（2001）利用16个行业7年的数据研究了企业竞争行为的影响因素，结果表明团队异质性越高，企业越倾向采用竞争型的战略。Naranjo-Gil等（2008）在研究了92个高层管理团队后发现，当团队特征与工作的相关性越高时，团队异质性对企业战略变化的作用越显著。

分类来说，如果团队中成员的进入时间不一致，说明成员任期具有一定的差异性，而这种差异会促使其发现更多的战略方案（Katz，1982；Athanassiou and Nigh，1999），从而使企业更愿意进行战略变革，也就是说高层管理团队成员任期异质性与企业战略变革的程度正相关（Finkelstein and Hambrick，1996；Boeker，1997a）。对于教育背景异质性而言，学术界主要从教育水平和专业这两个方面对其进行了阐释，有的研究表明高层管理团队成员教育水平的差异可以提升企业战略决策的有效性（Smith et al.，1994）；还有的认为高层管理团队成员之间教育水平相差越大，对战略选择的分歧就会越大，从而不利于战略的制定和实施（Knight et al.，1999）。如果高层管理团队成员的职业背景差别很大，则可以有力地促进企业战略的变化（Tihanyi et al.，2000；Cho and Hambrick，2006）。

从战略决策的角度看，国内的主要研究成果有以下几类：欧阳慧等（2003）以300家上市公司为对象，研究指出在国际化竞争的环境下高层管理团队成员的异质性能使其更加关注企业当前的战略，从而能提高决策的质量；肖久灵（2006）也认为企业应当保持高层管理团队成员的异质性，这样才能使决策变得更加有效；但胡蓓和古家军（2007）的研究却发现高层管理团队成员的某些异质性与企业战略决策的准确性并没有显著的关系。

从具体的高层管理团队异质性角度看，李华晶和张玉利（2006）在研究了高层管理团队特征与企业创新战略的关系之后，指出科技型的中小企业团队成员的职业背景异质性与企业的创新水平负相关。李炜文（2006）以制造业上市公司为样本，分析了高层管理团队特质对战略变化的影响，结果表明年龄和教育水平异质性与企业的战略变化正相关。薛有志和李国栋（2009）基于信息处理理论和高层管理团队理论，以制造业企业为研究对象，系统地分析了国际化战略对高层管理团队构成特征的影响，结果显示企业的国际化程度与任期异质性负相关，与教育水平异质性正相关。李卫民（2009）研究认为，高层管理团队成员的年龄、任期及职业背景异质性与企业战略类型的选择正相关。类似的，贺远琼和杨文（2010）通过相关研究发现高层管理团队成员的教育背景异质性与企业多元化程度呈显著负相关。

2.2　关键概念

2.2.1　高层管理团队

高层管理团队是本书研究的起点，是相关理论模型和后续实证检验涉及的重要概念，因此必须对其概念进行清晰界定。虽然目前学术界对于如何界定一般企业的高层管理团队的概念尤其是对于其范围问题尚无定论，但学者在研究高层管理团队问题时所使用的概念在内涵和外延上却大致相近。

钱德勒（1999）在《企业规模经济与范围经济：工业资本主义的原动力》一书中曾谈到，各主要职能部门的首脑、总裁，有时再加上一位专职的董事长，就组成了综合的工业企业的高级决策单位（即实践意义的高层管理团队）。

在美国，这些决策者基本是董事会的执行委员会成员；在德国，他们被统称为管理委员会；在英国和日本，他们被称为常务董事或执行董事。从个体角度讲，这些专职的领薪水的高层管理人员，即“内部董事”或相关工作人员，负责监督各职能部门中层管理者的活动和执行情况，他们监督货物通过企业的流量，他们共同决定公司的方针，规划长期的战略，并且分配为了保持企业的长期健全和增长所必需的资源、设施和人员。在做出广泛的战略决策时，他们与“外聘董事”即家族、银行和其他股东的兼职代表密切合作。这些集中化了的、职能化了的等级制管理的最高层管理人员组成决策结构，构成了现代工业企业的最高决策层。钱德勒虽然没有明确提出高层管理团队的概念，但他所提出的现代工业企业的决策层结构却大致构成了一般意义上的高层管理团队内涵和外延。

国外高层管理团队研究的代表性学者如Hambrick和Mason（1984）、Murray（1989）、Geletkanycz和Hambrick（1997）、Sanders和Carpenter（1998）认为高层管理团队是包括董事会主席、副主席，CEO、首席作业（经营）主管、总裁、资深副总裁和执行副总裁等在内的，参与企业决策的高层管理者。确认高层管理团队的具体方法通常有四种办法：其一，Sutcliffe（1994）与Boeker（1997a）直接向CEO进行问卷调查，由CEO确定的参与公司战略决策的人员或是直接向他汇报的高级经理这两类人员作为高层管理团队的成员。其二，Eisenhardt和Schoonhoven（1990）、Iaquinto和Fredrickson（1997）、Knight等（1999）在界定高层管理团队时，认为企业的高层管理团队的确定应该通过与企业的CEO商讨后加以确认，也就是被CEO所认可的、并且在关键经营决策中常规性发挥效用的经理人团队才是企业真正的高层管理团队，具体方法就是通过与CEO的深度访谈来确认参与公司具体战略决策的高级经理，并最终确定高层管理团队的成员。他们在界定这一概念时所使用的研究方法常被许多研究者运用。其三，Murray（1989）、Elron（1997）等多数学者则是根据上市公司年报、企业年鉴等文献资料中管理者的头衔、所处管理层级来决定其是否属于高层管理团队。其四，更为简便的确定方法是直接将董事会界定为高层管理团队。许多研究者在研究高层管理团队的人口统计学特征时，可能是由于数据收集的便利性，常常把目光集中在公司董事会上（Tihanyi et al.，2000），事实上，在世界各国的董事会构成中，很大一部分董事是公司内部执行董事（在公司内部从事经营管理工作）。除了美国董事会中内部执行董事较少外（平均占总数19%），其他国家企业内部董事基本居多，如法国企业内部董事平均占董事会71%，日本则高达90%。也就是说，在大多数国家，董事会成员通常构成公司战略决策和经营决策的核心层，从而成为众多研究者探讨高层管理团队人口统计学特征的对象和数据来源。

国内学者吴维库等（2002）、富萍萍等（2004）、魏立群和王智慧（2002）、孙海法和伍晓奕（2003）认为企业的高层管理团队通常就是指公司高层经理的相关小群体，包括CEO、总经理、副总经理及直接向他们汇报工作的高级职能经理。这些人通常来自企业最高层，属于企业的战略制定与执行层，负责整个企业的组织与协调，对企业经营管理拥有很大的决策权与控制权。具体确定方法也分为两类，一类是吴维库等（2002）、富萍萍等（2004）在进行案例研究时，通过与CEO深度访谈来确定具体的高层管理团队；另一类是魏立群和王智慧（2002）、孙海法和伍晓奕（2003）等进行定量化的实证研究时直接基于上市公司年报根据前述第三种方法来确定。

根据上市公司年报资料，本书研究中选择的高层管理团队成员是包括独立董事在内的董事会成员和非董事高级管理人员，包括公司董事长、总经理、董事、独立董事、董事会秘书、副总经理、财务总监等。

2.2.2　高层管理团队特征

在人口统计学中，用年龄、性别、民族、种族、国籍、教育经历、职业经历、社会经济背景等反映某个人的基本特征，这些被统称为人口统计学特征。

1983年，Pfeffer在其"*Organizational demography*"一文中首次将人口统计学的这一概念应用到组织管理研究中，使人口统计学特征成为组织统计学的术语（Pfeffer, 1983）。1984年，Hambrick和Mason在其"*Upper echelons: the organization as a reflection of its top managers*"一文中研究高层管理团队对战略选择及组织绩效的影响时，将人口统计学特征这一组织统计学概念应用到高层管理团队层面上的研究中，使人口统计学特征成为高层管理团队的可观测的代理变量（Hambrick and Mason，1984）。

在国外研究高层管理团队的文献中，高层管理团队的人口统计学特征一般包括：高层管理者显性的管理特征，如年龄、组织任期、职能背景、教育、社会经济根源、个人经济状况，它们作为管理者理解管理环境假设的指标（Hambrick and Mason，1984）；国籍（Hofstede，1980；Laurent，1983，1986）；职业路径、行业经验和学术地位（Boone et al.，2004）等。

本书以中国汽车行业、零售业、房地产业、电力行业的沪深两市上市公司为研究样本。这些上市公司中还没有跨国公司，其高层管理成员中也没有不同国籍或不同种族的，因此，将高层管理团队的代理变量——人口统计学特征界定为高层管理团队的规模、平均年龄、平均任期，以及年龄、任期、教育程度、职业经历的异质性，高层管理者的这些基本数据在各公司每年披露的上市公司年报中均可以找到。

2.2.3　企业战略

战略最初起源于军事领域，近代以来，战略从军事学延伸到政治、经济、科技与社会领域，虽然"战略"一词无论对企业管理实践者还是对理论研究者来说都是耳熟能详，但随着应用领域的拓展，其含义也变得越来越广泛。随着20世纪中期欧美企业明确引入战略概念，企业战略及战略管理的发展经历了“20世纪50年代的战略概念、60年代的战略规划、70年代的战略热潮、80年代的定位学派的形成、90年代资源学派的涌现”（汤姆森和斯迪克兰德，2004），虽然企业战略应用到了不同的层次，但企业战略的内涵尚没有公认的定义，表2-3列举了一些代表性战略的定义。

表 2-3 代表性战略的定义

序号	战略定义	出处
1	影响和决定企业的基本长期目标与目的，选择企业达到既定目标所遵循的路线途径，并就实现这些目标和途径对企业已有资源进行优化配置	Chandler，1962
2	将企业的主要目标、政策和行动顺序综合成为一个紧密结合的整体模式和计划。一项制定得好的战略能有助于调度和分配企业的资源，使企业能根据其内部的相对能力、预期的环境变化及竞争对手的行动，采取一个独特而可行的姿态	Quinn，1980
3	组织基本使命、目标的形成，实现使命、目标的政策和程序，以及保证战略实施以达到组织目标的方法	Steiner 和 Miner，1977
4	保证企业基本目标实现的统一、综合、总体的计划	Glueck，1980
5	一系列行动或决策的模式	Mintzberg 和 McHugh，1985

本书将企业战略（corporate strategy）概括为在市场经济条件下，企业为谋求长期生存和发展，在外部环境和内部条件分析的基础上，对企业发展目标、经营方向、重大经营方针和实施步骤做出的长远、系统和全局的谋划。企业战略的本质是一种选择。

正如哈佛大学商学院的波特（Porter，1980）所说，企业战略的目标促使企业获得成功，成功取决于企业是否拥有一个有价值的竞争地位，而有价值的竞争地位来源于企业相对于竞争对手的持续竞争优势。企业竞争优势有两种基本类型：成本优势和特色优势，战略选择的一个中心内容就是要选择何种竞争优势类型。另外，竞争优势离不开竞争范围（包括产品、顾客、地域等），竞争范围的选择也是企业战略的一个中心内容。因此，公司战略的本质在于它是一种选择，因为企业在追求几种优势类型或不同范围的时候，存在着逻辑上的冲突，这就需要企业进行正确的选择。

波特又进一步指出，企业战略包括三个层面的选择。首先，战略就是定位（positioning）。战略建立在独特的经营活动之上，因此，定位的目的在于创造一个独特的、有价值的、涉及不同系列经营活动的地位，从本质上讲，战略就是选择与竞争对手不同的经营活动。定位可以有产品或服务多样化战略定位、顾客需求战略定位和进入方式战略定位三种方式。其次，战略就是取舍（trade-offs）。选择独特的定位还不足以保证企业获得持续成功，企业需要决定其经营业务范围，这就涉及取舍。取舍也包括定位转型、业务演变和内部变革三种类型。最后，战略就是匹配（fit）。一个战略的成功取决于许多方面和环节保持它们的相互匹配。匹配也有各种经营活动与企业总体战略之间的匹配、企业的产品或服务与相关产品或服务之间的匹配、经营方向与经营方法之间的匹配三种类型。总之，无论是定位、取舍，还是匹配，这三个层面问题的核心仍然是选择，在定位中选择、在取舍中选择、在匹配中选择，选择的目的在于构建特色，而特色本身就是竞争优势。因此，企业战略的核心在于选择并配置资源到“3W1H”，即where（市场）、what（产品）、who（顾客）、how（方式）。

一般而言，企业战略的研究对象是由一些相对独立的战略经营单位（strategic business unit，SBU）组成的企业整体，这种形式是现代组织形式的典型形态。因此，企业战略又分为三个层次：公司战略，又称企业总体战略，是企业整体的战略总纲，是企业最高层管理人员指导和控制企业一切行为的最高行动纲领，核心在于公司各战略经营单位的组合及资源在各战略经营单位的分配；业务战略，也称事业部战略，即在企业总体战略指导下，各战略经营单位的具体战略计划；职能战略（functional strategy），即为贯彻、实施和支持总体战略与业务战略而在企业特定职能领域制定的战略。公司战略是业务战略和职能战略的基础，业务战略和职能战略是公司战略的落实。

企业战略可以分为四种类型：稳定型战略、扩张型战略、收缩型战略及混合型战略。其中稳定型战略是指企业基本维持原有的产品和市场领域，不再增加投资的一种公司战略类型，属于维持现状的状态；扩张型战略是指企业产品、市场等规模扩张战略，一般体现为各种投资行动①；收缩型战略与扩张型战略正好相反，表现为产品、市场等的投资规模收缩行为；混合型战略则是上述三种战略的混合，可以是两两混合，也可以是三种混合。

扩张型战略按照扩张方向又分为横向扩张、纵向扩张、相关多元化扩张、非相关多元化扩张四种类型，其中横向扩张是企业实现同类产品或市场的规模扩张行为；纵向扩张则是企业实现原有产品向上下游扩张的规模扩张行为；相关多元化扩张则是企业为实现范围经济向原有产品相关或市场相关的领域扩张的行为；非相关多元化扩张则是企业向与原有产品或市场均不相关的领域扩张的行为。企业的扩张可以通过自建、合建、并购、投资、合作等多种方式实现，但本书研究中不区分不同实现方式的扩张行为。

总而言之，本书研究中所使用的企业战略指基于企业行为（增量）的扩张型

---

① 这种扩张型战略在企业实践中体现为一种投资行为，相当于一种“增量”，而稳定型战略则是保持原有的状态，相当于一种“存量”。

公司层战略，后文中统一简称为企业战略。

2.2.4　战略选择

虽然战略管理的定义非常多，如战略管理是“选定目标，决定并维系企业与环境之间的联系，通过能保证企业及其所属单位高效和有效行动的资源分配而力图达到理想状态的过程”（Schendel and Hatten，1972），战略管理是“考察目前与将来的环境，形成组织目标，并且制定、执行和控制在目前和将来环境下实现这些目标决策的过程”（Smith et al.，1988），但其内涵基本一致，即战略管理是一种对战略的管理过程。

本书将战略管理（strategic management）的概念界定为确定企业使命，根据企业内部环境和外部经营要素设定企业组织目标，保证目标落实并使企业使命最终得以实现的一个动态管理过程，主要包括战略决策和战略实施两大过程。战略决策（strategic decision making）是指企业确定战略目标、战略分析和战略制定的过程。战略实施是指企业实施战略的管理过程，战略实施结果表现为企业绩效的改变。

战略选择（strategic choices）是战略决策过程得出的企业如何发展的选择结果，同时表现为战略决策的可观测的代理变量。本书所使用的“战略选择”术语，沿用Child和Francis（1977）的概念，是一个比较综合性的术语，包括正式的选择与非正式的选择，犹豫的决策与果断的决策，主要管理者选择（如奖励系统和结构）与部门和竞争选择，这些通常与“战略”术语联系在一起，这些选择均反映了企业最终的在企业战略层面上的战略决策结果。

同时本书认为，战略决策也是一种资源配置过程，企业一般会在分析预测内外部环境之后明确战略目标，进而进行战略决策，而战略决策结果往往会表现在重要战略资源的配置方面。因此，本书以重要战略资源是否投入和投入方向为判断标准来界定战略选择。

2.3　概念模型

2.3.1　高层管理团队与战略决策过程

高层管理团队的重要职能就是进行战略决策并最终做出战略选择（这一过程也有人称为战略形成过程）。明茨伯格等（2002）总结了十大战略流派的观点：设计学派把战略形成看作一个概念作用的过程，即一个有意识的、深思熟虑的思维过程；计划学派把战略形成看作一个正式的过程，认为战略产生于一个受控的、正式的过程，该过程被分解成清晰的步骤，每个步骤都采用核查清单进行详细的描述，并由分析技术来支撑；定位学派把战略形成看作一个分析的过程，在奎因看来，“有效的战略是围绕少数几个关键概念和观点而形成的”；企业家学派把战略形成看作一个预测的过程；认识学派把战略形成看作一个心理过程；学习学派把战略形成看作一个应急的过程；权力学派把战略形成看作一个协商的过程；文化学派把战略形成看作一个集体思维的过程；环境学派把战略形成看作一个反应的过程；结构学派把战略形成看作一个转变的过程。明茨伯格在总结整理十大战略流派的观点之后，明确指出，每个战略决策都必须将这些不同学派的各个方面结合起来。难以想象一个严肃认真的组织在战略决策时不考虑精神和社会的因素，不考虑环境的影响，不受领导力的左右，不经组织力量的推动，不在渐进和改革之间进行权衡。而实践中战略形成过程也会有所倾斜。

1. 战略决策过程

本书将战略决策过程概括为发现战略问题、战略分析、战略制定三个阶段。

（1）发现战略问题，包括高层管理者（也包含企业的战略规划人员，但以高层管理团队为主）发现现行战略的隐含假设发生了变化需要重新进行战略决策，以及在瞬息万变的环境中敏锐地捕捉到可能给企业带来价值增值和竞争优势的战略机会[①]而需要调整战略等。

（2）战略分析，是指在发现战略问题或识别战略机会之后，采用各种分析工具与方法对外部环境、行业特征、竞争态势、竞争对手、企业内部资源能力等进行科学系统的分析与匹配，进而提出解决战略问题或将战略机会转变为战略措施的可行动的备选方案的过程，能否找到解决战略问题或实现战略机会的最合适的战略方案是这一阶段的关键工作，而迅速形成最适当的可选方案的战略分析能力也是企业核心能力之一。

（3）战略制定，主要指高层管理团队就战略问题和战略分析形成的可选方案达成战略共识[②]而得出最后的战略选择的过程。战略决策一般由高层管理团队完成[③]。

---

① 不断地识别这些战略机会并通过有效的管理决策将其转化成具体的战略行动，会给企业带来长期的发展，而这种战略机会识别的能力也成为企业持续竞争优势所依赖的核心能力。

② 高层管理团队的战略共识存在于战略管理的多个阶段，如在战略机会识别阶段关于能否成为企业的战略机会达成战略共识，在战略决策阶段关于可选方案的最终决策达成战略共识、战略执行的优先权达成战略共识等。战略共识的构建通常被解释为战略形成过程的首要步骤之一（Dess and Origer，1987；Nielson，1981；Lyles，1981；Bourgeois，1980，1985；West and Schwenk，1996）；Whyte（1989）明确指出战略决策制定团体的首要任务是使每个成员的最初偏好达成共识；Floyd and Wooldridge（1992）认为战略的成功执行要求管理者们在战略优先权方面有一个共同的认识。

③ 企业战略决策的集权程度和战略决策的方式各不相同，有的是完全集权，基本由CEO个人来做最终决策；有的是民主集中制，由高层管理团队集体决策；有的是自下而上与自上而下相结合的参与式决策，战略规划人员（可能是外部咨询公司，也可能是企业内中高层管理者）提出决策建议再由高层管理团队集体决策。但通过调查了解，基于中国传统的社会文化和政治经济背景，企业一般实行高层管理团队集体决策。

2. 高层管理团队影响战略决策的三个维度

通过战略决策过程的分析可以发现，高层管理团队有多个维度可以影响战略决策，下面进一步分析高层管理团队的哪些维度可能及如何影响战略决策。概括来讲，高层管理团队有三个维度分别影响战略决策过程。

（1）认知基础和价值观（cognitive base and values）。Hambrick和Mason（1984）认为，战略决策在一定程度上反映了决策制定者的特质。正如March和Simon（1958）指出的，每个决策者将他或她自己的一系列“假设”带入管理情境中去。这些假设反映了决策者的认知基础，包括：对于未来事件的知识和假设；可供选择的知识；依赖于可供选择知识的推理知识。同时这一系列“假设”反映了他或她的价值观即根据偏好而产生的推论或者选择的排列顺序原则。认知的复杂性对信息处理形成可选方案有着显著的影响。认知复杂的决策制定者擅长分析、整合观念和数据、开发创新的解决方案，这是因为认知复杂的个人会寻找更多的信息（Tuckman，1965）、花费更多的时间解释获得的信息（Dollinger，1984），了解更多的可供选择的方案会促使他们进行完整、有效的处理（Hambrick and Finkelstein，1987）。

（2）资源（resource）。战略研究的文献中，通常将高层管理者用以“建立、整合和重新配置组织资源和能力”的技能和能力称为高层管理团队的资源。Adner和Helfat（2003）指出高层管理团队有三种类型的资源：人力资本、社会资本和管理者认知。人力资本指可提供一个基本竞争优势的高层管理团队的技能（Castanias and Helfat，1991，2001）。有研究发现，高层管理团队是否拥有具体公司的经验能作为公司竞争力的基础（Castanias and Helfat，2001）。Pennings等（1998）发现：高层管理团队所拥有的某些特定公司的平均任期所带来的技能，和拥有某些特定行业的平均任期所带来的技能相比，对公司的生存发展有更强的、更积极的影响。然而，研究也表明虽然一些高层管理团队技能可以提升企业的竞争优势，但它们也能减小公司的柔性。具体而言，当面对的主要环境变化时，这些技能就会强化高层管理团队制定决策时的惯性和非柔性（Leonard-Barton，1992；Volberda and Baden-Fuller，1998）。社会资本是指高层管理团队和公司内部人员（如一线经理）、外部人员（如其他公司董事会成员）的关系。这些人员被看作公司适应变化环境所需要的资源的重要来源（Geletkanycz and Hambrick，1997；Volberda and Baden-Fuller，1998）。管理者认知指高层管理者用于决策的信条和思维模式（Adner and Helfat，2003；Walsh，1995）。这三种类型的高层管理团队的资源均在某种程度和方向上影响着企业战略决策。

（3）能力（capabilites）。高层管理团队的能力包括高层管理团队权力［高层管理团队成员个人影响战略决策的权力（power）］和高层管理团队共识［高层管理团队成员之间在战略决策上的共识（consensus）］（Arogyaswamy et al.，1995；

Ferrier et al.，2004）。其中，高层管理团队权力指高层管理团队成员个人在公司决策中，行使自己意愿的能力（Pfeffer，1981）。因为战略决策是高层管理团队成员相互作用的结果，团队成员个人的权力会影响公司制定决策的过程（Priem et al.，1999）。高层管理团队共识代表了高层管理团队同意或不同意战略决策的程度（Dess and Origer，1987），因为共识可能影响高层管理团队是否理解战略决策，并为此做出承诺（Wooldridge and Floyd，1989），它代表了一个重要的战略过程的结果（Child，1972）。

3. 高层管理团队的三个维度与战略决策过程的匹配关系

可以说，高层管理团队的认知基础和价值观、资源、能力三个维度，从不同的角度影响了战略决策过程的三个阶段（图2-2）。其中认知基础和价值观能够影响发现战略问题、战略分析与战略制定三个阶段，如企业内职业经历使高层管理团队认知基础和价值观更加顺利地发现战略问题，认知复杂的人可以进行更深入的分析并提供更多的、更详细的可选方案，高层管理团队成员之间认知基础、价值观越相近越有助于进行高效战略决策；资源也能够影响战略决策过程的三个阶段，如高层管理团队的适当的职业背景有助于更迅速、准确地发现战略问题和高效决策，高层管理团队良好的内外部关系网络会有助于形成更多、更合适的可选方案；能力一般只影响形成可选方案与战略制定两个战略决策阶段，如高层管理团队成员之间的权力关系越复杂可能越不利于形成合适的可选方案，越不利于形成最终的战略选择，高层管理团队共识度越高越容易形成最终的战略选择。

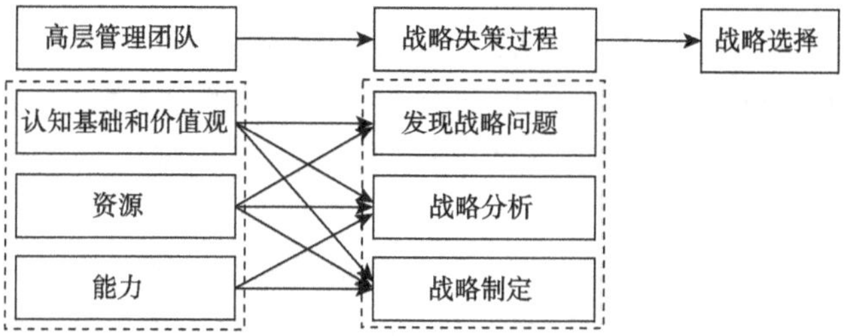

图 2-2　高层管理团队不同维度与战略决策的关系

2.3.2　高层管理团队特征与战略选择

1. 高层管理团队特征

高层管理团队的三个维度中，认知基础和价值观是一个心理学概念，资源和能力也是无形的、不易于测量的。学术界研究高层管理团队时，有两个不同的方法用来测量高层管理团队，一个是用人口统计学上的高层管理团队的人口统计学特征来代表，代理变量有性别、年龄、组织任期、民族和国籍、教育程度、职业经历等（Hambrick and Mason，1984；Pfeffer，1983），这个方法强调了可直接测量的个体属性，一般称为人口变量。另一个是用认知问卷的方法研究认知多样性，直接采用问卷对个体之间态度和规范的不同进行测量，一般称为认知变量。虽然这两个方法都声称研究高层管理团队的认知，但是它们测量的是个体的不同属性。

学术界研究高层管理团队对战略决策及企业绩效影响时，通常采用人口统计学特征变量来代表高层管理团队。这主要是因为以下几个原因。

（1）人口统计学特征变量更客观、更易测量。根据人口研究者分析，收集人口数据要优于认知数据，是因为“情感上的行为比较难以评估和可靠测量”（Pfeffer，1983）；人口统计学特征变量要显得更加客观，其可以更加简洁明了地对组织行为进行解释，同时比认知变量更容易进行测试。（Hambrick and Mason，1984；Pfeffer，1983；Wiersema and Bantel，1992）。

（2）人口统计学特征变量能够作为认知变量的代表。正如Kiesler和Sproull（1982）所说的，管理者个人的认知或心智模型是建立在他或她过去的经历和价值观的基础上，那么不同的经历应该会导致不同的心智模型。如果过去的经历用人口统计学特征变量代替，我们就可以将人口统计学特征的不同与管理者认知的不同联系在一起。例如，市场副总裁的心智模型可能与财务副总裁不同（如“市场导向”与“成本控制导向”）。Hambrick和Mason（1984）、Pfeffer（1983）也认为可以用人口变量来预测和解释内在认知变量差异的假设。Michel和Hambrick（1992）认为在高层管理团队或职能组织中任期上的普遍背景“构建了团队成员中通常计划的发达程度”。相似的，Tsui等（1992）提出使用人口要素，如年龄、种族，来加强群体心理上的自我认识；Wiersema和Bantel（1992）认为人口要素反映了个体认知基础。人口多样性可通过一些可觉察的、显著的变量来进行测量，如年龄、性别和种族，它被假设为团队如何分享一系列观念、价值和标准的一个精确反应。

（3）人口统计学特征变量能够部分反映高层管理团队的资源。例如，高层管理团队职业背景可以部分反映其在行业内外、企业内外的人力资本和社会资本，高层管理团队的教育程度可以部分反映其团队成员的认知水平和技能水平等（Adner and Helfat，2003；Barney，1991；Hambrick，1997）。

（4）人口统计学特征变量能够部分反映高层管理团队的能力，即高层管理团队之间的权力关系和形成战略共识的难易程度。例如，来自不同职能领域的管理者可能从不同的角度来看待组织问题（Dearborn and Simon，1958；Walker，1985）；甚至可以从持异议的角度看待组织问题（Walsh，1995）。而且，来自不同国家的管理者趋向于用不同的框架来处理一系列问题（Hofstede，1980；Laurent，1983，1986）。类似的研究认为相似年龄的人们通常可能用相似的角度看待世界，这反映在共同的经历和文化方面（Tsui et al.，1992）。

因此，本书采用人口统计学特征作为高层管理团队的观测变量。高层管理团队的人口统计学特征具体包括团队规模、团队平均水平和团队异质性三个方面：团队规模即当期高层管理团队总人数，团队平均水平主要指高层管理团队成员的平均年龄和平均教育水平，团队异质性主要指高层管理团队的成员年龄、教育水平、职业背景三方面的差异。因此，高层管理团队的特征用团队规模、平均年龄、平均教育水平、年龄异质性、教育水平异质性和职业背景异质性七个具体变量来进行测量。

2. 战略选择

虽然战略决策过程包括发现战略问题、战略分析及战略制定三个阶段，但最终都会形成战略选择（战略决策的最终结果），即在什么时候以什么方式来实现企业扩张（或者收缩），如今年还是明年投入多少资金进行原有产品的改造或者开发新产品，在什么时间往哪个区域投入多少资金进行市场扩张，在什么时候以哪种形式往哪个多元化的行业发展，等等。可以说，战略选择是高层管理团队对发现战略问题、战略分析及战略制定等战略决策过程的最终体现。同时，发现战略问题、战略分析及战略制定等过程都不能单独反映战略决策过程，而且发现战略问题、战略分析及战略制定等战略决策过程也是不易观察、不可测量的，因此可以用战略选择这一可观测的变量来代表发现战略问题、战略分析及战略制定这一完整的战略决策过程。

虽然不同行业的战略选择类型会有各自的行业特色，但是，基于战略选择理论，可以将基本的战略选择类型按照以下逻辑角度来划分。

第一，战略投资内容层面，企业的战略选择会有密集增长战略和多元化战略两个选择，而密集增长战略又可以进一步区分为产品开发战略和市场开发战略，多元化战略进一步区分为纵向一体化战略、横向一体化战略和非相关多元化三种战略。因此，从战略投资内容角度来讲，企业有产品开发战略、市场开发战略、纵向一体化战略、横向一体化战略和非相关多元化战略五种战略选择。

第二，战略空间布局层面，企业的战略选择可以有本地扩张战略、本区域扩张战略、跨区域扩张战略和跨国扩张战略四种选择。有些行业的战略空间布局可能只是市场扩张的空间布局，产品生产和企业运营可以保持本地不变或者不需要市场布局与产品生产同步扩张，如汽车行业；但是，有些行业战略空间布局却是需要将产品生产、企业运营和市场营销都进行扩张才能够进行区域布局，如房地产行业。

第三，战略投资方式层面，企业战略扩张可以考虑是并购已有企业还是新建分子公司，而新建分子公司还可以考虑是自己独资新建还是与他人合资新建。因此，在战略投资方式层面，企业有独资新建、合资新建与并购三种战略选择。

不同行业的具体战略选择会有些行业差异，具体的行业企业战略选择分类见第3～6章各行业企业战略选择变迁的深入分析。

3. 高层管理团队特征与战略选择的匹配关系

如前所述，高层管理团队有三个维度的自变量，包括认知基础和价值观、资源、能力，这三个自变量可以采用人口统计学特征作为观测变量，包括团队规模、平均年龄、平均教育水平、年龄异质性、教育水平异质性和职业背景异质性六个要素。企业战略采用战略选择作为观测变量，包括战略投资内容、战略空间布局和战略投资方式三个层面的产品开发战略、市场开发战略、纵向一体化战略、横向一体化战略、非相关多元化战略、本地扩张战略、本区域扩张战略、跨区域扩张战略、跨国扩张战略、独资新建、合资新建和并购这十二种选择。进而将高层管理团队与企业战略的匹配关系对应为高层管理团队特征与战略选择的匹配关系，中国经济转轨进程中高层管理团队与企业战略的匹配关系模型如图2-3所示。

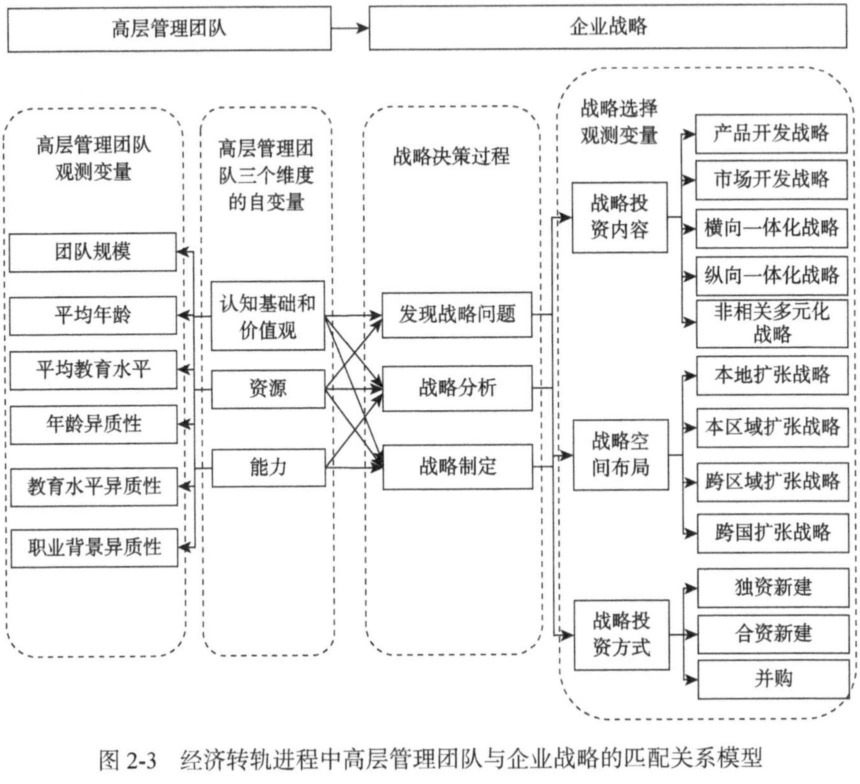

图 2-3 经济转轨进程中高层管理团队与企业战略的匹配关系模型

第 3 章　汽车行业企业战略选择变迁

企业的战略决策就是合理利用内外部资源，适应外部环境变化的动态调整过程。中国汽车产业从2000年产销量为206.82万辆和207.84万辆，到2012年产销量为1927.18万辆和1930.64万辆，年均增长率分别为20.44%和20.41%，增速可见一斑。2012年以来，中国汽车行业的增速变缓进入平稳发展期。中国汽车行业的发展经历了高速发展期和平稳增长期，现处于产业结构调整期。外部环境的不稳定，再加上汽车行业受国家宏观调控政策的影响较大，整个行业的发展环境处于一种不明朗状况。在这种“弱情景”①下，企业很难制定切实有效的战略。本章以48家中国汽车行业上市公司12年（每3年为1届，共4届）的战略选择作为研究样本，旨在探究经济转轨期中国汽车行业上市公司战略选择的变迁，为中国汽车行业以后的发展提供参考。

3.1　汽车行业企业战略选择的理论分类

3.1.1　中国汽车行业企业战略选择的研究

战略对于任何企业来说都是至关重要的，因为战略关系企业的存亡，是企业生存之道。国内外学者对企业战略的研究可谓乐此不疲，相关研究把企业的战略划分为许多类型，比较著名的像迈克尔·波特提出的三大战略（低成本、差异化及专业化）、安索夫提出的四大战略（市场渗透战略、产品延伸战略、市场开发战略及多样化战略）等。企业战略选择的正确与否，直接反映为企业绩效的好坏，因此这又是衡量高层管理团队效能的关键指标。可见，高层管理团队与企业战略关系的匹配尤为重要。由于汽车行业具有高投资、高风险等特点，企业所做出的每个战略决策都要经过深思熟虑，详细规划。然而，面对种种战略高层管理团队应该如何选择呢。

---

① “弱情景”由 Walter Mischel 在 1977 年提出，具体是指情景的特点不十分明确，难以制定恰当的行动方案。

中国汽车行业面临的外部环境在不断的变化，任何一种战略都是不完善的，企业应该根据实际情况适时做出调整，整车与零部件厂商应当加强合作来实现双赢（干春晖和李素荣，2001），并持续开展创新活动，坚持走开放型创新发展之路，提升自主开发能力（李京文和姚蔚，2004）；大力发展汽车产业集群优势，通过兼并重组扩大自身规模，实现规模效应；适时加入世界汽车联盟，积极参与国际化竞争。针对中国汽车自主品牌，田志龙等（2010）采用案例分析法，以吉利、奇瑞、华晨、比亚迪及哈飞等国内5家汽车自主品牌为对象，分析了中国汽车市场弱势后入者的经营战略，认为后入者一方面采用跟随与模仿策略吸取经验与教训，另一方面通过创新战略实现后发优势。相对而言，中国汽车零部件产业核心技术过于依赖国外，缺少自主品牌整车需求的拉动，应当采取原始创新、集成创新及引进消化吸收再创新等方式，加强自主研发能力（苟海平和李赞峰，2007）。同时《汽车产业调整和振兴规划》提出“支持汽车零部件骨干企业通过兼并重组扩大规模，提高国内外汽车配套市场份额”。汽车服务业作为汽车产业链上重要的一环，应当抓住时机，紧随整车和零部件企业的发展步伐，大力发展汽车后市场配套服务体系，积极促进中国汽车消费信贷业务，做好售后服务、汽车租赁及报废汽车的回收处理等业务。

随着技术的不断革新及国际能源危机的影响，节能与环保型汽车日渐走入人们的视线，而且新能源汽车必将成为汽车行业未来的发展方向。对于新能源汽车，中国已初步掌握了主要核心技术，并达到了国际先进水平。罗少文（2008）指出应先构建适合中国的新能源汽车技术发展路线，并在此基础上建立官、产、学、研相结合的技术创新体系，从而有效地促进新能源汽车产业的发展。现阶段中国新能源汽车产业正处于持续增长期，已进入研发向产业化转换的关键时期，应以集成创新和结构创新为主，加大对核心技术的研发力度（段小华，2010；张烁和程家瑜，2011），大力发展和培育新能源汽车自主品牌。2012年国务院发布的《节能与新能源汽车产业发展规划（2012—2020年）》明确了新能源汽车发展的技术路线和主要目标，重点推进纯电动汽车和插电式混合动力汽车产业化。

企业进行战略决策，本质上是对企业内外部资源的优化配置。

首先，根据汽车行业上市公司当年是否有战略投资，将其划分为稳定型战略和增长型战略。然而，通过阅读年报发现基本上每家公司每年都会有战略投资，而且有的不止投资一个项目，可能是中国汽车行业竞争激烈，企业只有不断扩张才能生存。因此，不将稳定型战略作为主要研究对象。

其次，根据投资内容的不同将增长型战略划分为密集型增长战略、多元化战略及一体化战略。具体分类依据是：①如果企业投资用于研发新产品或是开拓市场，则判定增长型战略为密集型增长战略；②如果投资到与汽车行业相关或不相关的其他行业，则认为增长型战略是多元化战略；③如果投资用于产业链上下游扩张、并购或设立其他分、子公司等，则认定增长型战略为一体化战略。根据投资区域的不同增长型战略可以分为本地扩张战略、区域扩张战略和国际化战略。从本质上看，这些都是企业进行市场扩张的形式，因此不单独列示，将其归入市场开发战略。另外，根据投资形式的不同，可以分为独资、合资、参股或控股三种，这只是企业实施增长型战略的具体实现方式，故不再赘述。

最后，根据投资的具体用途，将密集型增长战略划分为产品开发战略和市场开发战略；将多元化战略划分为相关多元化战略和非相关多元化战略；将一体化战略划分为横向一体化战略和纵向一体化战略（图3-1）。

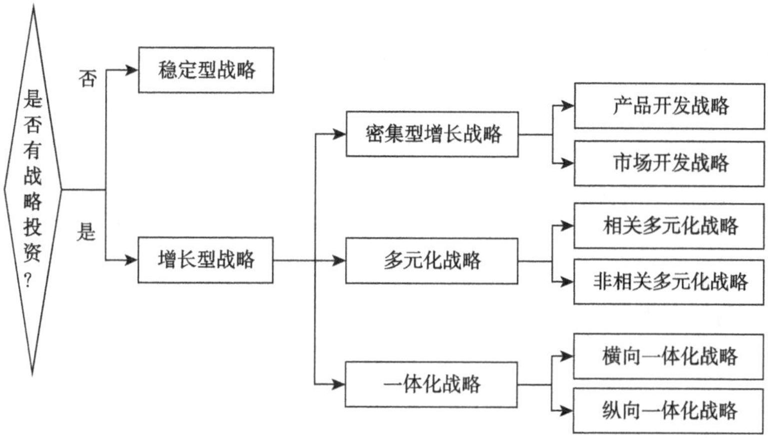

图 3-1　汽车行业企业战略选择的理论演绎图

3.1.2　汽车行业企业战略选择的界定

根据上述对汽车行业企业战略选择的分类，选取的战略类型有六个，即产品开发战略、市场开发战略、相关多元化战略、非相关多元化战略、横向一体化战略及纵向一体化战略。

1. 产品开发战略

产品开发战略是指企业开发新产品或是在原有产品的基础上增加新功能或新用途，以满足客户需求的一种战略。对汽车行业而言，企业一方面需要逐年增加研发投入，构建研发体系，不断开发新产品，提高自主创新能力，保持技术领先优势；另一方面时刻关注消费者的新需求，及时更新老旧产品，提高产品的市场竞争优势。

2. 市场开发战略

市场开发战略是指企业为了提高现有产品的市场占有率，不断开发新市场的战略。市场开发战略在汽车行业中非常普遍。自从加入WTO以后，随着国外汽车巨头的不断进入，中国汽车行业竞争日益激烈。企业为了发展，不得不开拓新的市场，从原来的本地扩张，发展到区域扩张，再到全国扩张，最后开辟海外市场，实施国际化战略。企业进行国际化战略的途径有两种：一是在国外投资建厂或收购国外企业（资本输出）；二是出口产品到国外（产品输出），提高海外市场占有率。本章将第一种国际化战略归为横向一体化战略，将第二种归为市场开发战略。

3. 相关多元化战略

相关多元化战略是指企业同时在两个或两个以上的行业中发展，且不同业务之间存在着密切的相关性。比如，汽车企业进入物联网（如汽车物流、车载设备等）、新能源（主要是节能与环保型汽车）、汽车后市场（主要包括汽车金融服务、汽车租赁及报废汽车回收处理）等与汽车相关的领域发展。

4. 非相关多元化战略

非相关多元化战略与相关多元化战略正好相反，指的是企业在两个或两个以上完全不相关的行业中经营，主要是为了分散风险。像北汽福田汽车股份有限公司从事成品油业务、安徽江淮汽车集团股份有限公司投资证券行业、海马汽车有限公司从事房地产业务等。

5. 横向一体化战略

横向一体化战略是指企业为了扩大规模，在行业内通过并购的方式实现现有业务广度的延伸，其目的主要是为了整合现有资源，扩大自身规模，从而实现规模效益。可见，横向一体化战略的实施主要是通过并购的方式实现的。并购又分为横向并购和纵向并购。其中，横向并购是指处于相同行业的企业之间发生的并购。整车生产企业之间及零部件企业之间的兼并重组就属于典型的汽车产业内横向并购。

6. 纵向一体化战略

纵向一体化战略是指企业在产业链纵向的延伸，是企业对现有业务深度的扩展，其目的是加强对产品生产的整个过程的控制。纵向一体化战略的实施方式主要有三种：投资自建、参股或控股和并购。比如，整车生产企业与零部件供应商形成的战略联盟或战略合作伙伴、整车企业投资新建生产所需的零部件子公司或是参股控股其他零部件企业等。

3.2　汽车行业企业战略选择的定性编码

本节研究中，判断汽车行业上市公司每年采用的战略类型的依据是公司披露的年报，从中找出当年战略投资的内容，结合上述对汽车行业战略类型的界定，做出判断。年报中涉及战略投资的内容主要有董事会报告中的“报告期内公司经营情况回顾”、“主营业务分行业、分产品、分地区情况表”、“自主创新情况”及“公司未来发展的展望”；报告期内公司投资情况中的“募集资金使用说明”和“非募集资金使用情况”；重要事项中的“本年度公司重大收购及出售资产、吸收合并事项”、“公司持有其他上市或非上市公司股权情况”及“财务报表附注”中的一些内容。

企业每年都会做出很多战略决策，那么如何判断企业高层管理团队每年和每届的主导战略呢？下面给出判定标准（图3-2）。

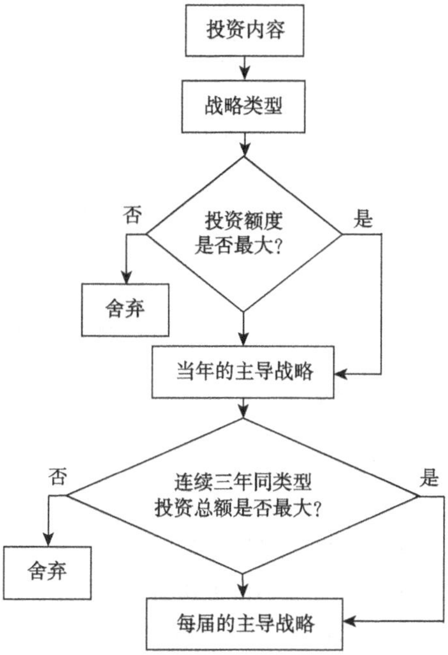

图 3-2　企业高层管理团队每年和每届主导战略的判定流程

（1）第一，根据每年的战略投资方向，判定是何种战略；第二，列示每种战略的投资额度并分类汇总；第三，投资额度最大的战略即当年的主导战略。

（2）在选定每年主导战略的基础上，再次分类汇总，选择投资额度最大的战略作为这一届的主导战略。

综上所述，对汽车行业上市公司战略选择的编码结果如表3-1所示：如果汽车行业上市公司的资金投入主要是为了研发新产品或进行产品线的技术改造及对现有产品的技术升级，即产品开发战略，编码为1；如果投资用于开发新市场，如挖掘新的细分市场、跨区域扩张或出口产品到国外，开拓国外市场等，即市场开发战略，编码为2；如果企业在原有整车或零部件业务的基础上投资其他相关领域，如汽车物流、汽车金融等，即相关多元化战略，编码为3；如果企业发展的新业务与现有的主营业务完全不相关，如投资于房地产、旅游、金融理财产品等，即非相关多元化战略，编码为4；如果企业通过兼并、收购或自建的方式进行汽车产业链横向发展，即横向一体化战略，编码为5；如果整车生产企业收购、新建或参股零部件企业，或零部件企业向下游发展从事整车装配业务，即纵向一体化战略，编码为6。

表 3-1 汽车行业上市公司战略选择的编码结果

编码	战略选择	上市公司年报中的关键字段
1	产品开发战略	产品线技术改造；研发新产品；现有产品技术升级
2	市场开发战略	在国内其他区域建立分、子公司；在海外投资设厂
3	相关多元化战略	通过独资、合资或并购等方式投资汽车物流、新能源等业务
4	非相关多元化战略	通过独资、合资或并购等方式从事与汽车行业无关的其他领域，如房地产、旅游餐饮服务、金融业等
5	横向一体化战略	兼并或收购同行业其他企业的股权
6	纵向一体化战略	在汽车产业链上下游扩张，如整车生产企业并购或新建零部件企业等

3.3 中国汽车行业企业战略选择的实证分析

3.3.1 样本选择与数据来源

剔除以下几类企业：①2010年前后才涉足汽车行业的公司，如比亚迪（002594）、嘉禾股份（600093）等；②一直从事汽车行业但上市较晚的公司，如广汽长丰（600991）、长城汽车（601633）等；③主营业务中汽车业务所占比重小于50%的公司，如凌云股份（600480）；④中小板上市公司，如成飞集成（002190）、中航精机（002013）、亚夏汽车（002607）等；⑤董事长频繁更换的公司，如松辽汽车（600715）等。最终选定的上市公司总数为48家：其中，上交所26家，深交所22家；汽车整车生产企业21家，零部件企业21家，销售与服务企业6家；东部地区27家，中部地区15家，西部地区6家[①]。最终选取1999年12月31日之前在上交所或深交所上市的汽车企业（依据《中国证监会上市公司行业分类指引》）作为研究对象，时间跨度为2000～2012年，共13年。

战略选择的相关内容主要来自上市公司披露的年报，通过手工整理而得。公司年报主要来自RESSET金融研究数据库，缺失部分参考新浪财经或巨潮资讯。

---

① 东部地区包括北京、天津、上海、河北、山东、江苏、辽宁、浙江、福建、广东及海南；中部地区包括河南、安徽、黑龙江、吉林、湖南、湖北、江西和山西；西部地区包括西藏、新疆、内蒙古、甘肃、宁夏、青海、陕西、云南、广西、重庆、四川、贵州。数据不包括港澳台地区。

3.3.2　描述性统计

通过运用内容分析法①（content analysis）对48家汽车行业上市公司12年（4届）年报的整理分析后得到高层管理团队每年和每届的战略选择。

根据表3-2、表3-3和图3-3、图3-4可知，汽车行业上市公司每年的战略选择侧重点是不同的。

表 3-2　汽车行业上市公司高层管理团队每年战略选择汇总表（单位：家）

战略选择类型	2000年	2001年	2002年	2003年	2004年	2005年	2006年	2007年	2008年	2009年	2010年	2011年	2012年
产品开发战略	32	26	21	17	13	20	20	17	18	21	19	18	24
市场开发战略	0	2	2	5	7	7	8	6	7	10	7	8	5
相关多元化战略	2	2	2	3	2	0	2	5	5	2	3	3	3
非相关多元化战略	9	9	8	10	6	3	3	6	7	5	4	4	4
横向一体化战略	4	8	13	12	18	14	13	13	10	10	15	13	12
纵向一体化战略	1	1	2	1	2	4	2	1	1	0	0	2	0
合计	48	48	48	48	48	48	48	48	48	48	48	48	48

表 3-3　汽车行业上市公司高层管理团队每年战略选择汇总比重表

战略选择类型	2000年	2001年	2002年	2003年	2004年	2005年	2006年	2007年	2008年	2009年	2010年	2011年	2012年
产品开发战略	67%	54%	44%	36%	27%	42%	42%	35%	38%	44%	40%	38%	50%
市场开发战略	0	4%	4%	10%	15%	15%	17%	13%	14%	21%	15%	17%	11%
相关多元化战略	4%	4%	4%	6%	4%	0	4%	11%	10%	4%	6%	6%	6%
非相关多元化战略	19%	19%	17%	21%	13%	6%	6%	12%	15%	10%	8%	8%	8%
横向一体化战略	8%	17%	27%	25%	37%	29%	27%	27%	21%	21%	31%	27%	25%
纵向一体化战略	2%	2%	4%	2%	4%	8%	4%	2%	2%	0	0	4%	0
合计	100%	100%	100%	100%	100%	100%	100%	100%	100%	100%	100%	100%	100%

① 内容分析法是将非定量的文献材料转化为定量数据，并对文献内容进行定量分析，做出关于事实的判断和推论的一种研究方法。

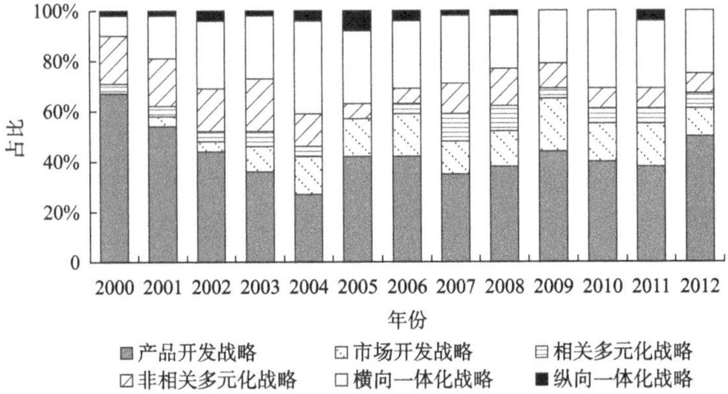

图 3-3　汽车行业上市公司高层管理团队每年战略选择汇总柱形图

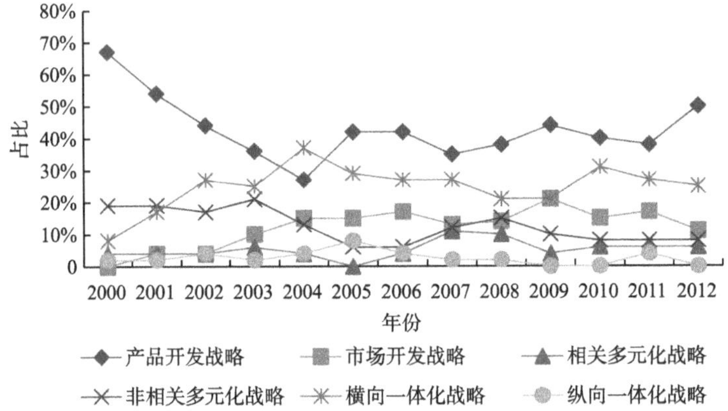

图 3-4　汽车行业上市公司高层管理团队每年战略选择汇总折线图

（1）从横向看，产品开发战略备受青睐，是企业每年选择最多的战略；纵向一体化战略是每年选择最少的战略，可见中国汽车行业产业链上下游尚缺乏战略联盟，各自为政，还没有形成完善的服务体系。中间依次是横向一体化战略、市场开发战略、非相关多元化战略和相关多元化战略。

汽车行业是资金和技术密集型行业，企业要在竞争激烈的环境中求生存，就必须与众不同。换言之，企业要在产品上下功夫，只有提供更多、更好的产品，才能满足消费者多样化、个性化的需求，从而赢得市场。另外，企业为了实现规模经济，降低生产成本，不得不扩大生产规模，提高市场份额，从而刺激企业制定和实施横向一体化战略和市场开发战略，而且为了分散风险，企业会选择多元化战略。

（2）从纵向看，2000～2004年企业逐渐将战略选择的重点从产品开发战略向横向一体化战略和市场开发战略转移，但产品开发战略始终占据主导地位。

2004年以后企业的战略选择开始变得清晰，以产品开发战略、横向一体化战略和市场开发战略为主，非相关多元化战略、相关多元化战略和纵向一体化战略为辅。

具体来说，产品开发战略总体呈先下降后上升的趋势：其中，2004年之前呈下降趋势，从67%下降到27%，降幅较大；2004年之后呈震荡上升趋势，从27%上升到50%。横向一体化战略整体呈先上升后下降再上升的趋势，最高点为37%，最低点为8%。市场开发战略整体呈上升趋势，从2000年的0上升到2012年的11%。非相关多元化战略整体呈下降的趋势，从19%下降到8%。相关多元化战略和纵向一体化战略变化不明显，比较稳定，所占比重较少。

总体来看，从2000～2012年中国汽车行业上市公司在进行战略选择时每年的战略焦点有所不同。但总体趋势较为明显，以产品开发战略、横向一体化战略和市场开发战略为主线，其他战略作为辅助。

表3-4、图3-5和图3-6显示的是中国汽车行业上市公司高层管理团队每届的战略选择。可以看出，产品开发战略依然占据主导地位，呈现先下降后上升的趋势，这四届的占比依次是60.4%、39.6%、33.3%、43.8%。横向一体化战略呈先上升后下降，然后上升的趋势。市场开发战略前三届呈逐渐上升的趋势，第四届略有下降。两个多元化战略呈现出不规则的波动，但从图3-6看，企业更愿意选择非相关多元化战略。纵向一体化战略则呈现相对稳定不变的变化趋势。

表 3-4　汽车行业上市公司高层管理团队每届战略选择汇总表

战略选择类型	第一届/家	占比	第二届/家	占比	第三届/家	占比	第四届/家	占比
产品开发战略	29	60.4%	19	39.6%	16	33.3%	21	43.8%
市场开发战略	2	4.2%	6	12.5%	7	14.6%	5	10.4%
相关多元化战略	2	4.2%	1	2.1%	7	14.6%	4	8.3%
非相关多元化战略	7	14.6%	5	10.4%	7	14.6%	3	6.3%
横向一体化战略	7	14.6%	15	31.3%	10	20.8%	14	29.2%
纵向一体化战略	1	2.1%	2	4.2%	1	2.1%	1	2.1%
总计	48	100%	48	100%	48	100%	48	100%

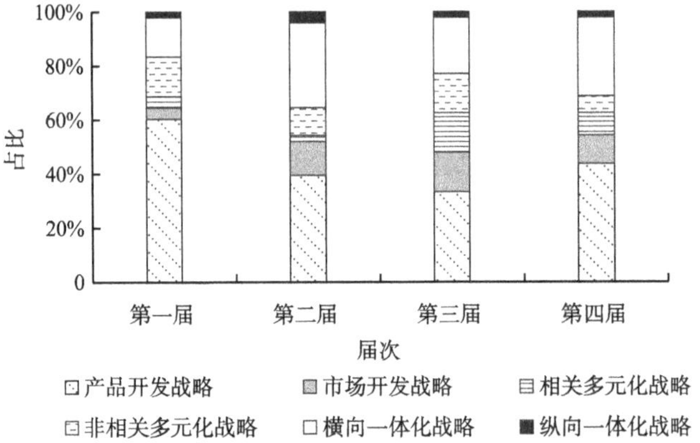

图 3-5 汽车行业上市公司高层管理团队每届战略选择汇总柱形图

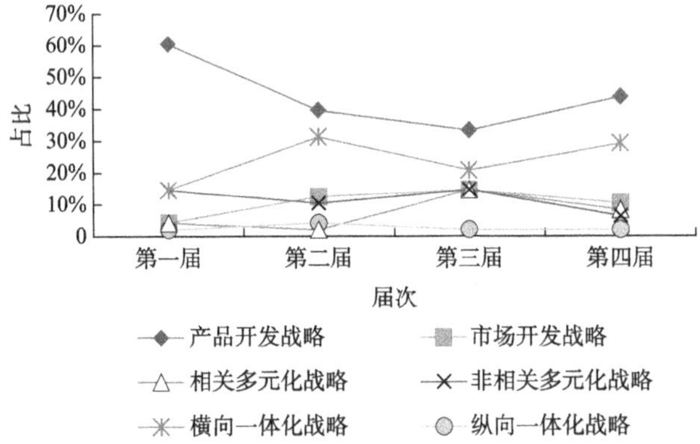

图 3-6 汽车行业上市公司高层管理团队每届战略选择汇总折线图

通过对比发现，汽车行业上市公司高层管理团队每年和每届的战略选择具有一致性。无论每年的战略选择，还是每届的战略选择都把产品开发战略作为首选战略，而纵向一体化战略是选择最少的战略。

3.3.3 分析与讨论

通过上述分析可以看出外部环境和产业政策对中国汽车行业高层管理团队每年、每届的战略选择产生了十分重要的影响。

（1）2000年中国汽车行业进入了高速发展时期，国内汽车市场需求巨大，企业为了抢占先机，纷纷加大新产品的研发力度，以满足市场需求。随着中国加入WTO，进出口关税降低，国外汽车制造企业纷至沓来，再加上国内各汽车厂商也在资金、技术和管理上不断提升，从而导致国内汽车市场竞争日趋激烈。在这种情况下，为了保住市场地位，扩大市场份额，各企业优化资源配置，纷纷将战略重点转向横向一体化战略和市场开发战略。2004年中国出台了《汽车产业发展政策》，旨在推进汽车产业结构调整和升级，全面提高汽车产业国际竞争力，促进汽车产业健康发展，使我国汽车产业在2010年前发展成为国民经济的支柱产业，通过市场竞争形成几家具有国际竞争力的大型汽车企业集团，通过企业间的战略重组，实现汽车产业结构优化和升级。随后，国内汽车企业开始出现了一波并购潮（包括海外并购），如上海汽车集团股份有限公司收购韩国双龙汽车公司48.9%的股份（但由于种种原因收购以失败告终）、中国长安汽车集团股份有限公司重组江铃汽车股份有限公司、东风汽车股份有限公司收购郑州日产汽车有限公司。

（2）2007年中国汽车产销量双双超过800万辆，成功跻身于世界汽车制造大国的行列，但向世界汽车强国的转变还是任重道远，各主要汽车企业一方面继续加大新产品研发投入，另一方面积极开拓市场、扩大规模。2008年下半年爆发了金融危机，直接导致国际汽车市场萎靡不振，中国汽车市场也受到了严重冲击。为了应对金融危机给国内汽车市场带来的不利影响，2009年国务院及时出台了《汽车产业调整和振兴规划》，指出“进入21世纪以来，我国汽车产业高速发展，形成了多品种、全系列的各类整车和零部件生产及配套体系，产业集中度不断提高，产品技术水平明显提升，已经成为世界汽车生产大国。但是，产业结构不合理、技术水平不高、自主开发能力薄弱、消费政策不完善等问题依然突出，能源、环保、城市交通等制约日益显现”“结构调整是产业进一步发展的必然要求。汽车产业在经历了多年的高速增长后，必然要进行一次大的调整，以解决内部结构和外部环境积累的诸多矛盾”。《汽车产业调整和振兴规划》提出要通过兼并重组，形成2～3家产销规模超过200万辆的大型汽车企业集团，4～5家产销规模超过100万辆的汽车企业集团，加强关键技术研发，以新能源汽车为突破口，加强自主创新，培育自主品牌，形成新的竞争优势。值得一提的是，受金融危机的影响，欧美等汽车市场持续低迷，2009年中国汽车产销量超过美国，成为第一汽车大国。《汽车产业调整和振兴规划》出台之后，中国汽车行业掀起了新一轮的兼并重组热，如广州汽车集团股份有限公司收购湖南长丰汽车制造股份有限公司29%的股份；北京汽车集团有限公司收购瑞典萨博汽车公司；浙江吉利控股集团收购沃尔沃汽车公司（中国汽车海外并购第一案）；等等。2012年有关利好政策逐渐退出及限购令的颁布，使得中国汽车行业增速变缓，从高速增长期进入平稳发展期，但三线、四线城市对汽车的刚性需求正旺，成为汽车企业的必争之地。

（3）随着能源危机和环保意识的增强，传统的燃油汽车已经不符合时代发展的需要，节能与环保型汽车成为国际汽车行业发展的新方向。中国顺应时代潮流，及时出台了一系列鼓励扶持政策，如2010年国务院下发《国务院关于加快培育和发展战略性新兴产业的决定》，提出要大力发展七大战略性新兴产业，其中就包括新能源汽车产业；2012年又出台了《节能与新能源汽车产业发展规划（2012—2020

年）》，着力推进新能源汽车产业的发展。各汽车企业纷纷加大新能源汽车的研发力度，成功研发了多款新能源汽车，如长安杰勋混合动力汽车、海马纯电动汽车Me、上汽荣威E50等。现阶段中国新能源汽车产业正处于持续增长期，已进入研发向产业化转换的关键时期，新能源汽车必将成为各汽车企业争相占领的领域。

3.4 结论

通过对2000～2012年中国汽车行业上市公司的战略选择变迁实证分析，可以得出以下结论。

第一，经济转轨期中国汽车行业上市公司的战略选择以增长型战略为主。本书研究中将增长型战略细分为产品开发战略、市场开发战略、相关多元化战略、非相关多元化战略、横向一体化战略和纵向一体化战略。通过对年报中的战略投资情况的分析，可以进一步确定每年的战略选择类型，而每届的主导战略则是根据每年的战略类型投资总额汇总比较得出的。

第二，中国汽车行业上市公司高层管理团队每年和每届战略选择的侧重点不同。然而，通过对比发现，无论是每年的战略选择，还是每届的战略选择都是以产品开发战略、横向一体化战略和市场开发战略为主，其他战略作为辅助。

第三，外部环境和产业政策对汽车企业的战略选择有着深远的影响，但在同样的环境下每个企业的战略选择又不尽相同，这与各企业的高层管理团队决策有较大关系。

第4章　零售业企业战略选择变迁

虽然，面对变化的外部宏观环境、产业环境和企业内部的资源能力，实践中每个零售企业做出的战略选择可能各不相同，但在理论上仍然可以将其战略选择归纳为一定的战略类型，因此企业战略选择这类定性数据仍然可以定量化。本章采用内容分析法来进行定性数据定量化编码，进而研究零售业战略选择的变迁。

4.1　零售业企业战略选择的理论分类

本章根据零售企业对其重要战略资源的配置，如上市公司募集资金和重大非募集资金[①]的投资情况，采用理论演绎法对零售业战略选择进行梳理、分类，得出可能的战略选择类型。这主要是因为：一方面，从本质上讲，战略选择是一种资源配置行为，企业扩张战略更是涉及企业重大资源的配置，无论企业的最终战略选择是什么，是选择扩张战略中的横向扩张、纵向扩张、相关多元化还是非相关多元化，即便是稳定型战略，都需要配置企业的各项资源。另一方面，扩张战略体现为一种行动，而不是已有的状态，这是一个增量和存量的问题。企业已经在什么状态下竞争，这是历史决策的结果，是一种已有的状态，或者是多元化，或者是专业化，或者是一体化等；但扩张战略则考察企业的扩张行为，往哪里扩张，以什么形式扩张等，所以要以增量即增加的投资来衡量扩张行为。

由于零售战略的重点在于市场的扩张（李飞，2003），扩张战略又直接表现在重要战略资源的投资上，鉴于资源的稀缺性和选择的机会成本，这种重要战略资源投资行为对企业绩效影响较大，本章以零售企业的战略投资行为来判定其属于零售战略的哪一种类型。

4.1.1　零售业企业战略选择的分类

运用麦肯锡逻辑树分析方法，一步步给出判断标准，零售业战略选择逐层展

① 募集资金、非募集资金使用情况可以在上市公司年报“董事会报告”部分的“公司投资情况”中找到。

开，最终可以获得零售业战略选择的理论演绎图（图4-1）。第一层，按照零售企业是否有战略投资行为将其分为内涵式发展和外延式扩张两种战略选择。第二层，按照战略投资的投向是否为零售业务，外延式扩张又分为零售业务内扩张和零售业务外扩张。第三层，零售业务内的战略投资可以选择是改扩建原有店铺还是投资建设新店，因此按照是否为新店投资，零售业务内扩张又进一步被划分为旧店扩张和新店扩张；另一个选择支，按照与零售业务的相关度和相关方式，零售业务外扩张又被划分为纵向一体化扩张、相关多元化扩张和非相关多元化扩张。第四层，新店扩张还要结合是否为新业态这一选择条件，进一步划分为原业态新店扩张和新业态新店扩张。到第二层，零售业战略选择被划分为内涵式发展、零售业务内扩张和零售业务外扩张三类，简称为三分战略选择；到第四层为止，零售业战略选择被划分为内涵式发展、旧店扩张、原业态新店扩张、新业态新店扩张、纵向一体化扩张、相关多元化扩张和非相关多元化扩张共七种战略选择，简称七分战略选择。

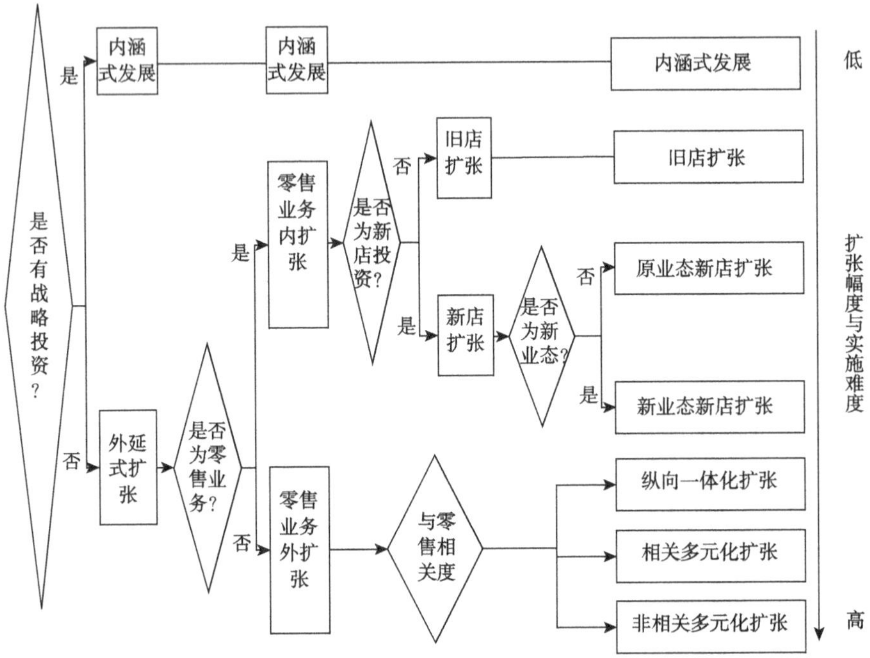

图 4-1　零售业企业战略选择的理论演绎图

这七种战略选择方式，内涵式发展没有战略扩张，相当于一般企业的稳定型战略；后六种为零售扩张战略，其中，旧店扩张、原业态新店扩张和新业态新店扩张属于在零售业务内进行规模扩张，可以理解为一般意义上的企业横向一体化扩张战略；纵向一体化扩张、相关多元化扩张和非相关多元化扩张则与一般意义上的企业的纵向一体化扩张、相关多元化扩张和非相关多元化扩张内涵基本相同，这里只需要根据零售业务详细界定“纵向”和“相关”即可。零售扩张战略的这六种方式比较而言，非相关多元化扩张幅度最大，旧店扩张方式的扩张幅度最小。

4.1.2　零售业战略选择界定

1. 内涵式发展与外延式扩张

内涵式发展①是指零售企业没有动用大额资金来调整企业规模，但通过改变原有战略资源的配置、改善原有战略资源的质量和提高使用效率仍然可以提高零售企业的经营管理能力，即提高公司“软实力”，进而促进零售企业的发展，表现在上市公司操作实践上就是只需要动用部分流动资金而不需要在上市公司年报中披露长期投资、募集资金和非募集资金投资的增加或投向，如“为打造公司经营特色优势，进行了大规模的布局调整和商品结构调整”、“培育销售大户、引进强效品牌、扩大独家经营”、“经营创新，实施品牌战略”和“抓好‘功能创新’，积极拓展经营领域，为消费者提供‘一站式’服务”等。零售企业单店经营管理能力主要指“零售企业具有创立经得起经营与竞争实践检验的科学的管理体系的能力，具有在经营管理方面的创新能力，具有企业发展战略的研究能力和实施能力”（刘星原，2006）。零售企业单店经营管理能力可以体现为人才管理能力、绩效管理能力、商品管理能力和服务方式等方面，只要提高每个单体店铺的经营管理能力，促进单体店铺运营的精细化管理，零售企业也能在不增加生产要素的前提下获得发展。因此，内涵式扩张也是零售企业战略选择的重要方式之一。

相对于内涵式发展，外延式扩张则是指零售业上市公司年报需要披露的战略投资额的增加，这种增加的投资既可以用于单体店投入规模的扩大，也可以用于店铺或者业态的增加，甚至可以用于纵向一体化、相关多元化或非相关多元化等零售业务外的扩张，进而促进零售企业的总体扩张。总之，外延式扩张是零售企业扩张战略选择的主要方式，也是零售企业应对各种挑战的必要方式。

关于内涵式发展和外延式扩张的性质和特点，可以总结为表4-1。

表 4-1　内涵式发展和外延式扩张的比较

判断标准	扩张方式	定义	内涵	表现形式
是否有战略资源的投入	内涵式发展	战略资源的重新配置和集约使用	“软实力”提升，即提高每一家店铺经营管理能力	资产重组、人才管理、资本结构、绩效管理、商品管理、服务方式等方面提高
	外延式扩张	增加战略资源的投入	“硬实力”提升，即企业的总体投资规模增大	店面扩大、设施改造、人员增补、商品种类和数量增加、新业态采用、新设备和新技术应用、辅助职能增补、新业态扩张、原有业态新店扩张、一体化投资、相关多元化投资、非相关多元化投资等

① 这里的内涵式发展是指整个零售企业的内涵式发展，既包括单体店的内涵式发展，也包括多业态、多店铺的内涵式发展，落到实处则是指各个单体店的内涵式发展进而促使整个零售企业实现内涵式发展。

2. 零售业务内扩张与零售业务外扩张

零售企业发展到一定程度，往往需要选择行业，即是仍然在零售业务内扩张，还是要实行纵向一体化扩张、相关多元化扩张和非相关多元化扩张等零售业务外扩张战略，因此，外延式扩张按照增加的战略投资的“行业投向”区分为零售业务内扩张和零售业务外扩张。

零售业务内扩张是指增加的战略投资全部或主要投入零售业务，即用于原有店铺的改扩建、投资建设新的店铺或者新的业态等，相当于零售业务的横向一体化扩张。零售业务外扩张则是指增加的战略投资全部或主要用于纵向一体化扩张、相关多元化扩张或非相关多元化扩张等非零售业务。

关于零售业务内扩张和零售业务外扩张的性质和特点，可以总结为表4-2。

表 4-2　零售业务内扩张和零售业务外扩张的比较

判断标准	扩张方式	定义	表现形式
战略投资是否投入零售业务	零售业务内扩张	战略投资全部或主要用于零售业务的外延式扩张	原有店铺的改扩建、以原有业态建设新店铺、以新业态建设新店铺等
	零售业务外扩张	战略投资全部或主要用于非零售业务的外延式扩张	纵向一体化扩张、相关多元化扩张、非相关多元化扩张等

3. 旧店扩张与新店扩张

零售业务内的外延式扩张，还要根据“店铺投向”看战略投资是用于改扩建原有店铺还是投资建设新的店铺。如果是改扩建原有店铺则称为旧店扩张，如果是投资建设新的店铺则称为新店扩张。

旧店扩张是指零售企业的单体店在原有地理位置上增加投资进行各种软硬件设施的扩充，具体包括店面的扩大、设施的改造、商品种类和数量的增加、新业态的采用①、新设备和新技术的应用、辅助职能的增补等，这种新增加的投资并没有增加零售企业的店铺和业态这两个零售企业战略的关键维度，也没有在本质上扩大商圈。在新设备和新技术应用方面，随着个人电脑的普及和网络技术的发展，一些大型专业店会建立自己的网上商店，将实体店的产品和促销情况在网上进行具体介绍；随着信息技术的发展成熟，信息技术对大型零售店的作用也越来越大，其中销售时点信息管理系统、电子订货系统、电子数据交换技术、商业智能软件等已经成为企业提高经营效率和顾客满意度的有效工具；还有一些大型百货店铺为了扩大商圈范围②，常常会购置会员班车，来给主要线路的顾客提供免

① 这里新业态的采用仅限于大型百货商场在店面改扩建后，对每一楼层或者楼体重新进行功能上的区分时，往往会把地下层或者新建楼体改造成为超市，也有可能选取其中一个楼层引入或者自营专业店。这时新业态的采用往往规模不大，只是一种尝试，还算不上新业态扩张。

② 一般来说这种方式对商圈的扩大作用是有限的，并没有对原有店铺的商圈和顾客带来根本性的改变。

费接送服务。在辅助职能增补方面，主要是指仓储、运输、流通加工、信息服务及售后服务等一系列活动[①]，当前行业竞争态势下，大型零售企业将越来越注重这方面职能的补充。当然，外延式扩张的传统手段中也有体现时代特色的方面，如大型零售单体店往往会修建大型的停车场，来满足越来越多“有车族”消费群体的需求。

新店扩张则是指零售企业选择新的地理位置（不同的城区、城市、区域，甚至国家）建设新的店铺，既可以按照原有业态建设新的店铺，也可以以新业态形式建设新的店铺。这里的地理位置可以是新的商圈也可以是原有商圈。例如，大商股份有限公司在大连商场附近新建新玛特购物广场[②]，大连友谊（集团）股份有限公司在西安路新建大连友谊商城西安路分店，都属于新店扩张。新店扩张直接使零售企业门店数量的增多、商圈范围和顾客范围的扩大，是零售企业提高市场占有率的有效方式。鉴于流通企业的“交易专业化的生产者/提供者”的经济性质和商圈的地域性，在拥有一定资本规模、专用的交易技术和成熟的流通网络的情况下，完全可以通过“复制和选择性干预”的新店扩张方式来进行规模扩张，从而大大降低市场的交易成本、提高整个社会的交换效率（李陈华和文启湘，2004）。尤其是进入21世纪以后，如果大型零售企业要想扩大商圈，获得持续竞争优势，就必须采取新店扩张的方式。

关于旧店扩张和新店扩张的性质和特点，可以总结为表4-3。

表4-3　旧店扩张和新店扩张的比较

判断标准	扩张方式	定义	核心	表现形式
零售业务内的战略投资是否用于建设新店	旧店扩张	战略投资全部或主要用于原有店铺的改扩建	市场、商圈没有本质上的扩大，顾客增加有限	店面扩大、设施改造、人员增补、商品种类和数量增加、新业态采用、新设备和新技术应用、辅助职能增补等
	新店扩张	战略投资全部或主要用于建设新的店铺，新店既可以是原有业态，也可以是新业态	通过增加新店使市场、商圈、顾客有本质上的增加	门店数量的直接增加和商圈范围的扩大，包括原业态新店扩张、新业态新店扩张

① 随着零售企业连锁经营的趋势，零售企业建立统一的配送中心也成为一种发展趋势，如果建立的统一配送中心只是为企业自身服务的，并没有增加零售企业原有的店铺和（或）业态，那么这种配送中心只是零售企业的一种管理手段，属于旧店扩张；如果配送中心是完全独立的经营，主要为其他零售企业服务，则按照相关多元化的定义，这种扩张属于相关多元化。

② 大商股份有限公司在大连商场附近新建新玛特购物广场，虽然商圈相同，但因为二者之间属于不同的业态，而且以与大连商场不同的业态建设的新店（新玛特购物广场）规模很大，两种业态的两个店铺共同吸引该商圈更多的顾客，使得大商股份有限公司在此商圈内顾客范围获得了本质上的扩张。

4. 原业态新店扩张与新业态新店扩张

零售企业的新店扩张，还要根据“业态[①]投向”按照其新建店铺的业态与原有经营业态的一致性进行进一步的分类，通过对新店业态与原有店铺经营业态的比较，将新店扩张进一步划分为原业态新店扩张与新业态新店扩张两种方式，前者是指新建店铺与原有店铺经营业态基本相同的新店扩张方式，后者是指新店与原有店铺经营业态不同或者基本不同的新店扩张方式。

原业态新店扩张强调分店与总店或者分店与分店间经营业态保持一致，是零售企业快速进行店铺扩张的普遍方式，尤其是超市、专业店、便利店等业态。第一，零售企业原业态新店扩张的优势可以体现在各类成本的降低上，由于门店数量的增多，每种商品的销售量也大幅增多，那么企业就可以获得大批量采购、运输、存储等经济性，充分应用了现代工业化大生产原理，通过将企业进货职能和销售职能分离来实现简单化、标准化、专业化的经营原则，最终达到“多品种、少批量、低经费、低风险、高周转、高效益”的竞争优势（于淑华，2005），进而降低企业运营成本，提高企业的效益。第二，根据经验曲线效应（experience curve effect），当个体或组织多次反复执行一项任务时会变得更有效率，而零售企业原业态新店扩张也有类似的效果，由于企业可以把原有店铺的管理特色和经营优势“复制”到新开的门店，那么随着门店数量的增多，公司整体的效益得到相应提高，从而“放大”了企业的竞争优势。第三，由于受到商圈范围的限制，在一个区域内或者城市内零售企业无法通过大量“复制”大型百货店或者购物中心来提高企业的经营效益，那么零售企业必须通过在不同的城市或者地区增设店铺来促进企业的发展。

新业态新店扩张注重多种业态的功能整合和优势互补，是大型零售企业战略扩张的发展趋势，尤其对于以百货店、购物中心、大型超市为主营业态的大型零售企业。多业态经营是在对消费者进行市场细分之后实现的全方位、多层次的满足，从而实现资源的整合优势，使企业在不同层面上占有消费者和更大的零售份额。如果说成本费用的节约和整体效益的提高是大型零售企业多业态经营的内在驱动因素，那么环境条件的变化和行业竞争的加剧是大型零售企业多业态经营的外在促进因素，具体包括以下几点：一是政策的导向作用。由于城市中心区的零售业进入过多，出现了地价昂贵、交通不便、居住环境恶化的情况，一些国家纷纷出台了限制百货店、购物中心单体规模过度扩张的法律，同时鼓励其他新型业态的发展，因此传统的大型百货店不得不考虑多业态的发展。二是市场竞争的压力。随着经济全球化发展，跨国零售巨头纷纷运用先进的业态模式来抢占海外零

① 这里的业态是按照国家商务部2004年《零售业态分类规范意见》规定的业态分类，只要新建店铺业态与原有经营业态属于两种业态，就属于新业态新店扩张，如超市和大型超市，仍然是新业态新店扩张。

售市场，加剧了目标国家市场的行业竞争，因此本土零售企业为了维护原有的行业地位，必须学习和发展新型的业态。三是消费者的偏好。城市居民有着“新业态情结”，新业态不仅能给消费者带来资金、时间、路程方面的“购物经济性”，而且能给消费者带来情感的体验、精神的休闲等方面的“购物附加值”，从而强化了心理上的认同感。四是业态的演化革新。零售之轮假说、零售手风琴假说、自然选择理论、（零售）生命周期理论等西方学术界对于零售业态研究的重要理论和假说，都有一个共同点，就是揭示了落后的业态会被先进的业态所顶替。因此，大型零售企业必须“居安思危”，积极尝试发展新型业态来维护和拓展自身行业地位。

关于原业态新店扩张和新业态新店扩张的特点和细分，可以总结为表4-4。

表 4-4　原业态新店扩张和新业态新店扩张的比较

判断标准	扩张方式	定义	经营特点	适用业态
新建店铺与原有店铺业态的一致性	原业态新店扩张	新建店铺与原有店铺经营业态相一致	经验曲线效应；规模经济性；商圈的区域性	超市、专业店、便利店、大型百货店
	新业态新店扩张	新建店铺与原有店铺经营业态不同或者基本不同	多种业态的功能整合和优势互补	百货店、购物中心、大型超市等

5. 纵向一体化扩张、相关多元化扩张与非相关多元化扩张

根据上文的相关界定，零售业务外的扩张也是大型零售企业扩张战略的重要方式，对零售业务的发展起着辅助性和补充性的作用，有助于零售企业整体竞争能力的提高。尤其是在目前零售业激烈的竞争态势下，非零售业务发展的好坏可能影响到零售企业的行业地位和竞争潜力。根据所选择行业与零售企业原有业务的相关①度和相关方向的不同，我们将零售业务外扩张进一步细分为纵向一体化（vertical intergration）扩张、相关多元化（related diversification）扩张与非相关多元化（unrelated diversification）扩张三种类型，其中纵向一体化扩张是零售企业向与原有零售业务纵向相关的非零售业务的扩张，即零售企业通过投资设立或并购等方式将批发和（或）生产制造业务以分、子公司形式纳入企业内部的战略扩张行为；相关多元化扩张则是零售企业投资与原有零售业务横向相关的非零售业务的战略扩张行为；而非相关多元化扩张则是零售企业投资与原有零售业务横向、纵向均不相关的非零售业务的战略扩张行为。

1）纵向一体化扩张

纵向一体化，也称垂直一体化，是波特提出的竞争战略体系中的重要战略之

① 这里的相关是指二者之间存在某种关系使新拓展的领域能够借助原有业务领域的范围经济而具有一定竞争优势，如市场相关、品牌相关、渠道相关、产品相关、顾客相关、非财务的资源与能力相关等，如零售企业发展自有品牌的产品制造，就属于典型的后向一体化。

一，他在《竞争战略》中指出，纵向一体化是指在某一个企业范围内把技术上不同的生产、分销和（或）其他经济过程结合起来，它表示了企业决定用内部的或行政管理上的交易来代替市场交易去实现其经济目的。

纵向一体化扩张是基于产业链上的资源整合，能极大地提高企业应对环境变动和竞争者威胁的能力，尤其是对于“零散型产业”（包括零售业）。零售企业作为产业链中的最后一环，是最接近“上帝”的产业单位，更应该积极地进行纵向一体化扩张，尤其是向上游企业，即批发商和制造商的后向一体化[①]，其优势体现在信息集成、协调与资源共享、组织关系联结这三个方面（王焰，2001）。

21世纪是商业时代，商业时代的基础产业就是流通业（黄国雄，2006），而流通主导论、流通决定生产论等则是学者对这一时代特征的具体阐释，他们指出以工业资本为主导的经销组织形式已经被商业资本为主导的多形式经销组织形式所代替，而后向一体化则是零售企业获得“主导权”的重要方式之一。虽然零售企业实行有效供应链管理也能获得类似的“渠道权力”和“物流效率”（何明珂和张学艺，2001），但是由于“合作契约的不完备性”，供应链合作关系并不一定沿着零售商和制造商企业间“契约”规定的方向发展。当出现新问题或面对利益争夺点时，原始契约难以发挥对零售商和制造商的约束作用，合作各方可能陷入重新谈判，甚至合作关系瓦解（赵晓峰，2006）。因而，对于大型零售企业来说，适度的后向一体化有利于摆脱制造商的限制，加强对供应链的控制，从而提升企业的“垂直竞争力”。尤其是在现实区域垄断性流通（区域巨型流通企业）和竞争型生产（众多生产机构）的渠道模式下（晏维龙，2004），大型零售企业可以通过对生产机构的后向一体化来降低经营成本，加强生产过程的控制，保证商品供应，从而获得超额利润。

大型零售企业对制造商实行后向一体化的方式多种多样，既可以通过资本手段实现“硬”一体化，也可以通过契约手段实现“软”一体化（夏春玉和张闯，2004）。根据后向一体化程度，可以具体分为以下三种：一是买断产品销售权。零售企业对目标产品的销售权完全予以买断，使产品的销售权完全控制在零售企业手中，生产企业不再具有销售的决策权及相应的收益权，这样零售企业可以根据产品的市场需求程度来决定产品的价格，从而获得超额利润（晏维龙，2004）。二是委托生产。委托生产建立在零售商拥有自有品牌商品的基础上，具体指零售企

① 对于大型零售企业，它们大规模采购和大规模销售的经营行为本身就具有批发职能（夏春玉和张闯，2004），但只有通过投资设立或并购等方式成立子公司，且该子公司进行独立的采购并将采购的商品转售给其他零售企业（也包括本企业进行零售业务的其他公司），这种战略投资行为才称得上纵向一体化，也就是说零售企业成立的配送中心，只有以独立的企业化运作方式，并向包括本公司在内的更多的零售企业销售才算纵向一体化，如果只向自己公司内部销售，则只能算是旧店扩张，两者的根本区别在于开展批发业务的目的是给零售企业产生直接的利润（纵向一体化）还是节约成本（旧店扩张）。

业在搜集、整理、分析消费者对某些商品需求特性的信息后，委托合适的生产企业进行设计加工生产，并加以注册，最终在企业各销售网点进行销售的后向一体化方式。与买断策略相比，委托生产策略不仅控制产品的销售权，而且控制产品的设计权。三是并购或自建生产基地。具体指零售企业在收集、整理、分析消费者对于某类商品需求特征信息的基础上，并购相关的生产机构或者自建生产基地进行产品设计和生产，并加以注册，最终主要在自己的卖场上进行销售的后向一体化方式。与前面两种方式相比，这种方式体现了零售企业对目标商品设计、原料采购、生产到经销的全程控制，是“绝对意义上”的后向一体化。当然，这种方式对零售企业的资金实力和人力资源有着更高的要求。上述对后向一体化模式的区分，可以用图4-2表示。

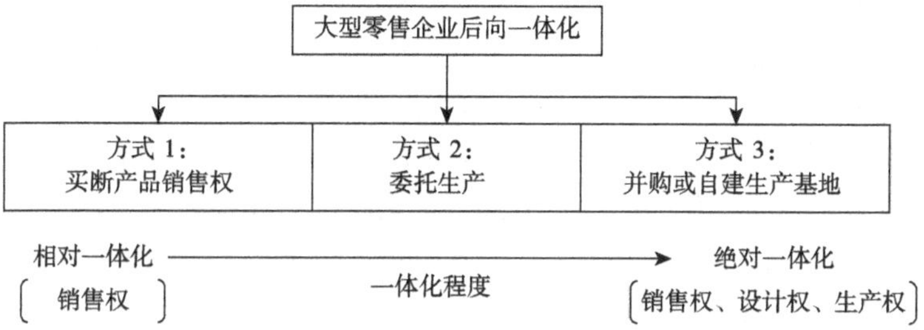

图 4-2　大型零售企业后向一体化方式细分图

2）相关多元化扩张

根据多元化战略理论，相关多元化扩张是指零售企业发展的新业务除具有新的业务特征外，更注重新业务与现有业务在战略上的适应性，且两者在技术、工艺、销售渠道、市场营销、产品等方面具有共同或者相近的特点，能够实现一定的范围经济。鉴于行业的性质，零售企业的相关多元化强调了新业务与零售业务的互补性、协调性，以及在顾客服务上的战略一致性，应该说零售业务是主导业务，而新业务是辅助性业务、补充性业务。零售企业相关多元化扩张与零售业的发展密切相关，随着业态的创新、顾客需求的变化、流通职能的增补，以及行业竞争的强化，相关多元化将是大型零售企业发展不可避免的选择。相关多元化扩张具体包括以下几种业务：一是休闲消费业务、租赁业务。随着人们生活水平的提高，社会生活方式的变革，人们对休闲的需求逐渐增长，尤其是消费休闲化，主要表现在消费目的的休闲化、消费过程的休闲化、消费对象的休闲化（原梅生和弓志刚，2006）。消费休闲需求的层次性和多样性要求大型零售企业积极向服务业多元化扩张，这就促使了集餐饮、娱乐、购物、休闲和健身为一体的综合性休闲特色的购物中心业态的出现和发展。为了发展综合性购物中心业态，大型零售企业可以引入餐饮、娱乐、健身等服务机构，这便促进了租赁业务的发展；也可以有选择地自营这些机构，这就促使了餐饮业务、娱乐业务（包括电影院）、健身服务业务等的发展。二是外贸业务。“内外贸一体论”是20世纪90年代中期以后提出的重要商贸理论，是社会主义市场经济体系建设的内在要求，是促进流通产业现代化的客观需要，是应对经济全球化浪潮的必然选择（沈丹阳等，2006）。内外贸一体化包括内外贸政府管理一体化和企业经营一体化两个层面，零售企业是内外贸一体化的主体之一（郭冬乐，2004）。内外贸一体化是西方跨国零售巨头发展壮大和海外扩张的重要方式，而中国大型零售企业如果要想进行国际化从而在海外市场占有一席之地，也必须在经营国内市场的同时采取合适的手段来开拓海外市场。而积极发展外贸业务是大型零售企业国际化的重要方式之一，而且可以为将来零售业务海外扩张奠定基础。三是物流业。同零售一样，物流属于流通体系下的职能，因此零售企业经营活动中都或多或少地涉及物流的部分职能，包括运输、仓储等，尤其现代大型零售企业强调配送体系的建设，因而必须建立庞大高效的运输部门和仓储部门。当然，这些部门主要为企业零售业务服务，但是也存在部分零售企业的物流机构为外界服务的情况，从而也就出现了运输业务、仓储业务（包括冷库业务）等。另外，相关多元化还包括修理业务、包装业务等，这些业务为企业增加销售额，因此也属于零售企业战略扩张的手段。从本质上讲，相关一体化的核心目的在于：或者利用原有零售业务的范围经济来促进新业务的发展；或者通过增加新的业务来促进原有零售业务的发展；或者两者兼而有之，通过两者的共同发展来促进零售企业的战略扩张。

3）非相关多元化扩张

对于非相关多元化扩张，大型零售企业更多地考虑扩张业务自身的市场潜力，利用的只是公司已有的财务资源，目的在于给企业整体增加新的利润增长点。这种扩张方式在中国比较常见，尤其是大型百货公司，“中国的大多数零售类上市公司主营业务分散，除批发、零售以外，经营房地产、酒店、广告等业务的公司较多”（王平，2004），可见非相关多元化扩张也应该作为大型零售企业的扩张战略选择之一并被加以研究。非相关多元化扩张分为主动和被动两种情况。对于主动型非相关多元化扩张，有的零售企业积极利用地处商业繁华区的优势，进行楼体新建或者部分改造来经营豪华酒店或者发展高档商务地产；有的企业利用零售业务充足的现金流优势，开设软件公司、广告公司或者房地产公司，从而为企业增加收入。对于被动型非相关多元化扩张，一些零售企业由于零售主业经营业绩不佳，从而投资其他行业来维持企业生存，虽然这些企业仍然以零售业为主体，但是其业务中心已经开始向其他行业转换。

基于以上对企业的零售业务外扩张战略的分析，用表4-5对相关业务进行汇总。

表 4-5 零售业务外扩张战略不同方式的具体业务类型

判断标准	扩张方式	适用业态	具体业务列举
与零售业务的相关度及相关方式	纵向一体化扩张	大型超市、百货店、专业店、仓储会员店、家居建材店	制造业、批发业
	相关多元化扩张	购物中心、百货店、大型超市、仓储会员店、家居建材店	租赁业、餐饮业、娱乐业、健身服务业、外贸业、物流业、修理业等
	非相关多元化扩张	—	房地产业、酒店业、广告业、信息技术业等

4.2 零售业企业战略选择的定性编码

战略具有长期性，在上市公司年报中可以看到，各公司具体的企业战略实践中，各个公司每年都会有一定的战略行为，一般应称为战术；某种战略选择方式实施三年则可以确定为战略；如果三年里有多种战略选择方式，则需要根据主导逻辑以一定的判断标准确定其主导战略。

本章采用实证数据统计归纳法，运用中国零售业上市公司的实际数据，一方面根据实际情况剔除现实中可能不存在的零售业战略选择，另一方面根据一定的判断标准将从高层管理团队每届三年的各战略行为中确定出各公司的主导战略，最终进行零售业战略选择编码。

4.2.1 上市公司年报中涉及零售业战略选择的关键字段

纵览上市公司年报，会发现在上市公司年报中，“董事会报告”部分会提及公司战略选择的一些战略行为或战略措施，具体包括（以下几点）。

（1）根据“主营业务类型”可以判断公司现在执行的是密集型战略、一体化战略、多元化战略的具体业务种类。

（2）根据“主营业务收入比重”可以判断公司业务是否有一体化战略或多元化战略及一体化或多元化的程度。

（3）“公司投资情况”中的“公司长期投资”“募集资金、重大非募集资金使用情况”，是公司重要战略资源的再分配情况，可以提供企业战略选择，具体表现为稳定型战略、店铺或业态扩张战略、一体化扩张战略或多元化扩张战略的战略行为。

（4）“报告期公司经营情况的回顾”“新公司经营计划或未来发展战略措施”等字段可以提供一些具体的公司战略举措。

在上述四种关键字段中，第三种“公司投资情况”关系公司重大战略资源的投入，是影响公司发展方向的重要战略行为，因为战略在某种意义上可以理解为一种公司战略资源配置的行为，因此“公司投资情况”应该作为判断上市公司战略行为的主要标准。“主营业务类型”“报告期公司经营情况的回顾”“新公司经营计划或未来发展战略措施”因为不涉及具体的战略资源投入，对公司战略发展影响相对较小，可以作为判断公司战略行为的参考标准。“主营业务收入比重”是一种产出，应该是原有战略行为的结果，不应当作为判断新战略行为的依据。

4.2.2 上市公司年报中零售业战略选择的判断标准

整理上市公司年报中涉及战略行为的关键字段，尤其是“公司投资情况”的过程中，发现每一家公司每年都会有一些战略行为，如改扩建工程，管理信息系统技术改造工程，新建几家购物广场、超市或者百货商店，投资参股银行，收购房地产公司，等等。有的是在“长期投资”期末比期初增加的说明部分，有的是在“募集资金使用项目”部分，有的是在“非募集资金使用的重大项目”部分，这些战略投资有多有少，差不多每年都有，每个项目的战略投资的投向又不完全一致，但是从每一项战略举措的投向和投资额等仍然能够看出高层管理团队对零售战略的选择方向，因此本节根据“主导逻辑[①]”（dominant logic）来判断各个公司每年和每届高层管理团队的主导战略。

从管理实践中可以看到，各个公司每年都会有一些战略举措，三年会有很多不完全相同的战略举措，但从理论上深入分析会发现，每三年一届的高层管理团队都会自觉或不自觉地依照已经认知到的或尚未明确认知的隐性的“战略选择的主导逻辑”为企业选择一种主导战略，优先分配战略资源。因此，本节在仔细对比分析各公司显性的战略投资行为之后，依据“战略选择的主导逻辑”深入挖掘其隐性的“主导战略”。

各个公司一年里可能有多种战略举措，因此首先要依据“战略选择的主导逻辑”对当年的战略选择做出横向的判断，找出当年的主导战略；其次，战略具有长期性，每一届高层管理团队一般会在三年里持续追求某一主导战略，因此还要依据“战略选择的主导逻辑”对三年里公司所有的战略行为进行纵向判断，选择每一届的企业主导战略。

基于上述分析，采用如图4-3所示的判断方法和判断程序。

---

① 早在1986年Prahalad和Bettis在对有关企业领导者认知的研究中，提出了管理的“主导逻辑”（dominant logic）概念。“战略选择的主导逻辑”作为事先存在于一个认识系统，有如一组图像或认知地图，该逻辑主导着战略投资方向和战略选择方式。企业的“战略选择的主导逻辑”是指企业和高层管理团队对战略选择所持的深层基本假定，也即战略选择的主要方向。

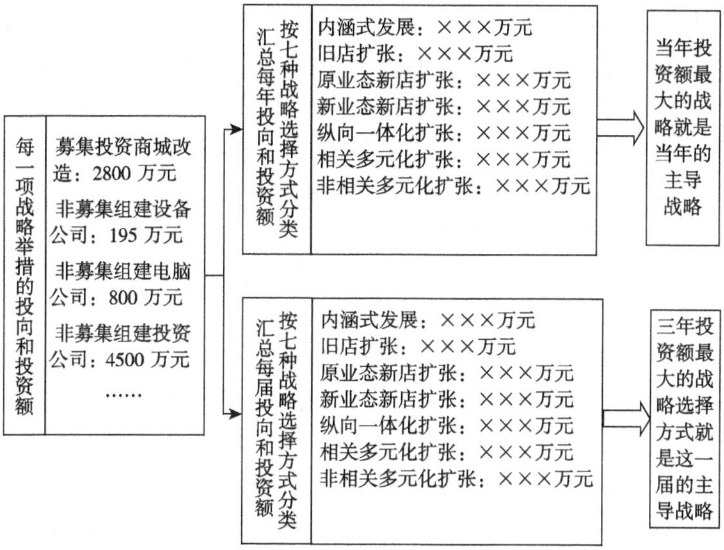

图 4-3 每家公司高层管理团队当年和每届主导战略的判断方法与程序

（1）每年主导战略的判断：首先，将上市公司年报中的各战略举措列出，并标明每项战略投资的投向和投资额；其次，按照前述理论归纳分析出的七种战略选择方式分类汇总，得出每种战略选择方式的投资额；最后，根据各种战略选择的投资额来排序，投资额最大的即当年战略选择的主导方式，即当年的主导战略。

（2）每届主导战略的判断：在确定三年一届的公司战略选择主导方式时，首先仍然要将上市公司年报中的各战略举措及其投向和额度一一列出；其次，将三年的投资额按照前述理论归纳分析出的七种战略选择方式[①]进行分类汇总，得出每种战略选择方式的三年投资额；最后，根据每种战略选择的三年战略投资额的多少排序，投资额最大的就是这一届的战略选择主导方式，即这一届的主导战略。

4.2.3 中国零售业上市公司战略选择的编码结果

通过前述的理论演绎已经分析出七种战略选择方式，再深入分析上市公司年报中关于战略举措的描述，可以总结出中国零售业上市公司的战略选择的编码结

① 这里需要说明的是，旧店扩张和新店扩张、原业态新店扩张和新业态新店扩张的判断标准是与上期相对比，那么在判断每年的战略选择时需要将该年与上一年对比，在判断每届的战略选择时则将这一届与上一届相对比。例如，如果这一届三年中，零售企业在第一年投资建设新店，第二年继续投资建设第一年的“新店”，第三年是改扩建上一届已有的店铺，则第二年的战略投资行为在确定当年主导战略时应确定为“旧店扩张”，因为该店与上一年相比是旧店，但在确定当届主导战略时则应确定为“新店扩张”，因为该店与上一届相比是新店。

果。凡是零售业上市公司年报“公司投资情况”部分关于长期投资增加、募集资金使用和非募集资金使用这三项没有任何项目即说明公司当年选择内涵式发展方式，编码为1；如果长期投资增加、募集资金使用和非募集资金使用这三项有投资项目，则为外延式扩张方式，再根据其具体投向来确定属于哪一种外延式扩张方式——如果是原有店铺的改扩建、建立自用配送中心、补充流动资金、建设或改造计算机管理信息系统、投资修建停车场或班车、扩大卖场等不增加店铺也不增加业态的原有零售业务的追加投资，则为旧店扩张，编码为2；如果是以原有业态增加了新的店铺，无论该零售企业原有业态是单业态还是多业态，新增加的是单业态还是多业态，只要新建店铺是原有业态，则为原业态新店扩张，编码为3；如果新建店铺是本公司原来没有的业态，则为新业态新店扩张，编码为4；如果是投资自建、合建或收购、以股权形式参股或控股主营业务为本公司零售业务上游产品的公司，则为纵向一体化扩张，编码为5；如果是投资自建、合建或收购、以股权形式参股或控股与本公司零售业务横向相关的公司，则为相关多元化扩张，编码为6；如果是投资自建、合建或收购、以股权形式参股或控股与本公司零售业务横向纵向均不相关的公司，则为非相关多元化扩张，编码为7。

中国零售业上市公司战略选择的编码结果详见表4-6。

表 4-6　中国零售业上市公司战略选择的测量（编码）

编码	战略选择类型	上市公司年报中的关键字段
1	内涵式发展	未增加长期投资；无募集资金使用项目；未发生非募集资金投资项目或重大项目
2	旧店扩张	投资商场/超市技术改选项目；建立配送中心；补充流动资金；建设或改造计算机管理信息系统；追回投资，调整规模，扩大卖场
3	原业态新店扩张	新建网点、募集成立或收购××家商场或百货或超市（原有业态）
4	新业态新店扩张	募集新建或建设购物广场、大型超市等以前没有的业态
5	纵向一体化扩张	投资自建、合建或收购、以股权形式参股或控股主营业务为本公司零售业务上游产品的公司，如眼镜公司、内衣公司、皮革制品公司等
6	相关多元化扩张	投资自建、合建或收购、以股权形式参股或控股与本公司零售业务横向相关的公司，如租赁、物流、贸易、餐饮、娱乐、健身服务、修理等
7	非相关多元化扩张	投资自建、合建或收购、以股权形式参股或控股与本公司零售业务横向不相关的公司，如银行、保险公司、生物工程公司、房地产公司、创业投资公司、网络科技公司、热力公司、酒店业、广告业、电子公司等

4.3　中国零售业上市公司战略选择的实证分析

基于前述理论分类和实证编码的中国零售业战略选择，本章选取1998年以前（含1998年）上市的中国零售业上市公司40家，采用描述性统计方法，结合外部环境变化——零售业1996～2007年的制度和环境变迁——来分析环境与战略之间的关系，对中国零售业上市公司战略选择的动态变化进行实证分析。

4.3.1　中国零售业上市公司战略选择的描述性统计结果

所选取的40个有效样本中，上交所上市零售公司有27家，深交所上市零售公司有13家；东部地区有20家，中部地区有9家，西部地区有11家（不包含港澳台地区）。所选定的公司都是注册资本在1亿元以上的大型零售公司，它们的平均注册资本①为3.12亿元；平均职工人数为2890人。

这些上市公司中，1996年及以前上市的有34家，1997年上市的有5家，1998年上市的1家，因此有34个样本有1996～2007年共12年的战略选择，5个样本有1997～2007年共11年的战略选择，1个样本有1998～2007年共10年的战略选择，各种战略选择方式的企业数和比重汇总分类如表4-7、表4-8、图4-4、图4-5所示。

表 4-7　零售业上市公司高层管理团队每年战略选择汇总分类表（企业数）（单位：家）

战略选择类型	1996 年	1997 年	1998 年	1999 年	2000 年	2001 年	2002 年	2003 年	2004 年	2005 年	2006 年	2007 年
内涵式发展	15	14	9	13	10	7	9	11	6	17	15	17
旧店扩张	8	13	9	9	7	8	7	4	6	4	5	7
原业态新店扩张	5	5	4	4	5	10	5	6	9	4	6	4
新业态新店扩张	4	3	1	1	4	2	8	6	5	2	1	2
纵向一体化扩张	0	1	0	3	0	1	1	2	0	2	1	1
相关多元化扩张	0	1	4	2	0	1	1	0	3	1	2	3
非相关多元化扩张	2	2	13	8	14	11	9	11	11	10	10	6
合计	34	39	40	40	40	40	40	40	40	40	40	40

表 4-8　零售业上市公司高层管理团队每年战略选择汇总分类表（比重）

战略选择类型	1996 年	1997 年	1998 年	1999 年	2000 年	2001 年	2002 年	2003 年	2004 年	2005 年	2006 年	2007 年
内涵式发展	44%	36%	23%	33%	25%	18%	23%	28%	15%	43%	38%	43%
旧店扩张	24%	33%	23%	23%	18%	20%	18%	10%	15%	10%	13%	18%
原业态新店扩张	15%	13%	10%	10%	13%	25%	13%	15%	23%	10%	15%	10%
新业态新店扩张	12%	8%	3%	3%	10%	5%	20%	15%	13%	5%	3%	5%
纵向一体化扩张	0	3%	0	8%	0	3%	3%	5%	0	5%	3%	3%
相关多元化扩张	0	3%	10%	5%	0	3%	3%	0	8%	3%	5%	8%
非相关多元化扩张	6%	5%	33%	20%	35%	28%	23%	28%	28%	25%	25%	15%
合计	100%	100%	100%	100%	100%	100%	100%	100%	100%	100%	100%	100%

注：本表中数据未经修约，可能存在合计不等于 100%的情况

① 有关注册资本和职工人数的数据均以样本企业 2006 年年报中的数据为准。

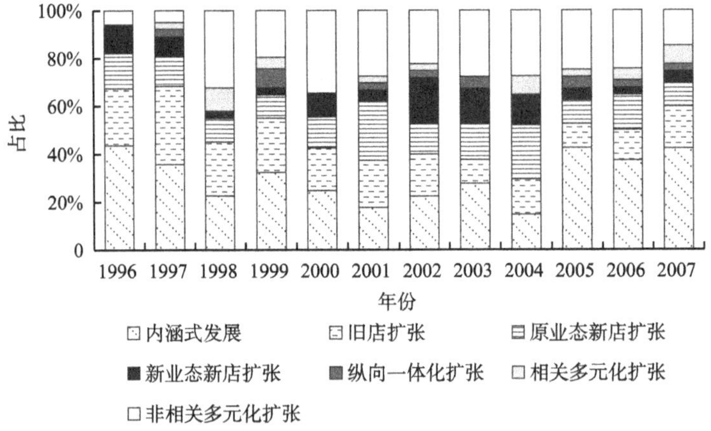

图 4-4 零售业上市公司每年战略选择汇总分类柱图

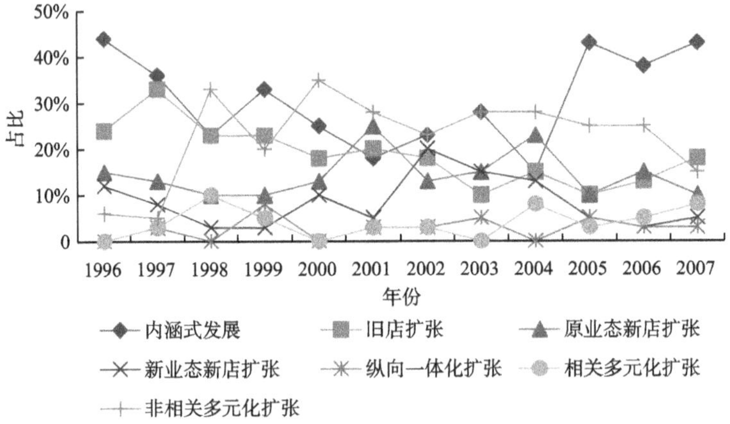

图 4-5 零售业上市公司每年战略选择汇总分类折线图

从表4-7、表4-8及图4-4、图4-5中可以看出。

（1）对于每年的战略选择，因为反映的是重要战略资源的投资，零售业上市公司内涵式发展方式居多，比重最大，这主要是因为重大战略投资也许会连续几年完成一次，但完成后一般会"休整"一段时间。一方面，从理论上分析，企业的重大战略投资需要花费一定的后期整合时间，经过一定时间的整合才能发挥协同效用，在上一次重大战略投资协同效用发挥之后，企业才会考虑下一次重大战略投资；另一方面，从现实来讲，企业也不可能每年都获得募集资金，不可能每年都有募集资金或非募集资金来进行重大战略投资，企业一般会经过认真考察后集中一定的战略资源进行重大战略投资，这样更容易取得成功。

（2）外延式扩张中，选择零售业务内扩张的旧店扩张、原业态新店扩张和新业态新店扩张等方式比零售业务外扩张方式相对要多，其中旧店扩张和原业态新店扩张更多。一方面，虽然20世纪90年代末期以来中国零售业竞争越来越激烈，但人们的消费水平也越来越高，零售业具有较好的市场成长空间，零售业务内扩张仍然应该是零售企业的首要选择；另一方面，引进新业态无论对企业的资源能力还是对高层管理团队的管理水平均要求较高，不仅要采用新的经营管理方式，还可能需要新的商圈、重新进行顾客和市场细分等，所以高层管理团队往往首先选择将现有业务发展壮大。

（3）零售业务外扩张中，非相关多元化扩张明显多于相关多元化扩张和纵向一体化扩张，纵向一体化扩张尤其少，可见中国零售业发展自主品牌的企业较少——虽然按照理论分析，纵向一体化扩张发展自主品牌是提高零售企业竞争力的重要手段之一。

按照高层管理团队每3年一换届的规定，对每家公司从1996～2007年共12年按照与高层管理团队换届时间相对应截取4届（共12年）的战略选择，40家零售企业高层管理团队每届各种战略选择方式的企业数和比重汇总分类如表4-9、图4-6、图4-7所示。

仔细研究反映高层管理团队每届战略选择的表4-9、图4-6和图4-7，并将其与反映每年战略选择的表4-7、表4-8、图4-4、图4-5进行对比，可以发现以下几点。

表 4-9　零售业上市公司高层管理团队每届战略选择汇总分类表

战略选择类型	数量/家				比重			
	第一届	第二届	第三届	第四届	第一届	第二届	第三届	第四届
内涵式发展	3	4	2	3	8%	10%	5%	9%
旧店扩张	15	9	5	4	38%	23%	13%	12%
原业态新店扩张	9	7	7	6	23%	18%	18%	18%
新业态新店扩张	4	5	10	3	10%	13%	25%	9%
纵向一体化扩张	1	1	1	2	3%	3%	3%	6%
相关多元化扩张	4	1	1	3	10%	3%	3%	9%
非相关多元化扩张	4	13	14	12	10%	33%	35%	36%
合计	40	40	40	33	100%	100%	100%	100%

注：本表中数据未经修约，可能存在合计不等于100%的情况

（1）相对每年的战略选择，内涵式发展方式明显减少，因为，每年的战略选择中，内涵式发展只是一种战略投资过程中的“休整”，并不是企业的主导战略选择，可见每届的战略选择，因为是对企业三年战略举措的分类汇总，更能准确地确定该公司的主导战略。

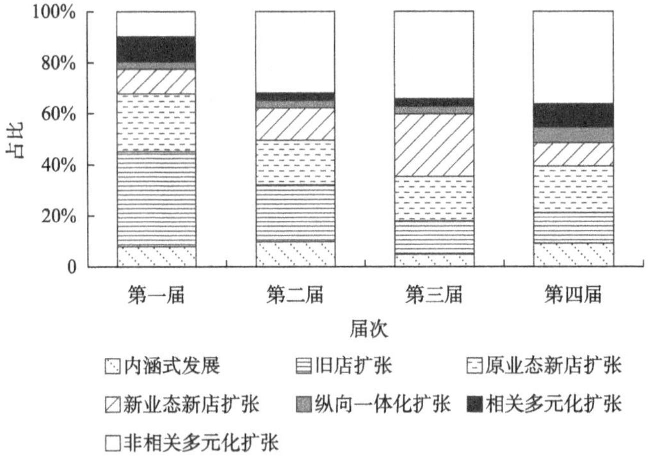

图 4-6　零售业上市公司高层管理团队每届战略选择汇总分类柱图

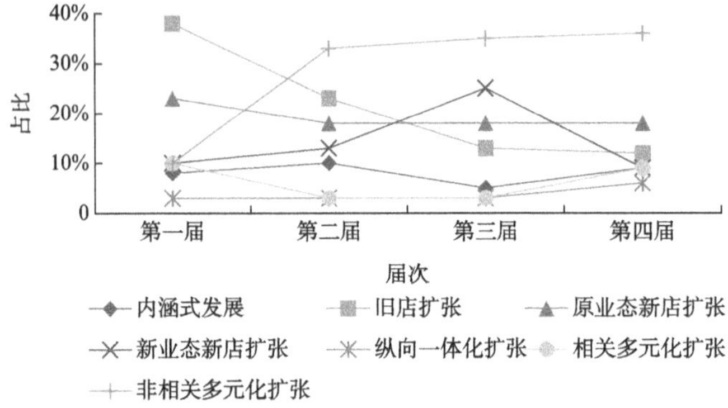

图 4-7　零售业上市公司高层管理团队每届战略选择汇总分类折线图

（2）零售业务内扩张比重明显加大，因为无论是旧店扩张、原业态新店扩张还是新业态新店扩张，都需要投资企业最大量的战略资源和企业管理能力，往往在进行这些战略选择之后都会有一到两年的休整期，反映到当年的战略选择则为内涵式发展，所以减少的内涵式发展战略选择方式大部分都转移到了零售业务内扩张中。

（3）零售业务外扩张方式中，纵向一体化扩张和相关多元化扩张虽然仍不是主要方式，但比重略有增加。

4.3.2　中国零售业上市公司战略选择的分析讨论

纵观这40家中国零售业上市公司高层管理团队12年来的每年战略选择和每届战略选择情况，可以发现外部宏观环境和产业环境对零售企业战略选择有重要影响。

（1）中国加入WTO以来，中国经济持续稳步快速增长——根据国家统计局发布的统计数据表明，2003～2006年中国GDP的平均增幅为10.4%；居民收入水平日渐提高拉动了消费需求的大幅增长——2005年全国居民人均消费水平达到5434元，比上年增长10.3%，在不扣除物价上涨因素的情况下，比1978年增加29.5倍，平均年均增长13.4%；城市化进程日趋加快等，这些宏观经济的发展态势为零售业创造了持续快速增长的市场空间，也促进了零售企业的快速发展，为此，选取的这40家零售业上市公司都进行了不同程度的战略扩张，以求在这一国民经济快速发展时期获得企业的快速扩张与发展。

（2）中国资本市场的发展拓宽了企业的融资渠道，为零售企业实施扩张战略提供了重要的资金基础。选取的这40家零售业上市公司样本中，从1996～2007年，共有33家公司进行了不同额度和不同次数的股权融资，总融资额高达402 335万元，平均每家公司12 192万元，单个公司股权融资最高额为27 106万元，共进行股权融资58次，平均每家1.76次，单个零售企业最多进行股权融资4次；除了股权融资之外，还有3家零售企业发行了4次债券进行融资，融资总额达16 485万元。这些大额融资构成了零售企业样本12年来战略投资的重要来源。

（3）零售业市场竞争的区域性、商圈内顾客消费的有限性、店址资源的垄断性及顾客对店铺品牌的日益认可而提升的店铺忠诚等各种零售业特点，促使零售企业在1996～2007年行业快速发展时期纷纷“跑马圈地”，进行了大量的新店扩张。数据显示，这40家零售业上市公司中有32家在12年间的每年战略选择时共有106次新店扩张战略（共40×12=480个战略选择），其中原业态新店扩张67次，新业态新店扩张39次，只有8家公司没有1年选择新店扩张战略；每届战略选择时有39次新店扩张战略（共40×3=120个战略选择）。

（4）中国零售业的对外开放，尤其是2004年12月开始对外资零售商的全面开放，一方面国外零售商的进入带来了许多新的业态，另一方面使得消费者对零售业的新业态产生了明显的偏好，进而使中国零售企业多业态经营成为必然，新业态新店扩张成为零售企业扩张战略的重要方式之一。据中国商业联合会统计，中国零售业百强企业中，多业态经营企业2004年有39家，2005年有42家，2006年达到了45家，这些多业态经营企业中，有“百货店+超市”“百货店+超市+便利店”“百货店+专业店”“百货店+专业店+便利店”，还有一些是“超市+便利店”“超市+便利店+专业店”“超市+会员店”“超市+会员店+专业店”等。

（5）零售业内竞争的加剧、国外新业态对中国传统零售业的冲击形成了多元化的“推力”，房地产等行业高利润的诱惑形成了多元化的“拉力”，“推力”与“拉力”的双重作用使多元化扩张也成为零售企业一种重要的战略选择。1996～2007年，中国许多零售企业进行了多元化扩张，有的甚至已经从零售业转到了其他行业。深入考察零售企业多元化扩张选择的行业，可以发现，2000年之后房地产业、能源（如矿业）和证券公司的高额利润对零售企业有非常大的吸引力，有多家企业纷纷涉足其中，有的甚至形成了一定的房地产品牌，如大连友谊股份有限公司；另外，科技投资公司也是零售企业比较青睐的一个多元化投资方向，有多家公司涉足其中以期通过其资金实力获得高科技产业的超额利润，但到目前为止，还没有比较成功的案例。

虽然上述外部宏观环境和产业环境对零售业发展产生重大影响而使企业做出了一定的战略选择，但是对比不同公司的战略选择，就会发现，零售企业面对这些相同的宏观环境和产业环境的影响时，不同的高层管理团队为企业选择了不同的战略。

（1）有些企业不管是采用旧店扩张、原业态新店扩张还是新业态新店扩张，但仍然是在零售业务内扩张，只是根据店铺和业态扩张的需要来进一步确定不同时期横向一体化的具体战略选择。例如，大商股份（600694）、欧亚集团（600697）、南宁百货（600712）、西单商场（600723）、重庆百货（600729）、王府井（600859）、中兴商业（000715）、武汉中百（000759）、百联股份（600631）、武汉中商（000785）、友谊股份（600827）、杭州解百（600814）、汉商集团（600774）、鄂武商（000501）、合肥百货（000417）15家企业高层管理团队每届的战略选择全部是零售业务内的战略扩张，其中大商股份（600694）、西单商场（600723）、友谊股份（600827）、王府井（600859）、中兴商业（000715）、武汉中百（000759）6家企业高层管理团队每年的战略选择除了内涵式发展之外全部是零售业务内扩张。这些零售企业的战略主导逻辑非常明确，那就是做强、做大零售业。

（2）有些企业虽然仍然以零售业为主营业务，但一直采用多元化扩张战略，尤其以非相关多元化扩张居多。例如，通程控股（000419）、铜城集团（000672）、第一食品（600616）、豫园商城（600655）、S宁新百（600682）、银泰股份（600683）、东百集团（600693）、新华百货（600785）、津劝业（600821）、益民商业（600824）、北京城乡（600861）、百大集团（600865）、大连友谊（000679）13家企业高层管理团队每届的战略选择全部是零售业务外的战略扩张，而且其中多数是非相关多元化扩张，有的甚至股票简称已经变更，其中铜城集团（000672）、第一食品（600616）、豫园商城（600655）、S宁新百（600682）、益民商业（600824）、北京城乡（600861）、S百大（600865）、大连友谊（000679）8家企业每年的战略选择大部分都是零售业务外扩张。

（3）有些企业战略主线尚不明确，在零售业和多元化之间摇摆不定，一会是零售业务内扩张，一会又是多元化扩张的尝试。如开元控股（000516）、西安民生（000564）、大通燃气（000593）、新世界（600628）、兰州民百（600738）、友好集团（600778）、ST成商（600828）、上海九百（600838）、长百集团（600856）、宝商集团（000796）、华联股份（000882）11家企业高层管理团队在1996～2007

年中，每届的战略选择各不相同，其中，有一届是多元化扩张，有一届又是零售业务内扩张，多元化扩张也不相同，有时是相关多元化扩张，有时又是非相关多元化扩张，零售业务内扩张有时是旧店扩张，有时又是原业态新店扩张。

因此,可以进一步按照战略持续性将样本公司零售业战略选择分为以下几种：一是持续零售业务内扩张，二是持续零售业务外扩张，三是扩张方向摇摆不定。

第 5 章　房地产行业企业战略选择变迁

不同行业面对的外部环境各有不同，自身行业特征也各有特点。因此，本章基于房地产行业的自身特征、面对的外部环境，梳理房地产行业战略选择的理论分类，采用内容分析法对中国房地产行业上市公司企业战略选择进行定量编码，并采用统计性描述方法对中国房地产行业上市公司的企业战略选择变迁进行分析讨论。

5.1　房地产行业企业战略选择的理论分类

5.1.1　房地产行业特征

房地产行业是房地产经济活动主体从事房地产投资、开发、经营、服务和管理等一系列活动的综合性行业。中国房地产行业具有以下四个基本特点。

1. 产业关联性

房地产与金融行业、钢铁、水泥、木材、玻璃、塑料、家电等国民经济相关的行业都有着密切的关系，房地产行业的发展同上述行业的诱发系数达到1.7。此外，物业管理、房地产评估、房地产中介等新兴行业的发展也伴随着房地产行业的繁荣而不断兴起。

2. 周期性

房地产行业在发展过程中，会循环往复地出现扩张与收缩的现象，一般要经历“复苏—繁荣—衰退—萧条”这四个交替性循环的过程。

3. 地域性

房地产属于不动产，因此无法为达到供需平衡或缩小地域间价格差异而像其他商品那样通过地区之间的流动来实现。一个地区的经济发展水平会影响当地房地产市场的供求状况，同时不同区域受到当地地域文化习惯和社会环境影响也会表现出明显的区域特征。

4. 受产业政策影响大

属于固定资产投资范畴的房地产行业深受国家宏观经济政策的影响，房地产土地的供应受到政府对土地资源的开发和使用计划的限制，会影响房地产行业的开发状况。政府部门在房地产交易中征收的各种税金和费用及政府出台的各项房地产交易政策在影响房地产价格的同时，还会对房地产的销售、流通情况产生影响。

5.1.2　房地产行业企业战略选择的分类

企业战略选择主要是企业现有的资源如何进行分配的一个过程，通过对企业战略投资情况的分析，不难看出企业战略选择的方向。依据房地产行业上市公司年报中战略投资的情况，本书主要针对企业公司层战略进行研究，对企业战略选择进行分类。

企业每年的战略投资行为可以依据一定的标准和划分方式进行分类，结合房地产行业自身特征及企业战略的特点，运用内容分析法，将企业战略选择这样定性化的数据通过编码转化为定量的数据来研究房地产企业战略选择的情况。

如图5-1所示，依据房地产上市公司是否有利用公司现有资源和资金进行战略投资的情况，将企业的战略进行第一级的划分，分为稳定型战略和成长型战略。对存在战略投资的企业，依据投资内容、投资布局、投资路径的不同再次进行划分。

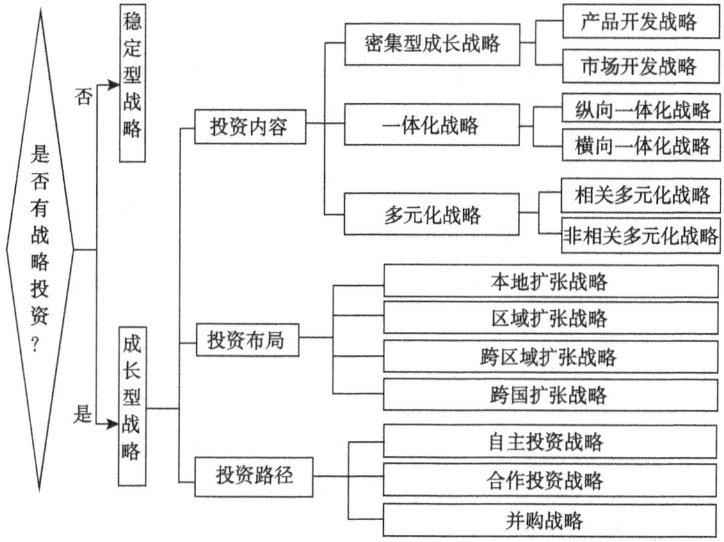

图 5-1　房地产行业企业战略选择的理论演绎图

5.1.3 房地产行业企业战略选择的界定

1. 稳定型战略和成长型战略

依据企业是否存在战略投资的情况，可以将企业战略划分为稳定型战略和成长型战略。没有进行战略投资的企业，归类为稳定型战略。稳定型战略是指企业在战略规划上维持企业目前水平的资源分配和经营状况。选择稳定型战略的房地产企业仅投资现有的房地产项目，不在市场和项目上进行扩张，仅保持现有的市场份额，以保证房地产项目的投资回报率，维持企业的稳定发展。企业有战略投资行为则确定为成长型战略，选择成长型战略的企业是不断寻求发展的，在原有战略水平基础上不断扩展，表现为不断开发新产品或者开拓新市场来增加产销规模，提升企业竞争实力。

2. 密集型成长战略、一体化战略和多元化战略

密集型成长战略是指企业为提高竞争地位，充分利用现有产品或服务的潜力来发展的战略。该战略进行扩张不是在整个产业范围内谋求的，而是对某个特定的顾客群体或在某产品系列中的一个细分市场中集中精力进行主攻。该战略可以分为产品开发战略和市场开发战略。

产品开发战略，是在企业已占有的市场上推出已有产品改善创新产品或开发新产品，以增加销售量的战略。房地产企业发掘新的市场需求，开发新的房地产项目，属于产品开发战略。市场开发战略，是指为企业已有产品寻找、开拓新市场的战略。例如，房地产企业的房地产产品除在本地市场开发，还逐步向区域和全国其他市场范围扩张，寻求新的市场机会。

一体化战略是企业充分利用已有的各方面优势，为扩展企业业务的广度和深度，将企业有限的资源在产业链上进行纵向或横向的延伸。一体化战略分为纵向一体化战略和横向一体化战略。纵向一体化战略是将公司的经营活动扩展到后向的原材料供应或扩展到前向的销售终端，或者前向、后向都进行扩展的一种战略。横向一体化战略是企业以合并同一产业内其他组织的方式，进行企业规模扩张的一种一体化战略。对于房地产企业而言，并购拥有人才和资金优势的房地产企业或者具有优质土地资源的房地产企业,使企业自身实现优势互补就属于这种战略。

多元化战略这种经营战略是企业在原有业务范围基础上通过增加新业务单元而进行扩张的战略，多元化战略根据其多元化所经营的内容有两种分类，相关多元化战略与非相关多元化战略。相关多元化战略是指企业新发展的业务同企业原有业务有相关性，如在生产技术、销售渠道等很多方面都具有相似或相同的特点。非相关多元化战略是指企业新业务同原有业务之间无论是在生产技术上，还是在产品与市场上都没有相关性，如经营房地产开发的企业，投资科技研发行业、运输业、商业或者医药领域。

3. 本地扩张战略、区域扩张战略、跨区域扩张战略和跨国扩张战略

本地扩张战略是指房地产企业以所在城市为主要市场，进行房地产开发与经营活动。区域扩张战略则是企业以其所在城市及周围邻近地区为市场，进行项目和业务的块状布局。跨区域扩张战略是企业将业务布局在全国多个区域内，实现跨越区域间的经营，实施这种战略的房地产企业一般资金实力很雄厚、项目管理经验比较丰富、管理流程和项目运作方式都非常完善。跨国扩张战略是指企业除在本国开展业务和投资项目外向国外进行战略扩张的一种方式。

4. 自主投资战略、合作投资战略和并购战略

自主投资战略是企业投资的项目完全由企业单独出资,如全资新建一个项目、子公司或者用自有资金对项目和已建公司追加投资。

合作投资战略是指企业和其他公司联合投资一个项目或者子公司，包括共同新设一个新项目、子公司或者按照持股比例对项目、子公司进行增资。

并购战略是指兼并和收购，二者都是企业产权上的交易。兼并指两家或者以上的独立企业合并成一家企业；收购是指一家企业用现金或者其他货币形式对另一家企业的股票或资产进行购买，以获得资产所有权或公司控制权。

5.2　房地产行业企业战略选择的定性编码

运用内容分析法，以上市公司年报中所披露的信息为研究依据，分析涉及战略选择的相关语言部分，如上市公司年报中公开的董事会报告，其中所涉及的对报告期经营情况的回顾、公司投资情况及在重大事项中公布的公司持有其他上市公司股权、参股金融企业股权情况和资产交易事项。通过对以上内容的分析，并结合上文得到的房地产行业企业战略选择的理论演绎图（图5-1），对上市公司每种分类下的战略类型进行编码。

5.2.1　房地产上市公司年报中涉及战略选择的关键字段

房地产上市公司的战略投资情况可以从年报中的“董事会报告”和“重要事项”两个部分来进行关键字段的提取，具体包括以下几项。

（1）董事会报告部分的“公司投资情况”体现了公司报告期战略投资情况和资金投资去向，可以依据这部分信息判断公司是属于稳定型战略还是属于成长型战略。依据具体的投资内容则可以判断公司是采用密集型成长战略、一体化战略还是多元化战略。投资方式会在“公司投资情况”中做出披露，也可依据该部分信息，对战略选择类型属于自主投资战略、合作投资战略还是并购战略进行判断。

（2）在“主营业务分地区情况”中，根据公司主营业务的布局可以判断公司采用本地扩张战略、区域扩张战略、跨区域扩张战略还是跨国扩张战略。

（3）“主营业务及其经营状况”可以作为企业是否进行多元化战略、一体化战略或密集型成长战略的一个判断依据。若只有单一经营业务，则属于密集型成长战略。若涉及多个经营业务，则依据具体的业务类型可以判断企业战略选择类型是一体化战略还是多元化战略。

（4）“重要事项”中涉及企业重大资产重组、收购等的字段可以作为投资路径的判断依据，来判断企业战略选择的类型是自主投资战略、合作投资战略还是并购战略。

（5）董事会报告中“公司报告期内总体经营情况”、“公司未来发展展望”和“新年度经营计划”等字段，能够提供企业在战略上的具体举措信息。

综合以上关键字段,一家上市公司战略资源的投入和重要战略行为最能在“公司投资情况”中得以体现，所以，判断上市公司战略选择情况的主要依据是年报中的“公司投资情况”部分。能够体现企业战略在投资内容、投资布局、投资路径等方面情况的“主营业务分地区情况”、“主营业务及其经营状况”、“公司报告期内总体经营情况”和“重要事项”，可以作为次要的判断依据。而“公司未来发展展望”和“新年度经营计划”这些描述公司未来战略举措的部分，尚未作为公司战略得以实现，仅将其作为判断企业战略选择的参考。

5.2.2 房地产上市公司年报中战略选择的判断标准

通过对房地产上市公司年报的阅读与整理可以发现企业一年中会涉及多种战略投资行为，投资内容及金额不尽相同，在多种战略举措中，要选择一种主导的战略作为该企业这一年的战略选择类型。此外，由于企业高层管理团队一般是每三年一换届的，三年中企业也会做出多种不同的战略选择，高层管理团队每届的主导战略也要依据一定的标准进行判断。本章以主导逻辑为判断企业战略选择类型的依据，提出以下判断高层管理团队当年和每届企业战略选择类型的方法和程序。

（1）判断每年主导战略的方法一：首先，列出各个上市公司年报中的战略投资行为，标明每项战略的投资额度及投资方向；其次，依据前面所述的各种战略选择判断方式，对每种战略的投资额度进行汇总，总额最大的则为当年企业的主导战略。

（2）判断每年主导战略的方法二：首先，列出各个上市公司年报中的战略投资行为。其次，依据前述理论归纳分析出各种战略选择类型，对每种战略类型的项目数量进行统计，项目数量最多的战略选择类型就是当年的主要战略。

（3）判断高层管理团队每届主导战略的方法：将高层管理团队每届任期中战略投资总额进行汇总，每届中的战略投资总额最大的即该届的主导战略。

5.2.3　房地产上市公司战略选择的编码结果

房地产上市公司年报中的“公司投资情况”部分，在募集资金投资项目、非募集资金投资项目下没有任何投资项目,表明公司当年选择稳定型战略,编码为1；若在募集资金投资项目、非募集资金投资项目下有投资项目，则公司选择成长型战略，编码为2。

成长型战略从投资内容方面看，选择密集型成长战略的房地产公司，若投资开发建设不同房地产项目，属于产品开发战略，编码为A1；若房地产企业向不同区域市场投资开发项目，则属于市场开发战略，编码为A2。如果企业在房地产行业产业链上进行扩张，属于一体化战略。在产业链上向上游建筑材料供应、施工建设、设计规划等业务扩展的后向一体化战略，以及向产业链下游房地产销售、物业公司等业务扩张的前向一体化战略都属于纵向一体化战略，编码为A3；如果房地产上市公司为实现规模经济、获得互补性的能力和资源，向并购行业内存在竞争的企业，或与竞争企业合作，则属于横向一体化战略，编码为A4。房地产上市公司在同原有房地产业务相关的领域进行扩张,如在原有的住宅地产领域之外,投资商业地产、旅游地产、工业地产、体育地产等业务，属于相关多元化战略，编码为A5；若企业向同房地产业务没有相关性的行业扩张，如房地产上市公司投资建设酒店、开展商贸、兴建物流公司、开设医药公司，涉足服务、贸易、医药等领域，则属于非相关多元化战略，编码为A6。

在投资布局方面，房地产企业选择在企业所在地进行扩张的本地扩张战略进行投资，属于本地扩张战略，编码为B1；在企业所在地周边地区进行扩张，属于区域扩张战略，编码为B2；房地产企业跨越不同区域市场范围进行扩张，属于跨区域扩张战略，编码为B3。投资国外房地产业务，属于跨国扩张战略，编码为B4。

在投资路径上，房地产企业选择独资投入新项目开发、新公司成立或原有项目继续建设，属于自主投资战略，编码为C1；如果企业同其他公司合作共同设立新公司，或按持股比例进行增资，属于合作投资战略，编码为C2；如果房地产企业对其他企业进行兼并与收购，属于并购战略，编码为C3。具体上市公司年报中的关键字段见表5-1。

表 5-1　房地产行业上市公司战略选择的测量（编码）

编码	战略选择类型	上市公司年报中的关键字段
1	稳定型战略	公司无募集资金或前期募集资金使用到本期的情况；未增加长期投资
2	成长型战略	募集资金投资某项目；非募集资金投资某项目；有长期投资增加

续表

编码	战略选择类型	上市公司年报中的关键字段
A1	产品开发战略	以自建、合作或股权并购的方式投资各种房地产项目，或投资房地产公司用以开发不同楼盘
A2	市场开发战略	以自建、合作或股权并购的方式在其他地区投资建设房地产公司、开发房地产项目
A3	纵向一体化战略	以自建、合作或并购的方式向房地产产业链上下游扩展，如投资新建工程建筑公司、房地产中介、物业管理公司等
A4	横向一体化战略	同行业内竞争者合作、并购同业竞争对手企业或房地产项目
A5	相关多元化战略	投资同原有房地产业务相关的项目或公司，如开发商业地产、旅游地产、体育地产、工业地产等
A6	非相关多元化战略	投资与房地产业务完全没有相关性的产业，如投资酒店、新建物流公司或医药公司等
B1	本地扩张战略	在企业所在地区进行投资
B2	区域扩张战略	在企业所在地周边地区进行投资
B3	跨区域扩张战略	在全国范围内，跨越地区进行投资
B4	跨国扩张战略	在国外投资开发房地产项目
C1	自主投资战略	以自有资金全资新建公司或投资项目建设
C2	合作投资战略	共同投资成立公司、开发项目或按持股比例进行增资
C3	并购战略	以股权收购或资金购买的方式投资公司或项目

5.3 中国房地产行业上市公司战略选择的实证分析

5.3.1 研究方法和样本

按照《上市公司行业分类指引》，截至2010年，上交所公布的房地产行业A股上市公司为66家，深交所公布的A股上市公司为58家，合计124家。截取2001～2010年的10年的时间区间，对124家上市公司的年报进行收集与整理，剔除年报中明确指出从事双主营业务或多主营业务及主营业务不突出的公司，剩余105家上市公司，其中，在上交所上市的为56家，在深交所上市的为54家。

在105家房地产上市公司中，部分上市公司原主营业务和所处行业类型并非始终属于房地产行业，因此，以其年报中房地产业务为主营业务，或年报中明确指出公司主营业务为房地产的年度为基准，来统计公司作为房地产行业企业进行战略选择的时间。例如，江西中江地产股份有限公司，1997年在上交所上市，主营业务为造纸业，2006年转型为房地产行业，截至2010年，该企业作为房地产行业的战略选择为5年。

一些一直从事房地产业务的上市公司在2001～2010年才上市的，上市后才能获得其公开的年报信息，则从其上市的年度来统计其拥有战略选择的时间。例如，保利房地产（集团）股份有限公司，2006年在上交所上市，截至2010年，该企业拥有5年的房地产行业企业战略选择时间。

因此，在上文对中国房地产行业企业战略选择类型的理论分析和实证编码的基础上，选取2001～2010年105家中国房地产行业上市公司为研究样本，对中国房地产上市公司战略选择进行研究。

5.3.2　中国房地产行业上市公司战略选择的描述性统计结果

（1）通过对上市公司年报的整理与统计，发现在2001～2010年的10年间，这105家房地产上市公司中，在2001～2010年共10年具有房地产行业企业战略选择的企业有36家，在2002～2010年共9年具有战略选择的有41家，在2003～2010年共8年具有战略选择的有45家，在2004～2010年共7年具有战略选择的有48家，在2005～2010年共6年具有战略选择的有54家，在2006～2010年共5年具有战略选择的有61家，在2007～2010年共4年具有战略选择的企业有75家，在2008～2010年共3年具有战略选择的有88家，在2009～2010年共2年具有战略选择的有103家，仅在2010年具有战略选择的企业有105家。对不同战略选择时间跨度的企业数量和每年各种战略选择类型的企业数量汇总如表5-2～表5-6所示。

表5-2　2001～2010年房地产行业上市公司战略选择时间跨度汇总表

战略选择跨度/年	10	9	8	7	6	5	4	3	2	1
上市公司数量/家	36	41	45	48	54	61	75	88	103	105

表5-3　房地产行业上市公司每年战略选择汇总分类表（单位：家）

战略选择类型	2001年	2002年	2003年	2004年	2005年	2006年	2007年	2008年	2009年	2010年
稳定型战略	2	3	4	5	7	8	8	7	17	17
成长型战略	34	38	41	43	47	53	67	81	86	88
合计	36	41	45	48	54	61	75	88	103	105

表5-4　房地产上市公司成长型战略按投资内容汇总分类表（单位：家）

战略选择类型	2001年	2002年	2003年	2004年	2005年	2006年	2007年	2008年	2009年	2010年
产品开发战略	21	27	24	22	21	23	24	24	25	31
市场开发战略	4	3	8	13	12	18	21	21	28	31
纵向一体化战略	3	1	0	0	1	1	0	3	0	2
横向一体化战略	2	4	3	2	9	7	15	19	19	11
相关多元化战略	0	1	2	3	3	1	4	6	11	9
非相关多元化战略	4	2	4	3	1	3	3	8	3	4
合计	34	38	41	43	47	53	67	81	86	88

表 5-5 房地产上市公司成长型战略按投资布局汇总分类表（单位：家）

战略选择类型	2001 年	2002 年	2003 年	2004 年	2005 年	2006 年	2007 年	2008 年	2009 年	2010 年
本地扩张战略	26	26	27	24	23	19	20	24	22	21
区域扩张战略	3	5	3	4	5	11	12	13	13	14
跨区域扩张战略	5	7	11	15	19	23	35	44	50	52
跨国扩张战略	0	0	0	0	0	0	0	0	1	1
合计	34	38	41	43	47	53	67	81	86	88

表 5-6 房地产上市公司成长型战略按投资路径汇总分类表（单位：家）

战略选择类型	2001 年	2002 年	2003 年	2004 年	2005 年	2006 年	2007 年	2008 年	2009 年	2010 年
自主投资战略	21	25	31	31	25	31	38	43	52	56
合作投资战略	8	5	6	8	12	7	9	11	6	15
并购战略	5	8	4	4	10	15	20	27	28	17
合计	34	38	41	43	47	53	67	81	86	88

（2）上市公司高层管理团队规定每3年一换届，对每家公司从2001～2010年的10年间按照与高层管理团队换届时间相对应截取每届的战略选择。具有完整的3届高层管理团队战略选择的企业有41家，这41家房地产上市公司高层管理团队每届各种战略选择汇总表如表5-7所示。

表 5-7 高层管理团队每届战略选择汇总表

战略选择类型	企业数/家			比重		
	第一届	第二届	第三届	第一届	第二届	第三届
稳定型战略	1	2	1	2%	5%	2%
成长型战略	40	39	40	98%	95%	98%
合计	41	41	41	100%	100%	100%
产品开发战略	25	21	8	63%	54%	20%
市场开发战略	7	12	16	18%	31%	40%
纵向一体化战略	1	0	0	3%	0	0
横向一体化战略	2	5	6	5%	13%	15%
相关多元化战略	1	0	6	3%	0	15%
非相关多元化战略	4	1	4	10%	3%	10%
合计	40	39	40	100%	100%	100%
本地扩张战略	26	12	9	65%	31%	23%
区域扩张战略	4	9	6	10%	23%	15%
跨区域扩张战略	10	18	25	25%	46%	63%

续表

战略选择类型	企业数/家			比重		
	第一届	第二届	第三届	第一届	第二届	第三届
跨国扩张战略	0	0	0	0	0	0
合计	40	39	40	100%	100%	100%
自主投资战略	30	22	22	75%	56%	55%
合作投资战略	6	9	8	15%	23%	20%
并购战略	4	8	10	10%	21%	25%
合计	40	39	40	100%	100%	100%

注：本表中数据未经修约，可能存在合计不等于100%的情况

5.3.3　中国房地产行业上市公司战略选择的实证研究结论

（1）企业的战略选择可以通过其每年的战略投资情况来体现，房地产上市公司主要选择成长型战略，即大部分企业每年选择进行战略投资行为，而不仅是维持原有业务现状。同时，研究发现，在国家对房地产行业采取较大政策调控措施的几年中，选择稳定型战略的企业数量呈现增加的趋势。2005年国务院办公厅颁布了有关房地产调控的“国八条”后，政府各部门又出台了包括“国六条”“九部委十五条”等一系列有关房地产供应结构、房地产信贷管理和土地调控的政策建议，导致房地产上市公司在调控较为密集的2005年和2006年采取稳定型战略的企业数量增加。2008年房地产行业受金融危机的影响，市场交易量大幅度萎缩，因此在这一年，更多的企业开始采取积极的成长型战略来扩张企业的业务，弥补由市场交易下跌导致的企业效益下降。2009年、2010年经济开始复苏，但加之金融危机的前车之鉴和政府为维持房价稳定而持续的国家宏观调控政策，2009年和2010年采取稳定型战略的企业比重上升（图5-2）。

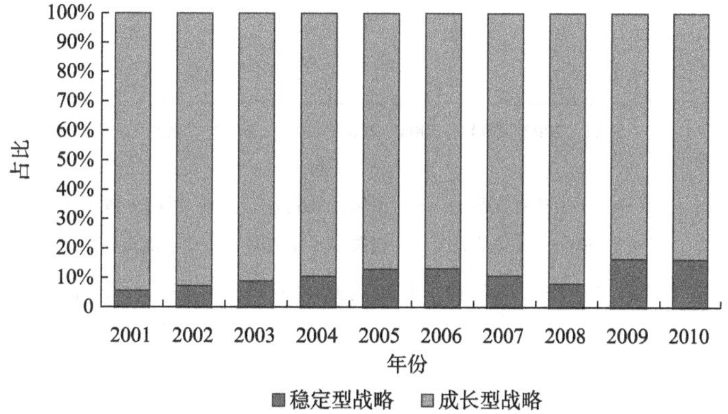

图 5-2　房地产上市公司每年主要战略选择类型分类柱形图

（2）选择成长型战略的房地产企业按照投资内容、投资布局、投资路径有不同的战略类型划分。在投资内容上，主要有产品开发战路、市场开发战略、纵向一体化战略、横向一体化战略、相关多元化战略和非相关多元化战略这五种战略选择类型。如图5-3和图5-4所示，纵观2001～2010年房地产上市公司的战略选择变化，多数房地产上市公司选择以产品开发战略为主、其他成长型战略为辅的发展战略。然而，随着时间的推移，选择产品开发战略的企业数量在不断下降，市场开发战略和横向一体化战略波动性上升，在2009年选择市场开发战略的企业的比重超过了产品开发战略成为房地产上市公司的主导战略。横向一体化战略作为辅助战略也被很多企业所选择，在2008年、2009年最多，原因可能在于2008年爆发的经济危机使房地产企业深受影响，很多企业选择并购竞争对手或者和竞争对手合作来应对经济危机，以降低企业扩张风险，在恶劣的经济环境下，保持投资势头，获取优势。中国房地产上市公司大部分专注于房地产主业的密集型扩张，即注重房地产产品的开发和在不同市场上的扩张，选择多元化战略和一体化战略的房地产企业所占比重较低。相关多元化战略在最初几年比重要低于非相关多元化战略，当时在房地产市场比较繁荣的国内市场，房地产企业利用其早期房地产经营活动获得的资金，向非相关业务领域进行拓展，在2009年，房地产企业的非相关多元化战略比重开始明显下降，相关多元化战略选择比重超过了非相关多元化战略，更多房地产企业在房地产行业相关领域内进行业务拓展，如房地产企业开始涉足工业地产、商业地产、旅游地产等领域，利用原用的技术、市场，更有利于降低企业风险，获得更多的竞争优势。

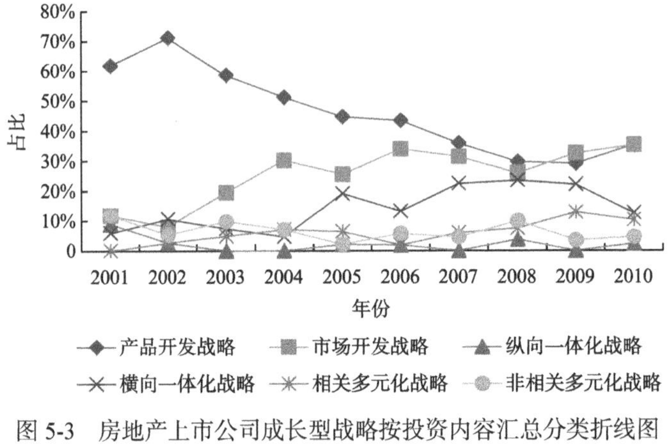

图 5-3　房地产上市公司成长型战略按投资内容汇总分类折线图

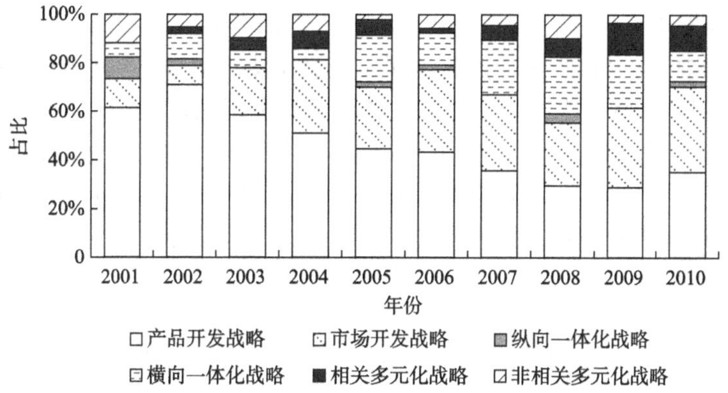

图 5-4　房地产上市公司成长型战略按投资内容汇总分类柱形图

（3）从投资布局来看，选择成长型战略的房地产上市公司，本地扩张战略呈现不断下降的趋势，而选择跨区域扩张战略类型的企业数量在上升。如图5-5所示，在2001～2005年，房地产企业主要选择本地扩张战略，这是由于房地产行业存在着地域性特征，在房地产企业经营初期，在企业所在地域范围内进行战略扩张，可以降低大范围战略布局所带来的风险，有利于完成早期的企业资金和市场占有率的积累。在2006～2010年，大多数企业选择跨区域扩张战略，原因在于随着企业经营资金和经验的积累，企业已经具备一定的跨区域扩张的能力，同时，本地房地产市场的逐渐饱和，市场竞争激烈，土地开发费用不断上升，导致更多的企业开始向全国各地进行跨区域的扩张，寻找新的土地开发资源和市场，谋求更多投资回报。选择区域扩张战略的企业数量变化较为平稳，这种战略对于一些房地产企业来说，只是一种向跨区域扩张战略过渡的阶段战略。选择跨国扩张的房地产企业数量最少，由于国内房地产市场和国外房地产市场有着较大差异，在样本企业中，如表5-5所示，仅有一家房地产企业选择跨国扩张战略，该战略在中国房地产企业中并非主流战略，而是企业为实现其战略布局的个例。

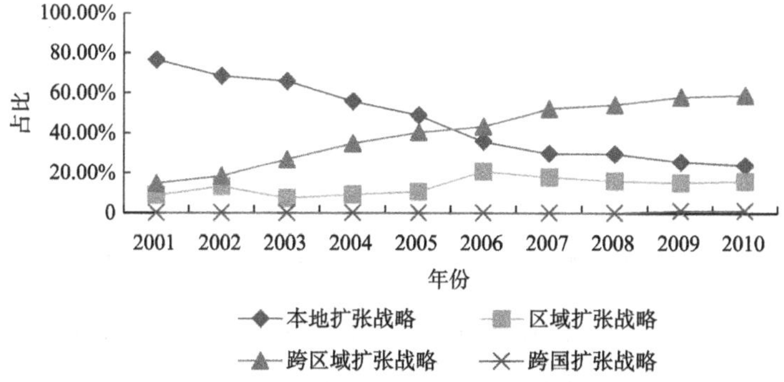

图 5-5　房地产上市公司成长型战略按投资布局汇总分类折线图

（4）从投资路径来看，房地产上市公司主要以自主投资战略为主，以合作投资战略和并购战略为辅。房地产行业属于资金密集型行业，项目的开发运作需要大量的资金投入，最初房地产企业通过各种渠道进行融资，获得项目的开发资金，自主投资开发新建房地产项目。如图5-6和图5-7所示，随着时间的推移，获得土地资源的费用不断提高，企业自主投资的压力开始增大，企业仅依靠自身寻求的多元化融资渠道来获取资金已经不能满足企业的投资需求，企业开始逐渐转向选择并购战略和合作投资战略。并购和合作的投资方式对于房地产企业来说也是一种重要的投资路径，当一家企业第一次接触一个陌生市场环境时，企业对市场的熟识度、市场中品牌的认知度及在新的市场环境中的人脉资源，都是非常珍贵的，以并购和合作投资的方式进入一个新市场，其承担的风险程度要远低于自行进行土地开发，同时并购合作还有利于企业对优质的土地、技术、人才资源等进行吸纳。

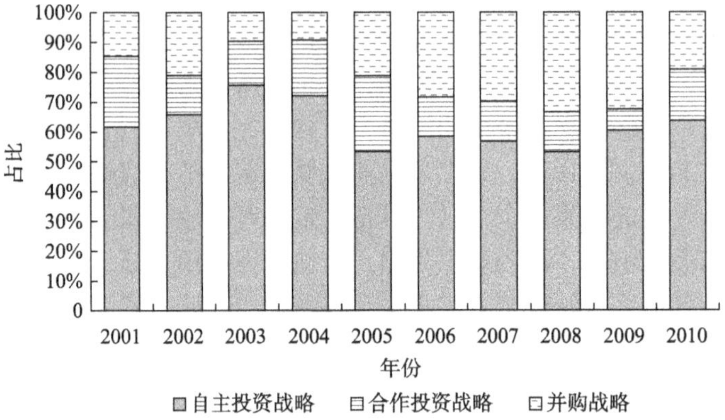

图 5-6 房地产上市公司成长型战略按投资路径汇总分类柱形图

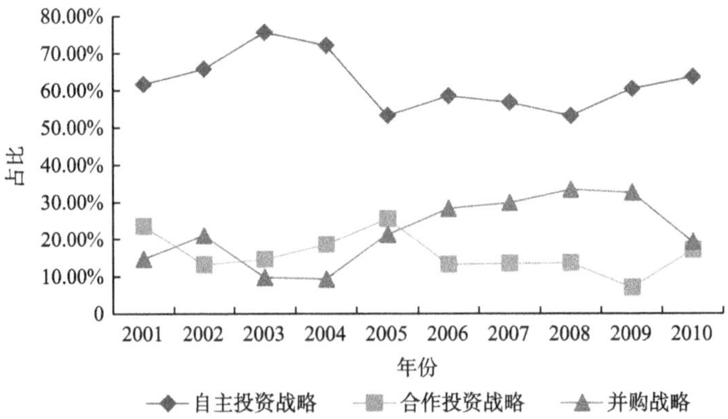

图 5-7 房地产上市公司成长型战略按投资路径汇总分类折线图

（5）在高层管理团队每届战略选择中发现：总体上，每届高层管理团队选择稳定型战略的企业数量明显小于每年高层管理团队选择稳定型战略的企业数量，原因在于，房地产行业属于高速发展的产业，稳定型战略仅是房地产企业在经营过程中的一种过渡战略，是在企业内外部环境不稳定或不利的情况下选择的一种战略，而不是企业在长期发展中会选择的战略，因此，企业高层管理团队每届的战略选择更多的是进行战略投资，选择成长型战略作为长期发展的战略。每届的战略选择情况同企业每年战略选择变化趋势大致相同。如图5-8所示，从投资内容上看，每届高层管理团队的战略选择出现了选择产品开发战略的企业的数量开始下降，而选择市场开发战略的开始增加的趋势；如图5-9所示，在投资布局的选择上，跨区域扩张战略呈现上升趋势，选择本地扩张战略的开始减少；如图5-10所示，从投资路径上看，自主投资战略仍占最大比重，但是逐渐开始被并购战略和合作投资战略所替代和补充。

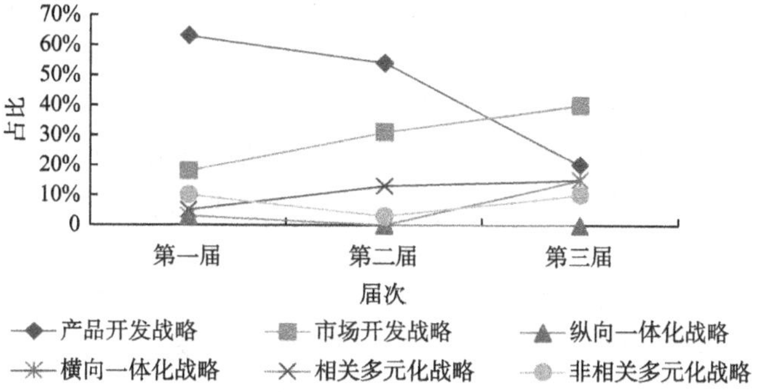

图 5-8　高层管理团队每届战略选择按投资内容汇总分类折线图

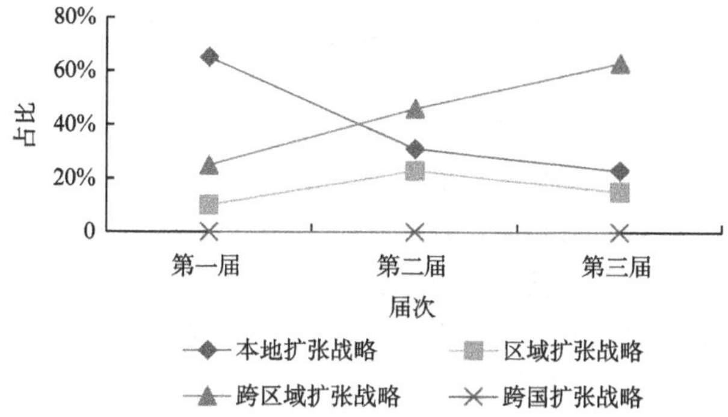

图 5-9　高层管理团队每届战略选择按投资布局汇总分类折线图

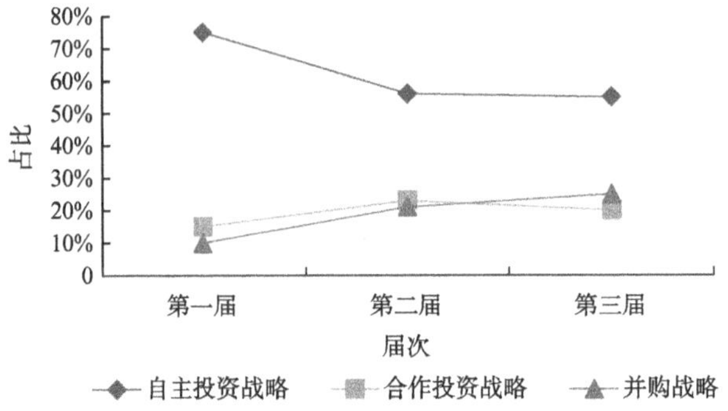

图 5-10 高层管理团队每届战略选择按投资路径汇总分类折线图

5.3.4 中国房地产企业战略选择的分析讨论

纵观2001～2010年房地产上市公司的每年战略选择和每届战略选择，可以发现中国房地产企业战略选择在很大程度上受到来自外部的宏观环境的影响。

（1）从1998年住房制度由住房实物分配向住房分配货币化改革以来，中国住房二级市场得到全面开发，房地产市场体系逐步建立。2001～2003年房地产市场迅速发展，无论是房地产开发投资的增长还是商品房价格的上涨，都非常迅速，尤其在2004年，房地产价格出现了上涨过快的一系列问题。在2005年政府面对快速上涨的房价问题，为抑制房价过快上涨的势头，对房地产行业进行宏观调控，在2005年和2006年一系列宏观调控政策陆续出台，受其影响2005年和2006年两年房地产保持了基本稳定的走势，投资增长幅度开始回落。如图5-11所示，2007年房地产投资开发又出现反弹，涨幅开始增加，但是房地产开发综合景气指数在2007年11月出现自2004年以来的新高之后，便持续下滑，2008年一整年受金融危机的影响，房地产市场原材料价格上升、购买力下降、投资热情减弱冲击了国内的房地产市场，导致市场态势未见好转，下行态势依旧。面对这种经济态势，政府部门由原有的遏制房地产投资的政策，转为一系列的“救市”措施。从2008年9月起，中央银行连续降息5次、下调存款准备金率4次，以支持企业贷款，以防经济下滑。同时二套房贷政策得以放宽，房地产交易税费降低，以支持居民购房。2009年在政府救市政策推动和经济危机复苏的环境下，2009年的房地产开发综合景气指数开始回涨。2010年房地产开发综合景气指数表现为先扬后抑的趋势，进入2010年，房地产开发综合景气指数延续2009年的上升态势，出现稳步上升的局面，2010年第一季度，受金融危机期间国家投入基础设施建设的后续影响，房地产开发综合景气指数有所提高，而第二季度政府又开始推行房地产调控政策，该指数开始下滑。

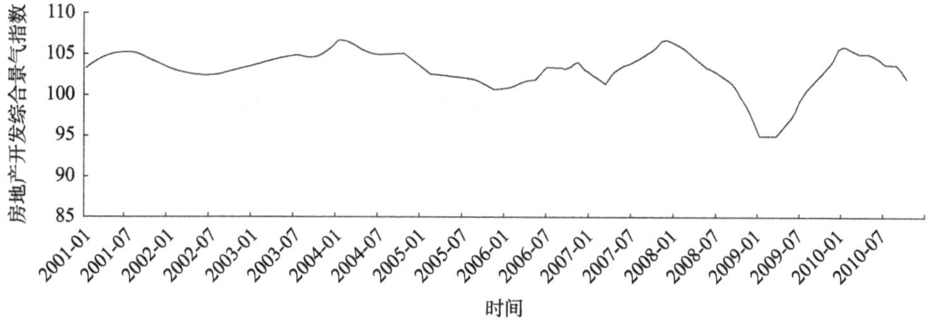

图 5-11　2001 ~ 2010 年中国房地产开发综合景气指数

资料来源：国家统计局

（2）在房地产行业发展环境不断波动变化的情况下，房地产企业的战略选择跟随着宏观环境变动进行调整。2001年、2002年是房地产市场快速发展的时期，政府调控尚不严格，较易获得土地资源和贷款融资。这段时期，多数房地产企业选择在本地原有市场地区进行产品开发战略，增加土地储备量，开发建设各种房地产项目。在政府密集出台调控政策的2005年、2006年，房地产企业选择成长型战略比重略有下降。2008年全球金融危机的爆发，房地产企业不仅面临政府的宏观调控政策，还面对着全球经济衰退的影响，不确定的因素增加，使得2008 ~ 2009年，选择稳定型战略的企业比重明显增加，进行战略投资的企业比重下降。在投资内容上，随着房地产行业的不断发展，企业不可能仅局限在原有市场进行原有产品的开发，因此，产品开发战略比重开始下降，并逐渐被市场开发战略所替代。在房地产政策调控严格的时期宏观环境不稳定的情况下，更多房地产企业倾向进行非相关多元化战略或相关多元化战略以分担企业的经营风险，在投资布局上不再局限原有市场，而开始进行区域扩张或跨区域扩张，投资方式也更多元化，采取合作或并购的方式来获得更多开发资源或者开发项目，以缓解完全自主投资时企业要承担的资金压力和弥补经验、资源不足的问题。

（3）来自外部的宏观经济环境、政策环境深刻影响着房地产行业，这使很多房地产企业的战略选择行为是基于外部环境而做出的，但是在同样的产业环境下，不同的高层管理团队在战略选择上会做出不同的战略决策。例如，中江地产（600053）、广宇发展（000537）、深大通（000038）在转行进入房地产行业后，一直就选择稳定型战略作为发展战略；还有一些房地产企业在2001 ~ 2010年主要选择在本地区域进行产品开发战略，如粤宏远（000573）；而另一些企业则一直选择区域或跨区域范围进行市场开发战略，如莱茵置业（000558）。

第6章　电力行业企业战略选择变迁

电力行业是现代社会重要的基础产业与公用事业，没有电力行业的支撑，则国民经济的发展必然会遇到阻碍。按照统计显示，1978～2010年，中国GDP年均增长9.9%，同期全社会用电量的年均增长速度也达到9.2%。由此可见，电力产业发展与经济发展具有高度相关性。中华人民共和国成立之初，中国发电装机容量为185万千瓦，年发电量仅43亿千瓦时，到2000年底，全国发电装机容量达到31 900万千瓦，年发电量为13　600亿千瓦时，截止到2013年底，全国发电装机容量达到125 768万千瓦，年发电量为53 721亿千瓦时，分别是2000年的3.94倍和3.95倍。1998年是中国电力工业发展史上极为重要的一年。这一年，电力工业部正式撤销，成立国家电力公司，这也标志着中国电力工业管理体制由计划经济向社会主义市场经济转变，实现政企分开并向电力市场化改革迈进。之后的历次调整也主要是进一步完善政企分开、厂网分开、主辅分开的程度。

6.1　电力行业企业战略选择的理论分类

6.1.1　电力行业特征

中国电力行业从结构上划分有纵向一体化与横向一体化、集中与分散、垄断与竞争等不同模式，而且行业特征非常明显，主要有以下几个特点。

1. 电力行业具有公共性

电力作为一种基本的生产原料和基本的生活必需品，具有普遍的消费性，属于传统而又特殊的公共事业。电力行业的公共性主要体现在其提供的准公共产品的普遍服务性方面。

2. 规模经济与自然垄断性

电力行业是典型的自然垄断行业，而且是一个具有规模经济的基础性行业，存在规模经济与竞争活力相协调的问题。

3. 高沉淀成本

电力行业发电、输电、配电环节都属于资本密集型产业，因此对于要进入该行业的电力企业要求有很高的资本，即资本投入非常大，主要表现在技术和设备两个方面。

4. 电力用户的多样性、电力需求的不确定性

电力用户包括工业用户、普通居民及商业、机关等诸多电力用户，其对电力的需求不同，导致了电力需求的多样性与电力需求的不确定性。

5. 电力产业属于政府规制产业

中国政府对电力企业的进退行为、定价等进行较严格的规制或监管。

6. 电力市场具有垄断性

电力市场具有的垄断性主要表现在三个方面。第一，电力行业与其他垄断行业服务对象不同，其他垄断行业服务对象都是部分群体，而电力行业的服务对象与全体人民有关。 第二，电力不能储存，电力的生产、输送、销售和使用是瞬间同步完成的，电力的生产和消费必须保持瞬时平衡。电力需求随时间、季节和偶然性因素波动很大。第三，中国电力行业的垄断说到底是非经济型的行政性的垄断。

电力行业的以上特点说明，电力行业是一个具有规模经济的基础性行业，存在规模经济与竞争活力相协调的问题。同时，电价明显地影响收入分配，因而具有公用事业性的特点，但又不能过分强调电力企业的公用事业性，电力企业首先应该成为一个在市场中按市场规律运作的企业。电力企业与政府之间的关系既有与一般企业一样的共性，又有特殊之处。

6.1.2　电力行业企业战略选择的分类

在实践当中每个电力企业每年做出的战略选择可能各不相同，但在理论上可以将这些不同的战略选择归纳为一定的战略类型，因此对于企业战略选择这类定性数据仍然可以定量化。为研究电力行业企业战略选择的类型及这些战略选择对企业绩效的影响，需要将电力行业企业战略选择的定性数据定量化，因此，采用内容分析法将这些定性数据进行编码并转化为定量的数据，用其来研究电力行业企业战略选择的测度。

企业进行战略选择，无论采用稳定型战略还是增长型战略，都需要配置企业的各项资源。因此，从不同的角度采用内容分析法，结合电力行业的自身特点，对电力行业企业战略选择进行梳理、分类，得出可能的战略选择类型，在第一层级，主要是根据电力企业对其重要战略资源的配置如上市公司募集资金、重大非

募集资金和公司长期投资[①]的投资情况来划分。在第二层级，根据投资内容、投资空间、投资方式进行分类。这主要是因为电力企业一旦有了战略资源的投资，就会选择不同的投资空间，以不同的投资方式对应适合的投资内容并进行战略投资。

运用内容分析法，按照不同的判断标准，将战略选择类型逐层展开，最终可以获得电力行业企业战略选择的理论演绎图（图6-1）。

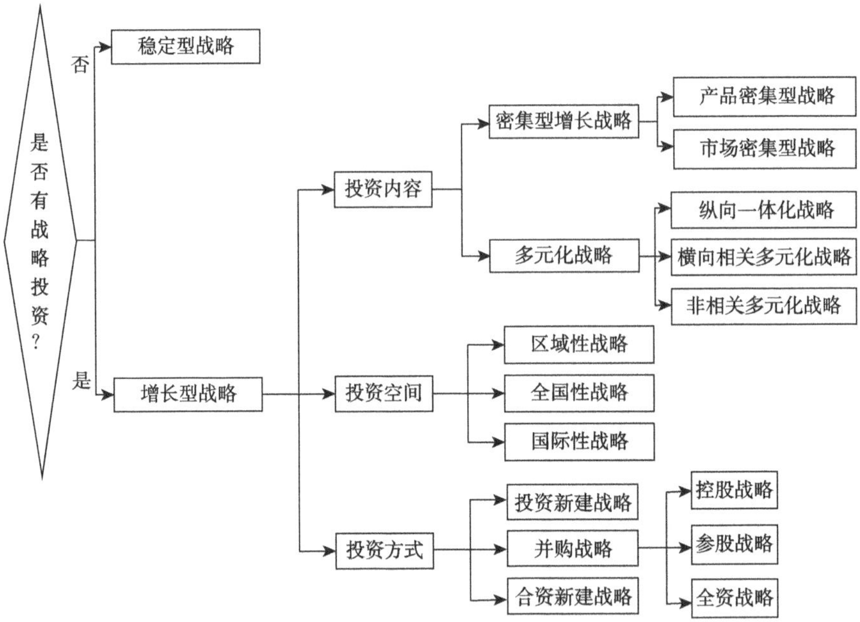

图 6-1　电力行业企业战略选择的理论演绎图

第一层，按照电力企业是否有战略资源投资可以分为稳定型战略、增长型战略两种战略选择类型。如果有战略资源的投资，则为增长型战略，如果没有战略资源的投资，则为稳定型战略。第二层，增长型战略从三个方面来划分，按照投资内容可以分为密集型增长战略和多元化战略；按照投资空间可以分为区域性战略、全国性战略和国际性战略；按照投资方式可以分为投资新建战略、并购战略和合资新建战略。第三层，根据第二层的各个分支，密集型增长战略被划分为产品密集型战略和市场密集型战略两种。多元化战略根据现有业务领域和新业务领域之间的关联方式和程度，分为纵向一体化战略、横向相关多元化战略和非相关多元化战略。在实施并购战略的过程中，根据采用的方式分为控股战略、参股战

① 上市公司募集资金、重大非募集资金、公司长期投资的使用情况可以在上市公司年报“董事会报告”部分中的“公司投资情况”中找到。

略、全资战略三种战略方式，这三种战略方式都可以使股权结构发生变化。

6.1.3　电力行业企业战略选择的界定

1. 稳定型战略和增长型战略

稳定型战略是指在内外环境的约束下，企业准备在战略规划期使企业的资源分配和经营状况基本保持在目前状态和水平上的战略。企业之所以采用此种战略可能是由于企业对过去的经营业绩表示满意，或者企业准备用过去的产品或者相同的劳务服务于社会。实施稳定型战略可以使企业面临的经营风险相对较小，能避免由发展过快而导致的弊端，同时能给企业一个较好的休整期，使企业积聚更多的能量，以便为今后的发展做好准备。但是，当环境预测有问题时，稳定型战略会使得企业陷入困境，同时，会使企业的风险意识减弱，降低企业对风险的敏感性和适应性，从而增加风险的危害性和严重性。

从企业发展的角度来看，任何成功的企业都应当经历不同的增长型战略实施期，从本质上说，只有增长型战略才能不断扩大企业规模，使企业从竞争力弱小的小企业发展成为实力雄厚的大企业。企业通过增长型战略发展和扩大自身价值，不断创造更高的生产经营效益和效率。由于增长型战略的发展，企业可以获得许多崭新的机会，避免企业组织的老化，使企业充满生机和活力。增长型战略能保持企业的竞争实力，使企业实现特定的竞争优势。但是，企业在采用增长型战略获得初期效果后，很可能盲目地发展，从而破坏企业的资源平衡，引发内部的危机和混乱，不能使企业达到最佳的状态。因此，企业在实施增长型战略时，要采用适合企业自身发展的战略选择类型。

2. 密集型增长战略和多元化战略

密集型增长战略是在现有的产品或市场范围内实施的增长战略，它有利于深化专业化协作，提高资源的综合利用效率。具体而言，又包括产品密集型战略和市场密集型战略两种类型。

多元化战略是指在现有业务领域基础之上增加新的产品或业务的经营战略。企业想要发展就必须经过这个阶段。根据现有业务领域和新业务领域之间的关联程度和关联内容，把多元化战略分为纵向一体化战略、横向相关多元化战略和非相关多元化战略。

3. 投资新建战略、并购战略和合资新建战略

投资新建战略是指母公司单独进行投资建设一个项目或者是子公司，母公司对其有完全的控制权。

并购战略是兼并战略和收购战略的统称。兼并是指一家企业吸收一家或多家企业，前者仍然保留自己的法人资格企业特征，后者则失去自己的法人实体地位，

只作为前者的一部分存在。收购是指一个公司通过产权交易取得其他公司一定程度的控制权，以实现一定经济目标的经济行为。

合资新建战略，是指两个公司把投资基金联合起来，投资一个新的项目或者公司，这两个公司分别拥有部分股权，并共同分享利润、支出、风险及对该公司的控制权。

4. 产品密集型战略和市场密集型战略

产品密集型战略是指在现有市场上通过改良现有产品或开发新产品来扩大业务量的战略。对于电力行业来说，火电是一般电力企业的主要产品，但是可以通过开发新能源，利用风、水、太阳、生物能等资源开发新的电力产品。

市场密集型战略是指为现有产品寻找新市场的战略。由于电力行业具有公共性，对于全民都有普遍服务性，因此，大部分的电力企业都选择进行区域市场的开发。

5. 纵向一体化战略、横向相关多元化战略和非相关多元化战略

纵向一体化战略是指生产或经营过程相互衔接、紧密联系的企业直接实现一体化。对于电力企业来说，主要是进行产业链上的资源整合，实现上下游产业一体化，如对煤炭等原材料的投入，这样可以为电力企业节省更多的资源，也能极大地提高电力企业应对原料价格变动和竞争者威胁的能力。

横向相关多元化战略是指企业利用现有市场,采用不同的技术来发展新产品，增加产品种类。电力企业在经营电力产品的同时，可以进行热力或者环保产业的经营，这些业务也能为企业增加销售额。

非相关多元化战略是指企业通过收购、兼并其他产业的业务，或者在其他产业投资，把业务领域拓展到其他产业，新产品、新业务与企业的现有业务、技术、市场毫无关系。也就是说，企业既不以原有技术也不以现有市场为依托，向技术和市场完全不同的产品或项目发展。许多电力企业在经营电力产品的同时，涉足金融、房地产等行业，这就属于非相关多元化战略。

6. 控股战略、参股战略和全资战略

控股战略是指通过持有某一公司一定数量的股份，而对该公司进行控制的战略。绝对控股是指股东出资额占有限责任公司资本总额百分之五十以上或者其持有的股份占股份有限公司股本总额百分之五十以上。根据《中华人民共和国公司法》第216条第（二）款，控股的企业能在董事会或股东会投票时起决定作用。

参股战略就是通过持有某公司一定数量股票从而对该公司进行投资的战略。只是在该公司持有一定比例的股份，在董事会或股东会投票时不起决定作用。

全资战略是指企业在并购另一个企业的过程中，其中一个企业继续存在，另

一个企业被解散而不复存在，其财产、债权、债务也转给继续存在的企业。存在的企业持有另一个公司的全部股权。

6.2　电力行业企业战略选择的定性编码

从上市公司年报中可以看到，各电力公司在战略实施过程中，每年都会有一定的战略行为；某些战略选择方式连续实施几年则可以确定为稳定型战略；如果一年里有多种战略选择方式，则需要根据主要投资战略以一定的判断标准确定其主导战略。

采用内容分析法，运用电力行业上市公司的实际数据，利用年报中公开的语言部分，如对董事长致辞、经营和财务状况回顾、董事会报告、重要事项、公司治理报告、薪酬报告、社会环境报告、管理层的讨论与分析、致股东的信函等内容进行分析，基于上文分析得到的电力行业企业战略选择的演绎图（图6-1），对战略选择类型编码。

6.2.1　上市公司年报中涉及电力行业企业战略选择的关键字段

上市公司年报中，“董事会报告”“重要事项”这两个部分会涉及公司战略选择的一些战略行为或战略措施，具体包括以下几点。

（1）“公司投资情况”中的“募集资金投资情况”“非募集资金投资情况”“公司长期投资”，说明的是公司重要战略资源再分配情况，根据这些情况可以判断整体公司战略选择是趋于稳定型战略，还是增长型战略。

（2）根据“主营业务分地区情况表”可以判断公司现在实施的战略空间是全国性战略、区域性战略还是国际性战略。

（3）根据“主营业务及其经营状况”可以判断公司现在实施的战略是密集型增长战略，还是多元化战略。

（4）“报告期公司经营状况回顾”、“主要控股公司和参股企业经营情况及业绩”和“公司未来发展的展望”等字段可以提供一些具体的公司战略行为，根据这些字段可以判断公司实施的是产品密集型战略、市场密集型战略、纵向一体化战略、横向相关多元化战略，还是非相关多元化战略。

（5）“重要事项”中有一些关于资产重组、收购、资产吸收合并等字段，这些字段也可以提供公司的战略举措。

在上述五种关键字段中，“公司投资情况”关系公司重大战略资源的投入，是影响公司发展的重要战略行为，因此“公司投资情况”是判断上市公司战略选择行为的主要标准；“主营业务及其经营状况”、“主营业务分地区情况表”和“重要事项”作为战略的投资内容、投资空间、投资方式，会影响公司具体的战略实施，因此可以作为判断战略选择行为的次要标准；“报告期公司经营状况回顾”、“主要控股公司和参股企业经营情况及业绩”和“公司未来发展的展望”不涉及具体的战略资源投入，对公司的战略发展影响相对较小，因此，可以作为判断公司战略行为的参考标准。

6.2.2 上市公司年报中电力行业企业战略选择的判断标准

整理上市公司年报中涉及战略行为的关键字段，发现每家公司每年都会有一些战略行为，如油改气工程项目、燃机热电联产项目、建设“热、电、气”三联产二期工程、出资组建新的热电公司、投资水电站、投资煤炭企业、投资参股银行、投资房地产公司等，有的是在“募集资金使用项目”部分，有的是在“非募集资金使用的重大项目”部分，这些战略投资的投向大部分都不一致，但是从战略投资额度和投资项目的数量仍能看出公司主要的战略选择方向,基于上述分析，本节采用以下判断方法和判断程序。

首先，将上市公司年报中的电力企业每年做出的各项战略举措列出，并标明每项战略投资的投向和额度；其次，按照前述理论归纳分析出的各种战略选择方式进行分类汇总，得出每种战略选择方式的战略投资额；最后，根据各种战略选择的战略投资额来排序，投资额最大的即当年每家企业战略选择的主要方式，即当年的主要战略。

6.2.3 电力行业上市公司战略选择的编码结果

通过上述的理论分析，得出电力行业的多种战略选择方式，再深入分析上市公司年报中关于各种战略举措行为的描述，可以总结出中国电力行业上市公司的战略选择的编码结果。电力行业上市公司战略选择的编码结果见表6-1。

表 6-1 电力行业上市公司战略选择的测量（编码）

编码	战略选择类型	上市公司年报中的关键字段
1	稳定型战略	未增加长期投资、无募集资金使用项目、无非募集资金投资项目
2	增长型战略	有长期投资增加、募集资金使用项目、非募集资金投资项目
A1	产品密集型战略	主要集中投资电力产品，如火电、水电、风电等
A2	市场密集型战略	投资的项目集中在扩张市场，如跨城市、跨区域电力市场的扩张
A3	纵向一体化战略	主要以投资自建、合建或收购、以股权形式参股或控股等形式扩张产业链，将电力产业链延伸至其上下游，如延伸到煤炭行业、矿物采选业、节能环保、钢铁、电解铝、电石等
A4	横向相关多元化战略	主要以投资自建、合建或收购、股权参股或控股等方式投资与本企业横向相关的公司或者项目，如收购其他电力公司、投资其他电力项目等

续表

编码	战略选择类型	上市公司年报中的关键字段
A5	非相关多元化战略	主要以投资自建、合建或收购、股权参股或控股等形式投资与本企业横向、纵向均不相关的企业或项目，如投资银行、保险公司、房地产公司等
B1	区域性战略	在所在的城市或者所在的区域投资生产电力产品
B2	全国性战略	在全国范围内投资生产电力产品
B3	国际性战略	与边界邻国的电力企业联合，进行对外投资生产电力产品
C1	投资新建战略	完全由本公司投资新建的项目或者子公司
C2	控股战略	以控股投资的形式投资电力项目或子公司
C3	参股战略	以参股投资的形式投资电力项目或子公司
C4	全资战略	以全额投资的形式投资电力公司或项目
C5	合资新建战略	与其他公司合资新建子公司或新项目

电力企业上市公司年报中“公司投资情况”部分关于“公司长期投资”、“募集资金投资情况”和“非募集资金投资情况”这三项没有任何项目即说明公司当年选择稳定型发展方式，即未增加长期投资、无募集资金使用项目、无非募集资金投资项目将其编码为1；如果有长期投资增加、募集资金使用项目和非募集资金投资项目，则为增长型战略，编码为2；增长型战略从三个方面来体现，因此编码的时候需要从三个角度来进行。

（1）从战略投资内容来看，电力企业集中在现有的产品或市场范围内实施的增长战略，则为密集型战略，再根据具体的产品或市场来确定属于哪一种密集型战略：如果主要集中投资电力产品，如火电、水电、风电等，则为产品密集型战略，编码为A1；如果投资的项目集中在扩张市场，如跨城市、跨区域等电力市场的扩张，则为市场密集型战略，编码为A2；如果企业在现有业务领域基础之上增加新的产品或业务，则为多元化战略，根据现有业务领域和新业务领域之间的关联程度和关联内容，把多元化战略又分为纵向一体化战略、横向相关多元化战略和非相关多元化战略。如果电力企业主要以投资自建、合建或收购、股权形式参股或控股等形式扩张产业链，将电力产业链延伸至其上下游，如延伸到煤炭行业、矿物采选业、节能环保、钢铁、电解铝、电石等，则为纵向一体化战略，编码为A3；如果电力企业主要以投资自建、合建或收购、股权参股或控股等方式投资与本企业横向相关的公司或者项目，如收购其他电力公司、投资其他电力项目等，则为横向相关多元化战略，编码为A4；如果电力企业主要以投资自建、合建或收购、股权参股或控股等形式投资与本企业横向、纵向均不相关的企业或项目，如投资银行、保险公司、房地产公司等，则为非相关多元化战略，编码为A5。

（2）从战略投资空间来看，如果电力企业只在所在的城市或者所在的区域投资生产电力产品，则为区域性战略，编码为B1；如果电力企业是在全国范围内投资生产电力产品，则为全国性战略，编码为B2；如果电力企业与边界邻国的电力企业联合，进行对外投资生产电力产品，则为国际性战略，编码为B3。

(3)从战略投资方式来看，如果是完全由本公司投资新建的项目或者子公司，则为投资新建战略，编码为C1；如果以控股投资的形式投资电力项目或子公司，则为控股战略，编码为C2；如果以参股投资的形式投资电力项目或子公司，则为参股战略，编码为C3；如果以全额投资的形式投资电力公司或子项目，则为全资战略，编码为C4；如果与其他公司合资新建子公司或新项目，则为合资新建战略，编码为C5。

6.3 中国电力行业上市公司战略选择的实证分析

6.3.1 研究方法和样本

本节选择的样本来自沪深两市的上市公司，经过筛选，最终保留有效样本共49家，并选取自2000～2012年的时间范围进行研究。本节研究的有效内容来自企业年报，使用了内容分析法和描述统计法，同时结合行业发展特征，以期对电力行业企业战略选择的变迁得出有益的结论。

6.3.2 电力上市公司战略选择的数据分析与讨论

在选取的49个有效样本中，在上交所上市的共有31家，在深交所上市的共有18家。东部地区有26家，中部地区有8家，西部地区有15家[①]。

1. 电力行业上市公司第一层次战略选择的数据分析

如表6-2和图6-2所示，时间可以分为两阶段，即2008年金融危机之前和之后。从2008年之后，选择稳定型战略的企业有所增多。2008年之前，中国GDP达到连续5年高于10%的快速增长（图6-3），在这一时期，由于国民经济的快速发展，对电力供应也提出了更高要求，即使发电装机容量不断刷新纪录，但是仍然存在电力供应不足的问题，这严重影响了企业的正常生产和人民的正常生活。在这样的经济背景下，由于国家大力扶持电力企业的发展，企业选择增长型战略扩大投资就顺理成章了。2006年，是国家“十一五”计划的开端之年，中央政府针对经济运行中的突出问题，出台了一系列宏观调控措施，避免了经济运行由偏快转向过热，同时，电源与电网长期存在比例结构不合理的现象，使电源投资的力度有所

① 以国家标准《国民经济行业分类与代码》的基本分类为依据，按经济带划分，东部地区包括辽宁、北京、天津、河北、山东、江苏、上海、浙江、福建、广东和海南11个省市；中部地区包括黑龙江、吉林、河南、安徽、湖南、湖北、江西和山西8个省份；西部地区包括新疆、宁夏、甘肃、西藏、青海、陕西、内蒙古、云南、广西、四川、重庆、贵州12个省区市。不包含港澳台地区。

下降。再者，由于电力行业本身是一个资金密集型产业，因此，其进入门槛较高，而且建设周期长，这对中小型企业来说是难以为继的，因此，只有资金实力雄厚的企业通过不断扩大生产才能维持正常运转和保持竞争力。

表 6-2　电力行业上市公司第一层次战略选择汇总（单位：家）

战略选择类型	2000 年	2001 年	2002 年	2003 年	2004 年	2005 年	2006 年	2007 年	2008 年	2009 年	2010 年	2011 年	2012 年
稳定型战略	2	4	6	4	5	3	5	3	5	14	14	15	16
增长型战略	30	31	32	37	43	45	44	46	44	35	35	34	33
合计	32	35	38	41	48	48	49	49	49	49	49	49	49

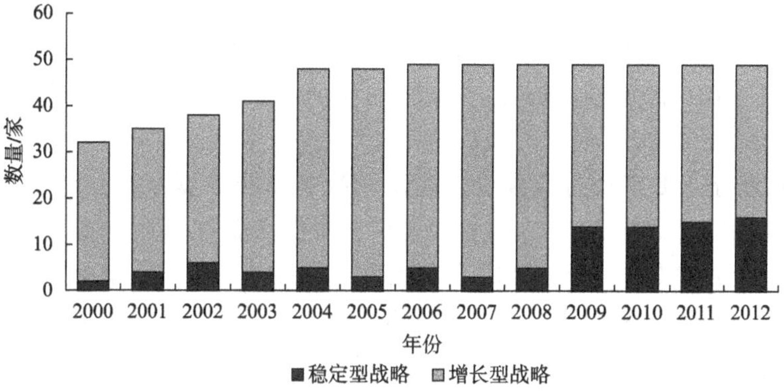

图 6-2　电力行业上市公司第一层次战略选择汇总

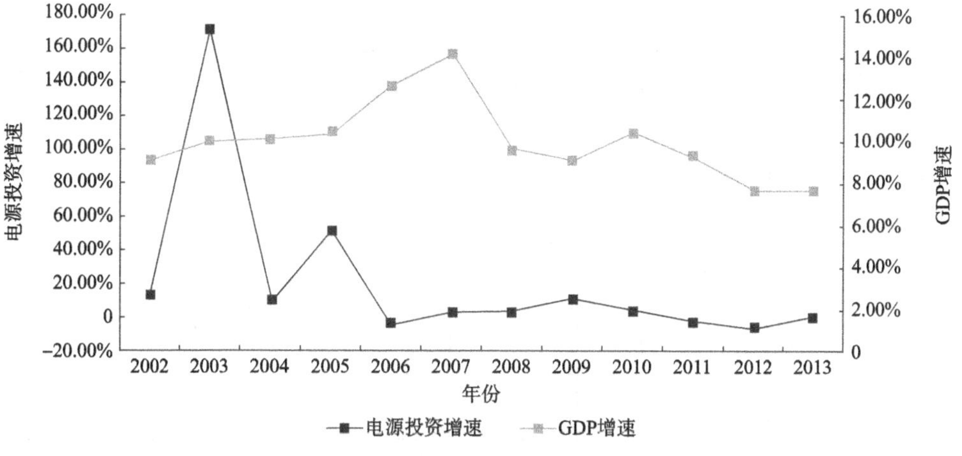

图 6-3　GDP 增速和电源投资增速

资料来源：《中国电力年鉴》

2008年之后，由于受到金融危机的波及，选择稳定型战略的企业明显增多。电源投资在2009年仍然有一个小幅上涨，源于国家推出的一揽子财政刺激计划，这极大地提振了市场信心，一大批基础设施建设纷纷投产。但是从2009年之后，电源投资增速放缓，自2011年，电源投资更是连续三年出现负增长。在这种情况下，电煤供应紧张，火电企业大面积亏损，受季节性来水、银行贷款困难等问题影响，使得部分实力有限的企业暂缓投资，而对于实力雄厚的企业来说仍然可以进行投资。因此，造成了稳定型战略增多的情况。

上述分析说明，企业选择何种战略与宏观经济和国家政策发展紧密相关，一旦宏观经济运行出现状况，则必然会使企业在选择投资时更加谨慎，尤其是实力相对较小的企业更是如此。即使如此，大多数的企业仍然会选择增长型战略，一方面，这也是企业扩大市场份额和增强实力的契机，实现市场经济中的优胜劣汰；另一方面，如果经济运行不畅，国家仍会对重点行业、重点企业进行投资，通过国家的宏观调控实现经济的平稳过渡。所以，稳定型战略只是企业在发展过程中针对实际环境做出的调整，若想企业进一步壮大，仍然需要通过不断的投资才能实现。

2. 电力行业上市公司按投资内容汇总战略选择数据分析

如表6-3和图6-4所示，大多数的企业偏好于选择横向相关多元化战略。《追求卓越》一书的两位作者彼得斯和沃得曼曾指出：就盈利来看，集中经营核心产品的企业最高，其次是采用相关多元化战略的企业，最低的是那些采用非相关多元化战略的企业。自2009年以后，产品密集型战略有所增多，虽然电源结构有所调整，火电和水电仍然占主导格局，但由于国家对于新能源发电的大力扶持，更多企业通过抓住国家政策之手发展多种电力产品。

表 6-3 电力行业上市公司战略选择按投资内容汇总（单位：家）

战略选择类型	2000 年	2001 年	2002 年	2003 年	2004 年	2005 年	2006 年	2007 年	2008 年	2009 年	2010 年	2011 年	2012 年
产品密集型战略	1	0	1	1	0	1	1	4	7	14	14	12	9
市场密集型战略	0	1	2	3	2	3	4	4	2	0	0	0	0
纵向一体化战略	2	3	2	3	4	4	7	5	5	6	3	5	7
横向相关多元化战略	23	22	21	26	33	34	32	28	26	10	14	13	13
非相关多元化战略	4	5	6	4	4	3	0	5	4	5	4	4	4
合计	30	31	32	37	43	45	44	46	44	35	35	34	33

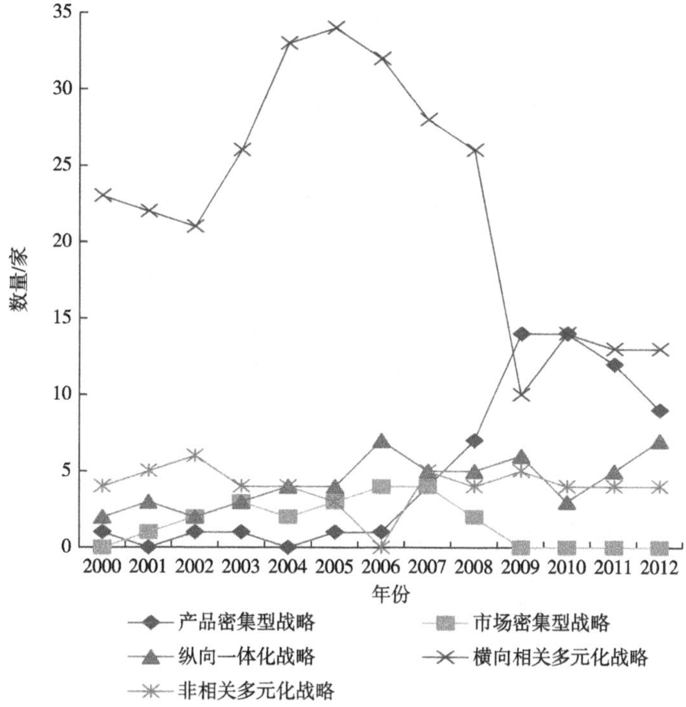

图 6-4　电力行业上市公司战略选择按投资内容汇总

受2003年、2004年两年全国大部分地区拉闸限电的影响，2005年和2006年火电装机容量增速有了大幅提高，水力发电由于受季节性来水影响变化较大。电力结构调整更多的是依靠新能源的发展，但是由于当时中国对发展核电的重要性和在能源中的战略地位认识不足，在技术政策上，对国产化政策摇摆不定，致使“十五”期间基本上丧失了发展核电的机会，连续四年没有新开工，2004年、2005年连续两年没有新增容量（周小谦，2009）。而其他新能源虽然有所提高，但整体所占比例仍然有限。国家“十二五”能源规划发展思路之一就是要大力发展新兴能源产业，加快核电建设，大力发展风能、太阳能和生物质能，发展煤炭的清洁利用产业，因此，2003年以来，火电、风电增速放缓，而其他新能源则有了迅速增加。

同时，由于电力行业的公共性，它提供的是整个国民经济的基础性产品，并且绝大多数企业的实际控制人是政府，在这种情况下，为了保证电力供应的稳定性，就需要电力企业生产的产品是围绕电力这一核心。而对于市场密集型战略来说，通过多年来的市场布局，各企业已经划定了自己的“势力范围”，要想轻易并购或者跨区域扩张并不是一件容易的事情。正所谓术业有专攻，理论上纵向一体化战略有利于企业内部资源的整合和控制，节约交易成本，但大部分企业并不具备这样的能力，反而由于供应链各环节业务性质和操作的不同，可能降低企业的灵活性，增加生产成本，并没有使企业的资源得到最大化的利用。所以，对于大多数的企业来说，市场密集型战略、纵向一体化战略和非相关多元化战略可以作为对产品密集型战略和横向相关多元化战略的补充，通过不同战略的互相配合增加企业效益。

3. 电力行业上市公司按投资空间汇总战略选择数据分析

如表6-4和图6-5所示，大部分的企业仍然是选择区域性战略，选择全国性战略的次之，选择国际性战略的则最少。选择全国性战略和国际性战略的企业主要是我们通常所说的中国五大发电集团，包括中国华能集团有限公司、中国大唐集团有限公司、中国华电集团有限公司、中国国电集团有限公司、国家电力投资集团有限公司（香港上市公司，故不在本节的研究样本之列）。这一方面是因为中国政府对电力监管严格，另一方面也是因为这五大发电集团拥有能够在全国甚至国外扩张的实力。而对于地方性的企业来说，由于受到自身实力所限及地方保护主义的制约，更多的是进行区域性的战略选择。还有个别企业是由于地理环境上的便利条件选择了国际性战略，如哈尔滨哈投投资股份有限公司2007年收购了俄罗斯四家公司的股权,这种战略选择多是由于两国毗邻并且出于邦交之谊而做出的，可以为中国拓展国际电力市场探索出不同的道路。

表 6-4 电力行业上市公司战略选择按投资空间汇总（单位：家）

战略选择类型	2000年	2001年	2002年	2003年	2004年	2005年	2006年	2007年	2008年	2009年	2010年	2011年	2012年
区域性战略	27	29	29	34	39	42	41	43	42	30	31	29	28
全国性战略	2	2	3	3	4	3	3	2	2	4	3	4	4
国际性战略	1	0	0	0	0	0	0	1	0	1	1	1	1
合计	30	31	32	37	43	45	44	46	44	35	35	34	33

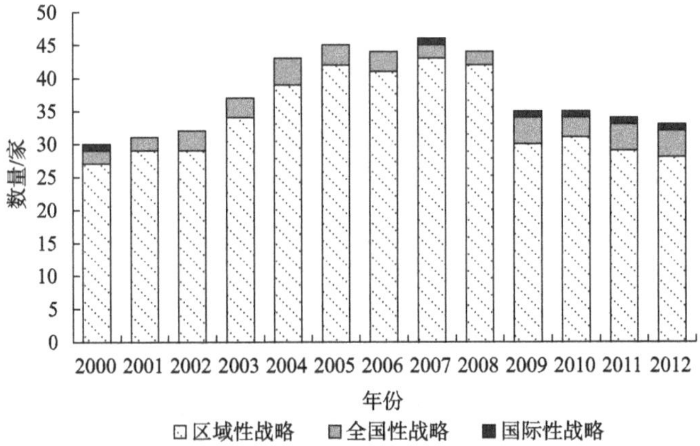

图 6-5 电力行业上市公司战略选择按投资空间汇总

4. 电力行业上市公司按投资方式汇总战略选择数据分析

如表6-5和图6-6所示，从投资方式看，各家企业选择控股战略的最多，其次是参股战略。这样的战略选择还是由电力自身的性质所决定的，因为电力是一个资金密集型的行业，从建设电源、架设电网、输变电环节等，电力企业的固定资产投入越来越大、建设周期也越长，如果仅凭某一家企业是很难完成一项电力工程的，因此，各企业会选择互相联合进行开发，这样就必然会有一个企业成为控股企业，与之相配套的是，选择参股方式的企业也会相对较多。至于选择全资的方式，要么是企业本身资金实力雄厚，完全凭自身就可以解决资金和技术的难题，要么就是工程投入较小，可以在企业承受范围之内，这样该项工程的收益就可以全部归该企业所有，也避免了多家企业参股可能引起的纠纷。其他四种方式都可以与控股战略相互配合，视工程投入资金、技术和企业的实际情况而定，最终达到共赢的目的。

表 6-5　电力行业上市公司战略选择按投资方式汇总（单位：家）

战略选择类型	2000 年	2001 年	2002 年	2003 年	2004 年	2005 年	2006 年	2007 年	2008 年	2009 年	2010 年	2011 年	2012 年
投资新建战略	2	2	3	3	8	7	5	7	3	2	6	3	6
控股战略	12	12	17	17	13	19	19	17	20	17	17	19	14
参股战略	6	8	8	8	9	8	12	13	11	12	3	5	8
全资战略	7	5	3	3	5	6	6	4	5	4	8	7	5
合资新建战略	3	4	1	6	8	5	2	5	5	0	1	0	0
合计	30	31	32	37	43	45	44	46	44	35	35	34	33

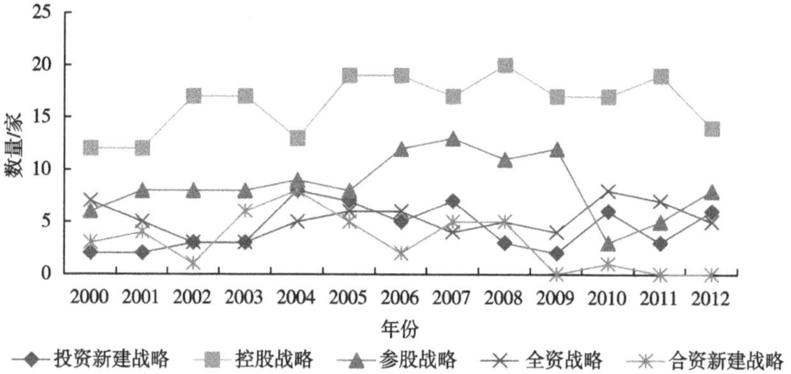

图 6-6　电力行业上市公司战略选择按投资方式汇总

6.3.3　中国电力行业企业战略选择变迁的实证研究结论

（1）通过对电力企业13年的战略选择分析来看，在经济转轨进程中，尤其是对电力行业这种关系国计民生的公用事业，企业战略很大程度上是政府意志的体现，企业在制定战略规划时，政府的宏观调控政策和扶持方向是它们考虑的最重要的一个方面。一旦政府选择扶持某一项目或某一行业，则所有的资源全部涌向该领域，而不管是否与企业的战略相匹配。就如光伏产业的“一窝蜂”发展方式，大量企业的涌入必然导致竞争加剧，行业利润率急剧下滑，最终出现企业倒闭，产能过剩的局面。因此，企业的战略选择一定不能是盲目的、毫无章法的“大跃进”。

（2）总体上看，大部分企业都会选择增长型战略，这符合企业发展的一般规律，稳定型战略只是企业在遇到发展瓶颈时所采取的一种缓冲战略。虽然经历了2008年的金融危机，但选择增长型战略的企业仍然占主流，这也可以看作企业进行自我调整的契机，对于大型企业来说，可以通过收购、合并来壮大自身实力，而对于实力稍弱的企业则应当平稳过渡以图发展。

（3）国家一直倡导发展清洁能源、绿色能源，而火电装机增速趋缓。截止到2013年底，火电设备容量占全国发电设备容量的比重为69%，从短期来看，并不能改变火力发电仍然占主导地位的格局。但是，2014～2016年，受进口煤冲击、新能源普及及市场供需矛盾影响，煤炭销量持续下降，煤炭价格一直在低位徘徊，在这种情况下，电力企业有机会通过对上游煤炭企业的并购，实现上下游协同发展。同时，在国家的《能源发展“十二五”规划》中提出“积极有序发展水电”“加快发展风能等其他可再生能源”，国家能源局组织制定了《可再生能源发展“十二五”规划》和《水电发展“十二五”规划》《风电发展“十二五”规划》《太阳能发展“十二五”规划》《生物质能发展“十二五”规划》，电力企业可以以此为契机积极实行产品密集型战略。

第 7 章　汽车行业高层管理团队与企业战略选择的匹配

高层管理团队是企业战略决策的重要参与者和制定者，他们的认知基础、价值观、资源和能力又是企业战略决策考虑的重要因素，因此，高层管理团队对企业战略决策过程及其结果即战略选择有显著影响。汽车行业是制造业的代表，本章采用离散因变量的多元选择Logit回归模型研究汽车行业高层管理团队与企业战略选择的匹配。

7.1　研究假设

7.1.1　高层管理团队平均年龄与中国汽车行业的战略选择

企业高层管理团队的年龄构成对其进行战略选择时会产生十分重要的作用。认知理论指出，高层管理团队成员的年龄越大，相应的某些认知能力和接受新事物的能力会随之下降，从而在做决策时会变得小心谨慎，相对保守（Bantel and Jackson，1989）。而且随着高层管理团队成员年龄的增长，其收集和处理信息的能力也会降低，同样会促使他们选择诸如市场开发等风险相对较低的战略。现在中国汽车行业正处于产业结构调整期，外部环境容易发生变化，平均年龄较高的高层管理团队反而显得更加重要。

相对而言，年轻的高层管理团队成员敢于创新和冒险，更容易成为风险偏好者，而且更愿意涉足从未尝试过的行业或领域。所以，他们会倾向选择多元化战略。由于汽车行业需要投入大量的资金，为了达到规模效应，降低生产成本，就必须进行扩张，而横向一体化战略能很好地满足这一要求。因此，横向一体化战略也是平均年龄较低的高层管理团队的首选战略之一。

基于此以下假设。

假设1：汽车行业高层管理团队的平均年龄越大，越倾向选择风险较小的相关多元化战略、纵向一体化战略、市场开发战略；高层管理团队平均年龄越小，越倾向选择非相关多元化战略、横向一体化战略和产品开发战略。

7.1.2　高层管理团队平均教育水平与中国汽车行业的战略选择

教育水平是衡量一个人认知水平和价值观念的重要指标，同时反映了个体对复杂信息的识别、整合能力。一般而言，学历越高的管理者越容易感知外界的变化，对不确定性的适应能力越强，同时更愿意承担风险。有学者研究认为高层管理团队成员的平均教育水平越高，获取有效信息的可能性就越大，越利于企业选择适合自身发展的战略（Tihanyi et al.，2000）。汽车行业的发展越来越多元化、个性化、国际化，这对高层管理团队的平均教育水平提出了更高的要求。也就是说，平均教育水平越高的团队，越具有创新精神，越容易选择产品开发战略、非相关多元化战略和横向一体化战略。

汽车行业高层管理团队成员平均教育水平越低，意味着团队的整体认知水平较低，对外界信息的判断能力也较低，通常不会选择冒险，而是偏好于风险较低的战略，如市场开发战略、相关多元化战略等。

基于此提出以下假设。

假设2：汽车行业高层管理团队的平均教育水平越高，越倾向选择产品开发战略、非相关多元化战略、横向一体化战略；团队平均教育水平越低，越倾向选择市场开发战略、相关多元化战略。

7.1.3　高层管理团队平均规模与中国汽车行业的战略选择

高层管理团队平均规模对企业战略选择具有很明显的影响。一般而言，规模越大的团队拥有越多的知识资源、专业技能资源及越广的社会关系和职业背景。随着汽车行业的快速发展，企业中高层管理团队成员的数量会相应增加，高层管理团队中具有丰富职业经验的成员也会越来越多，承担风险的能力也会增强。这意味着平均规模越大的高层管理团队将越愿意选择专业性更强的产品开发战略、寻求产业链上下游的横向或纵向的发展及尝试多元化的发展战略。相关研究也表明高层管理团队平均规模与多元化战略显著正相关（Smith et al.，1994；贺远琼和杨文，2010）。

高层管理团队平均规模越小，企业拥有的知识、技能资源和人力资本就越少。相应的团队筛选、整合信息的能力会大大降低，而且平均规模越小的高层管理团队中不同职业背景的成员也越少，从而很难达到集思广益的效果，降低了战略选择的方案数量和质量。因此，平均规模越小的高层管理团队越容易放慢扩张的步伐。

基于此提出以下假设。

假设3：汽车行业高层管理团队平均规模越大，越倾向选择产品开发战略、市场开发战略、纵向一体化战略；平均规模越小的高层管理团队，越倾向选择非相关多元化战略、横向一体化战略、相关多元化战略。

7.1.4　高层管理团队成员年龄异质性与中国汽车行业的战略选择

企业中高层管理团队成员越多，年龄出现差异的可能性就会越大。年龄在很大程度上代表着个体的阅历和行业经验。一般来说，年龄越大的高层管理团队成员比年龄越小的高层管理团队成员经历的事情多，从事某一行业或领域的时间越长，相应的各方面的经验也越丰富。对于竞争日益激烈的汽车行业来说，高层管理团队成员的阅历和经验至关重要。

不同年龄段高层管理团队成员的认知也会出现一定的差异。年龄差异越大，虽然越能集思广益，提出多样化的方案，但是在制定战略决策时往往不容易达成一致，容易产生冲突，从而导致决策成本上升。更重要的是可能导致团队成员之间的凝聚力下降，相互缺乏认同感，进而不愿意共同承担风险。对于汽车行业而言，年龄差异越大的高层管理团队在进行战略选择时可能越倾向多元化战略和一体化战略。

年龄差异较小的高层管理团队成员更易产生共鸣，团队成员的满意度和凝聚力相对较高，从而大大降低发生冲突的可能性，提高团队决策的质量。因此，高层管理团队成员的年龄差异越小，在制定决策时更易选择风险相对较低的市场开发战略、相关多元化战略等。

基于此提出以下假设。

假设4：汽车行业高层管理团队成员的年龄差异越大，在制定战略时越倾向选择产品开发战略、非相关多元化战略、纵向一体化战略；年龄差异越小的高层管理团队成员越倾向选择市场开发战略、相关多元化战略。

7.1.5　高层管理团队成员教育水平异质性与中国汽车行业的战略选择

个体之间教育水平的差异，直接表现为学历的不同。由于不同学历的高层管理团队成员接受的教育程度不同，他们对待同一问题的看法也会不同。相关研究证实，高层管理团队成员接受的教育水平差异越大，越容易产生冲突，对战略的制定产生的分歧也越大（Knight et al.，1999）；但也有学者认为，团队教育水平的异质性越大，能提供的信息就越加多元化，对问题的分析就越加透彻，越易制定出符合企业发展的战略（Smith et al.，1994）。改革开放以来国外汽车巨头纷纷涌入，中国汽车行业正面临着巨大考验，竞争日益加剧，机会稍纵即逝，这就要求高层管理团队必须看清形势，及时调整战略决策。因此，对于汽车行业来说高层管理团队的教育水平异质性越大，企业越容易选择像产品开发战略、多元化战略、横向一体化战略等具有较高创新性和冒险性的战略。

汽车行业高层管理团队成员的教育水平差异越小，成员之间的沟通交流越容易，对问题的看法也较为一致，在制定战略决策的过程中产生的分歧也较少，从而有利于战略的制定与实施，在选择企业战略的时候越易选择市场开发战略、相关多元化战略等相对较为容易实施的战略。

基于此提出以下假设。

假设5：汽车行业高层管理团队成员的教育水平相差越大，越易选择产品开发战略、非相关多元化战略、横向一体化战略；团队教育水平相差越小，越易选择市场开发战略、相关多元化战略。

7.1.6　高层管理团队职业背景异质性与中国汽车行业的战略选择

Hambrick和Mason（1984）研究认为企业中的高层管理团队成员在不同的行业、企业或在同一企业的不同职能部门任职的经历会影响高层管理团队的知识结构和工作的取向。不同职业背景的高层管理团队成员在进行企业战略选择时会偏向于根据自身的经验做决定，即战略选择的侧重点不同，如高层管理团队中具有金融财务背景的成员越多，越易采取多元化战略；具有生产经营管理背景成员越多的企业，则越愿意选择新产品开发战略。

在汽车行业中高层管理团队的职业背景差异很大，说明高层管理团队成员不仅具有从事汽车行业的经验，而且拥有其他行业的管理经验。这样企业可以利用的知识资源和社会资源就越多，对外界的不确定性有越强的承受力，越易抓住机会，在战略选择上越愿意采取多元化战略或是横向一体化战略。相对的，如果高层管理团队的职业背景差异较小，更多的管理者只是从事单一的汽车行业的相关工作，缺乏新知识，从而更易选择市场开发战略、相关多元化战略。

基于此提出以下假设。

假设6：汽车行业高层管理团队的职业背景差异越大，越易选择非相关多元化战略、横向一体化战略、纵向一体化战略；高层管理团队职业背景差异越小，则更倾向选择市场开发战略、相关多元化战略。

7.2　研究设计

7.2.1　样本选择与数据来源

1. 样本选择

国内外已有的相关研究，大多数选择的样本是制造业企业，可能是基于数据的可得性和可信性。本节研究依据《上市公司行业分类标准》选取的样本是在上交所和深交所挂牌交易的汽车行业A股上市公司，有效时间范围是1999～2012年。

经初步筛选，去掉“带星”“带帽”的公司，如ST黄海（600579）、S*ST恒力（000622）、S佳通（600182）等，总共91家，其中上交所39家，深交所52家。通过翻阅年报，进一步剔除年报不全、主营业务不明显或汽车业务收入占总收入的比重低于50%的公司及中小板上市公司。具体如下：第一，2010年前后才涉足汽车行业的公司，如比亚迪（002594）、嘉禾股份（600093）等；第二，一直从事汽车行业但上市较晚的公司，如2004年上市的广汽长丰（600991）、2011年上市的长城汽车（601633）等；第三，主营业务中汽车行业所占比重小于50%的公司，如凌云股份（600480）；第四，中小板上市公司，如成飞集成（002190）、中航精机（002013）、亚夏汽车（002607）等；第五，CEO频繁更换的公司，如松辽汽车（600715）等。

经整理，最终选定的汽车产业上市公司总数为48家（具体见附录）：其中上交所26家，深交所22家；整车企业21家，零部件企业21家，汽车销售及服务6家。选取每家公司连续4届（上市公司董事会每3年换届1次）的高层管理团队作为样本，有效样本总数为48×4=192个。

2. 数据来源

本节研究的数据主要来自RESSET金融研究数据库和汽车行业上市公司披露的年报。其中，高层管理团队成员的人口统计学特征信息来源于RESSET金融研究数据库中“现任、往届高层管理团队人员情况表”，其他缺失的信息参考公司年报予以补充，如果公司年报信息不全，则参考新浪财经或巨潮资讯上面的信息；公司每届的战略选择主要是根据年报中的关键信息确定的。

7.2.2　自变量

在已有研究的基础上，本节选取研究结果比较稳定的年龄、规模、教育水平、职业背景等4个人口统计学特征作为自变量。由于样本中高层管理团队成员的男女比例差别很大（男：女=10：1，其中男性2156人，女性210人），且有的企业高层管理团队人员流动性较大，故本节研究不将性别和任期考虑在内。选取的高层管理团队人口统计学特征为平均年龄、平均规模和平均教育水平；高层管理团队异质性为年龄异质性、教育水平异质性及职业背景异质性。根据RESSET金融研究数据库中提供的高层管理团队资料显示，企业高层管理团队成员主要包括董事长（或董事局主席）、董事、总经理、财务负责人、董事会秘书及独立董事等。

1. 年龄

高层管理团队成员的平均年龄，用“Age A”表示。测量的方法如下：根据年报中“现任董事、监事和高级管理人员情况表”，求出除监事以外的其他高层管理者年龄的平均数，然后将求出的每届连续3年的年龄平均数再求平均，即这届高层管理者的平均年龄。用公式表示为

$$\text{Age } A = \frac{1}{3}\sum_{i=1}^{3}\frac{1}{n}\sum_{i=1}^{n}X_i$$

其中，X_i表示第i位高层管理团队成员的年龄，i=1,2,⋯,n，n表示高层管理团队成员的总数。同时，本节研究将平均年龄分为四大类（表7-1）。其中，20～30（包括）岁，编码为1；30～40（包括）岁，编码为2；40～50（包括）岁，编码为3；50岁以上，编码为4。

表 7-1 自变量的编码

编码	平均年龄	教育水平	职业背景
1	$20<X\leqslant 30$	中专及以下	生产经营
2	$30<X\leqslant 40$	大专	行政管理
3	$40<X\leqslant 50$	本科	财务
4	$X>50$	硕士	政府职员
5		博士及以上	教学科研
6			其他

高层管理团队成员的年龄异质性，用“Age H”表示。测量的方法是，参考国际通用的标准差系数法，即用每年高层管理团队成员年龄的标准差除以平均值，再求每届三年的算术平均数。Age H值越大，表示团队成员的年龄差异越大；反之，则越小，用公式表示为

$$\text{Age } H = \frac{1}{3}\sum_{i=1}^{3}\frac{\sigma}{\overline{X}}$$

其中，σ表示每年高层管理团队成员年龄的标准差，$\overline{X}$表示每年高层管理团队成员年龄的平均值。

2. 教育水平

高层管理团队成员的平均教育水平，用“Edu. A”表示。其测量方法和测量年龄类似，即先求出每年的平均数，再求每届三年的平均数。用公式表示为

$$\text{Edu. } A = \frac{1}{3}\sum_{i=1}^{3}\frac{1}{n}\sum_{i=1}^{n}X_i$$

其中，X_i表示第i个高层管理团队成员的教育水平，i=1,2,⋯,n，n表示高层管理团队成员的总数。

高层管理团队成员教育水平异质性，用“Edu. *H*”表示，其测量的方法采用学术界公认的Herfindahl-Hirschman系数法，用公式表示为

$$\text{Edu.}\ H = 1 - \sum_{i=1}^{n} P_i^2$$

其中，P_i表示高层管理团队中第i类成员所占的比重；$i = 1,2,\cdots,n$，n表示具体的种类总数。Edu. H（0< Edu. H<1）值越大，说明高层管理团队成员的教育水平异质性越大；反之，则越小。

同时，本节研究将教育水平分为5个等级（表7-1），分别如下：中专及以下，赋值为1；大专，赋值为2；本科，赋值为3；硕士，赋值为4；博士及以上，赋值为5。

3. 规模

高层管理团队的规模，用“Size”表示。衡量的方法为取每届三年高层管理团队成员数量的算术平均数即可。用公式表示为

$$\text{Size} = \frac{1}{3}\sum_{i=1}^{3} X_i$$

其中，X_i表示每年高层管理团队成员的总数，i=1，2，3。

4. 职业背景

高层管理团队成员的职业背景异质性，用“Ori. *H*”表示。测量的方法同样是采用通用的Herfindahl-Hirschman系数法。用公式表示为

$$\text{Ori.}\ H = 1 - \sum_{i=1}^{n} P_i^2$$

其中，P_i表示高层管理团队中第i类成员所占的比重，i=1,2,$\cdots$,n，n表示种类总数。Ori. H（0< Ori. H<1）值越大，说明高层管理团队成员的职业背景差异程度越大；反之，则越小。

同时，根据年报和RESSET金融研究数据库中对高层管理团队成员职业经历的描述，将高层管理团队成员职业生涯中从事时间最长的职业作为其职业背景。本节研究中，将其分为六大类（表7-1）：生产经营，即主要从事企业生产、销售等工作，赋值为1；行政管理，是指主要从事人事管理及担任党政或工会类职务，赋值为2；财务，是指从事企业财务会计、税务等工作或是担任财会类职务，赋值为3；政府职员，是指在政府部门任职，赋值为4；教学科研，是指从事教学、科研等工作，或是在其他科研机构任职，赋值为5；其他，赋值为6。

综上所述，对自变量的定义归纳如表7-2所示。

表 7-2　自变量的定义

名称	符号	测量
规模	Size	$\frac{1}{3}\sum_{i=1}^{3}\frac{1}{n}\sum_{i=1}^{n}X_i$
平均年龄	Age *A*	
平均教育水平	Edu. *A*	
年龄异质性	Age *H*	$\frac{1}{3}\sum_{i=1}^{3}\frac{\sigma}{\overline{X}}$
教育水平异质性	Edu. *H*	$1-\sum_{i=1}^{n}P_i^2$
职业背景异质性	Ori. *H*	

7.2.3　因变量

本章研究的因变量是中国汽车行业上市公司的战略选择类型，其编码结果如表3-1所示。

7.2.4　控制变量

现有的相关研究，主要将企业规模、经营状况、企业经营时间等作为控制变量（陈传明和孙俊华，2008）。因此，本节研究选择的控制变量是企业规模。企业规模的大小直接影响企业的战略选择：一般而言，企业规模越大，高层管理者越倾向增加投资，进行战略决策时也更加多元化。同时，企业战略决策的结果也会反过来影响企业的规模。

企业规模的大小可以用企业的总资产来衡量。因此，本节研究选取上市公司每届三年的平均总资产的自然对数作为控制变量，用“Ln *A*”表示。

7.2.5　模型设计

本节研究的因变量是六种互不相关的战略类型，属于多分类、非数值型变量，且因变量的选择具有互斥性，即汽车企业只能选择其中一种战略。因此，本节选择多元选择Logit回归模型来检验中国汽车行业高层管理团队人口统计学特征与相关战略选择的匹配关系。

模型设定如下：

$$\lg P_1/P_6=\alpha_1+\beta_{11}\chi_{1i}+\beta_{12}\chi_{2i}+\cdots+\beta_{17}\chi_{7i}+\beta_{18}\chi_{8i}+\varepsilon_1 \quad (7\text{-}1)$$

$$\lg P_2/P_6=\alpha_2+\beta_{21}\chi_{1i}+\beta_{22}\chi_{2i}+\cdots+\beta_{27}\chi_{7i}+\beta_{28}\chi_{8i}+\varepsilon_2 \quad (7\text{-}2)$$

$$\lg P_3/P_6=\alpha_3+\beta_{31}\chi_{1i}+\beta_{32}\chi_{2i}+\cdots+\beta_{37}\chi_{7i}+\beta_{38}\chi_{8i}+\varepsilon_3 \quad (7\text{-}3)$$

$$\lg P_4/P_6=\alpha_4+\beta_{41}\chi_{1i}+\beta_{42}\chi_{2i}+\cdots+\beta_{47}\chi_{7i}+\beta_{48}\chi_{8i}+\varepsilon_4 \quad (7\text{-}4)$$

$$\lg P_5/P_6=\alpha_5+\beta_{51}\chi_{1i}+\beta_{52}\chi_{2i}+\cdots+\beta_{57}\chi_{7i}+\beta_{58}\chi_{8i}+\varepsilon_5 \quad (7\text{-}5)$$

$$\lg P_1/P_2=\lg P_1/P_6-\lg P_2/P_6 \quad (7\text{-}6)$$

$$\cdots$$

$$\lg P_1 / P_n = \lg P_1 / P_n - \lg P_{n-1} / P_n \quad (7\text{-}7)$$

其余两两对比模型按此类推。

其中，P_i表示每种战略类型，i=1,2,⋯,6；x_{1i}、x_{2i}、⋯、x_{7i}分别表示第i位样本公司高层管理团队成员各人口统计学特征变量；x_{8i}表示控制变量；ε_i表示随机扰动项。

7.3　实证研究结果

本节通过建立多元选择Logit回归模型，利用SPSS 17.0统计分析软件检验中国汽车行业高层管理团队特征与企业战略选择之间的相关关系。

7.3.1　汽车行业企业高层管理团队特征的描述性统计结果

首先从高层管理团队规模、高层管理团队年龄、高层管理团队教育水平和高层管理团队职业背景四个角度分析中国汽车行业上市公司四届高层管理团队特征的变迁。

1. 高层管理团队规模

中国汽车行业上市公司四届高层管理团队规模的数据如图7-1所示。从图中可以看出高层管理团队的规模呈现先增后降然后又逐渐上升的趋势。其中，最小值为第一届的11.9人，最大值为第二届和第四届的13.2人。出现波动可能是因为受到金融危机的影响，企业为了更加灵活地适应外界环境的变化，缩小了管理层的规模。总的来看，高层管理团队成员的总数大致维持在12～13人。

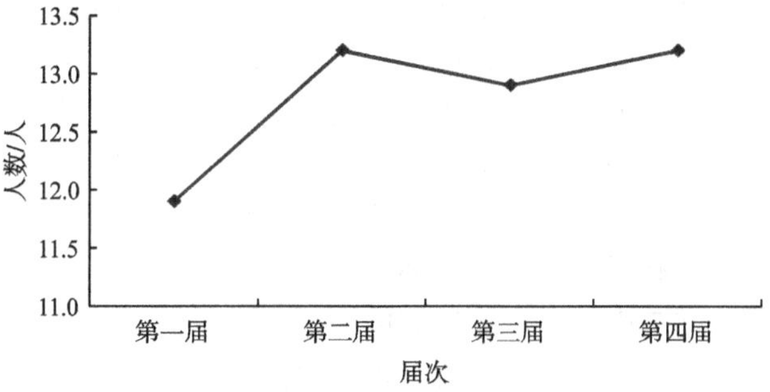

图 7-1　高层管理团队规模的汇总折线图

2. 高层管理团队年龄

从每届高层管理团队年龄的分布来看（图7-2），低于40岁的成员所占的比重呈逐届降低的趋势：其中，20<X≤30这个年龄段从第一届的2.64%降至第四届的

0.16%，30<X≤40这个年龄段从28.70%下降到14.33%，下降幅度高达14.37个百分点；而40<X≤50所占的比重呈现逐渐上升的趋势，从30.28%上升到47.56%，上升幅度为17.28个百分点；X>50所占比重呈现相对稳定的趋势，维持在38.5%左右。从平均年龄来看，高层管理团队的平均年龄在45～50岁，且呈明显上升的趋势。其中，最小值为第一届的46.8岁，最大值为第四届的49.2岁。同时，可以看出高层管理团队的年龄异质性逐渐降低（从0.182到0.161），说明团队中成员的年龄差异越来越小。总体来讲，中国汽车行业上市公司高层管理团队的年龄呈现上升趋势，且主要集中在40岁以上，可能是这个年龄段的管理者比较稳重，且具有更加丰富的职业经验。

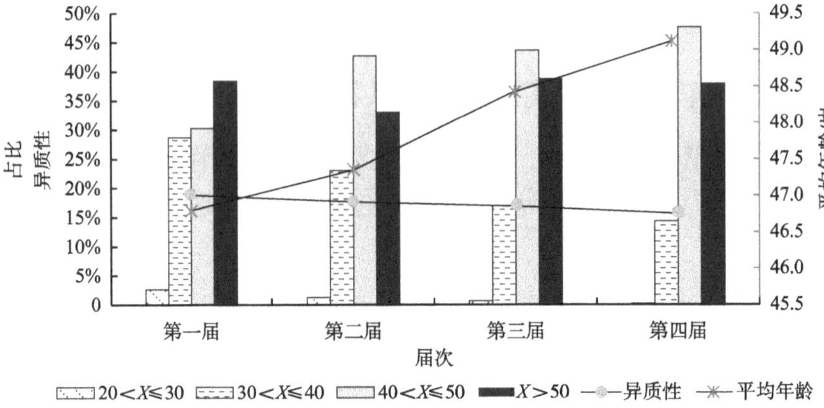

图 7-2　高层管理团队年龄的汇总条形-折线图

3. 高层管理团队教育水平

从图7-3中可以看出，中国汽车行业上市公司高层管理团队的教育水平普遍较高，平均值在3～4，且呈现逐届上升的趋势。最大值是第四届的3.6，最小值是第一届的3。从每届高层管理团队教育水平的分布来看，除第一届以大专和本科为主外，其他三届均以本科和硕士为主。其中，大专和中专及以下学历所占的比例越来越低，从第一届的28.52%，下降到第四届的11.18%，下降幅度为17.34个百分点；本科学历所占比例略有下降，但一直都是主力军；硕士和博士及以上的比例越来越高，从第一届的28.70%上升到第四届的54.02%，上升幅度高达25.32个百分点。可见，汽车行业对高层管理者的学历有较高的要求。同时，教育水平异质性下降（从0.272下降到0.242，降幅较小），说明团队中管理者的教育水平差异程度有所降低。

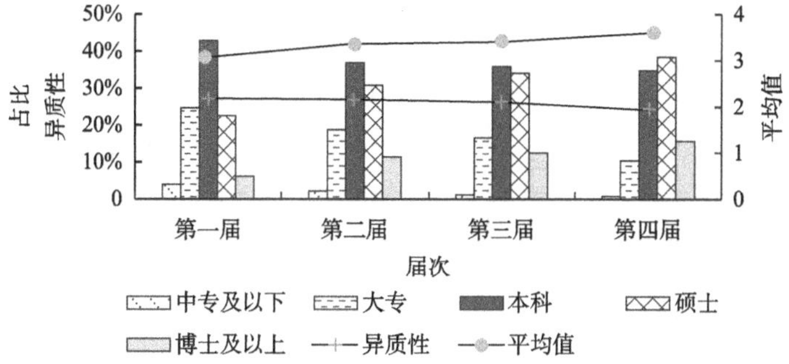

图 7-3　高层管理团队教育水平的汇总条形-折线图

4. 高层管理团队职业背景

如图7-4所示，中国汽车行业上市公司四届高层管理团队的职业背景呈现多样化的趋势。其中，从事生产经营的高层管理团队成员占据了半壁江山，其次是行政管理、财务、政府职员及教学科研。相对而言，行政管理类成员比例略有下降，从第一届的19.54%，下降到第四届的15.75%；财务和政府职员类成员所占比例相对比较稳定，变化不大；教学科研类成员的比重稳中有升，从6.16%上升到12.60%。根据异质性看，高层管理团队的职业背景差异程度越来越大，说明中国汽车行业高层管理团队中具有不同工作经历和行业经验的管理者越来越多，但同时应该看到上升的幅度并不是很大（从0.573上升到0.648，升幅较小）。

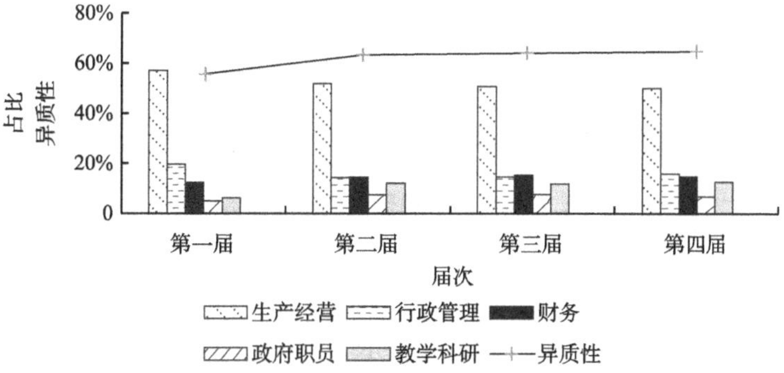

图 7-4　高层管理团队职业背景的汇总条形-折线图

图中职业背景为“其他”的占比异质性为 0，故图中未显示

7.3.2　汽车行业企业高层管理团队成员战略选择的描述性统计

本节将四届汽车行业企业高层管理团队成员战略选择分别进行描述性统计，最后再将四届汽车行业企业高层管理团队成员战略选择数据做成面板数据，进行面板数据的描述性统计。

表7-3是第一届高层管理团队做出战略选择的数据统计。

表 7-3　第一届高层管理团队战略选择类型的分布

编码	战略选择类型	数量/个	占比
1	产品开发战略	29	60.42%
2	市场开发战略	2	4.17%
3	相关多元化战略	2	4.17%
4	非相关多元化战略	7	14.58%
5	横向一体化战略	7	14.58%
6	纵向一体化战略	1	2.08%
总计		48	100%

表7-4是第二届高层管理团队做出战略选择的数据统计。

表 7-4　第二届高层管理团队战略选择类型的分布

编码	战略选择类型	数量/个	占比
1	产品开发战略	19	39.58%
2	市场开发战略	6	12.50%
3	相关多元化战略	1	2.08%
4	非相关多元化战略	5	10.42%
5	横向一体化战略	15	31.25%
6	纵向一体化战略	2	4.17%
总计		48	100%

表7-5是第三届高层管理团队做出战略选择的数据统计。

表 7-5　第三届高层管理团队战略选择类型的分布

编码	战略选择类型	数量/个	占比
1	产品开发战略	16	33.33%
2	市场开发战略	7	14.58%
3	相关多元化战略	7	14.58%
4	非相关多元化战略	7	14.58%
5	横向一体化战略	10	20.83%
6	纵向一体化战略	1	2.08%
总计		48	100%

注：本表数据未经修约，可能存在合计不等于100%的情况

表7-6是第四届高层管理团队做出战略选择的数据统计。

表 7-6　第四届高层管理团队战略选择类型的分布

编码	战略选择类型	数量/个	占比
1	产品开发战略	21	43.75%
2	市场开发战略	5	10.42%
3	相关多元化战略	4	8.33%
4	非相关多元化战略	3	6.25%
5	横向一体化战略	14	29.17%
6	纵向一体化战略	1	2.08%
总计		48	100%

表7-7是四届高层管理团队战略选择的数据统计。

表 7-7　战略选择类型的分布

编码	战略选择类型	数量/个	占比
1	产品开发战略	85	44.27%
2	市场开发战略	20	10.42%
3	相关多元化战略	14	7.29%
4	非相关多元化战略	22	11.46%
5	横向一体化战略	46	23.96%
6	纵向一体化战略	5	2.60%
总计		192	100%

7.3.3　多元选择 Logit 回归结果

1. 第一届高层管理团队特征与战略选择匹配的回归结果

表7-8是第一届高层管理团队特征与战略选择的多元选择Logit回归结果。从表中可以看出，除高层管理团队平均教育水平与战略选择的相关关系没有通过显著性检验外，其他的都通过了显著性检验。高层管理团队平均年龄对战略选择的回归结果中有两个方程通过了显著性检验，分别是非相关多元化战略和产品开发战略的比较（相关系数为−1.245，$p<10\%$）、横向一体化战略和非相关多元化战略的比较（相关系数为1.023，$p<15\%$）。这说明高层管理团队成员的平均年龄越大，越倾向选择产品开发战略、横向一体化战略。如果不考虑显著性，平均年龄的战略选择按市场开发战略、产品开发战略、横向一体化战略、非相关多元化战略、纵向一体化战略和非相关多元化战略的顺序排列，即高层管理团队成员平均年龄越大，越倾向选择市场开发战略、产品开发战略、横向一体化战略；反之，平均年龄越小，越倾向选择非相关多元化战略、纵向一体化战

略和相关多元化战略。

表 7-8 第一届高层管理团队特征与战略选择的多元选择 Logit 回归结果

因变量	常数	Age *A*	Size	Edu. *A*	Age *H*	Edu. *H*	Ori. *H*	Ori. H^2	Ln *A*
lg（P_6/P_1）	−304.297	−2.489	−3.501	−122.793	−859.720	435.620	1206.287	−1325.078	17.891
lg（P_5/P_1）	−40.085*	−0.222	−1.690	2.513	−32.911	−14.700	−160.431	161.330	5.178*
lg（P_4/P_1）	−1391.302	−1.245**	−3.768**	−2.025	−274.631**	45.246*	4100.991	−2768.336	0.696
lg（P_3/P_1）	−193.575	−6.485	−4.077	−89.618	−760.406	125.586	−436.898	413.604	43.707
lg（P_2/P_1）	547.414	5.951	−10.691	−0.596	−1199.433	124.341	−1456.312	1604.454	−18.251
lg（P_6/P_2）	−663.229	−6.315	6.462	−91.907	320.363	214.137	2040.597	−2266.042	27.749
lg（P_5/P_2）	−469.252	−4.582	7.492	4.974	944.349	−126.924	945.264	−1085.430	19.030
lg（P_4/P_2）	−1820.475	−5.605	5.413	0.435	702.628	−66.978	5206.702**	−4015.107**	14.548****
lg（P_3/P_2）	−554.872	−9.184	5.503	−58.808	392.063	−0.675	710.076	−870.886	45.607
lg（P_6/P_3）	−108.357	2.869	0.958	−33.100	−71.700	214.812	1330.521	−1395.157	−17.858
lg（P_5/P_3）	85.620	4.601	1.988	63.781	552.286	−126.249	235.188	−214.544	−26.577
lg（P_4/P_3）	−1265.603	3.578	−0.090	59.243	310.565	−66.303	4496.626	−3144.221	−31.059****
lg（P_6/P_4）	1087.005	−1.244	0.268	−120.768	−585.089	390.374	−2894.704	1443.257	17.196
lg（P_5/P_4）	1351.218	1.023*	2.078	4.538	241.720*	−59.946***	−4261.422	2929.666	4.482
lg（P_6/P_5）	−264.213	−2.267	−1.810	−125.306	−826.809	450.320	1366.718	−1486.409	12.714

*、**、***、****分别表示 15%、10%、5%、1%水平下显著

高层管理团队规模与战略选择的相关关系有一对通过了显著性检验，即非相关多元化战略和产品开发战略的比较（相关系数为−3.768，$p<10\%$），说明高层管理团队规模越大，越倾向选择产品开发战略。在不考虑显著性的情况下，高层管理团队规模的战略选择按产品开发战略、横向一体化战略、纵向一体化战略、相关多元化战略、非相关多元化战略和市场开发战略的顺序排列，则高层管理团队规模越大，越趋向选择产品开发战略、横向一体化战略和纵向一体化战略；相反，高层管理团队规模越小，越趋向于选择市场开发战略、非相关多元化战略和相关多元化战略。

高层管理团队年龄异质性与战略选择的相关性关系有两对通过了检验，分别是非相关多元化战略和产品开发战略的比较（相关系数为−274.631，$p<10\%$）、横向一体化战略和非相关多元化战略的比较（相关系数为241.720，$p<15\%$）。通过比较发现，高层管理团队年龄异质性越大，越趋向于选择产品开发战略和横向一体化战略。同样，如果在不考虑显著性的情况下，年龄异质性的战略选择按产品开发战略、横向一体化战略、非相关多元化战略、相关多元化战略、纵向一体化战略和市场开发战略的顺序排列，高层管理团队成员年龄异质性越大，则越容易选择产品开发战略、横向一体化战略和非相关多元化战略；反之，则越倾向选

择市场开发战略、纵向一体化战略和相关多元化战略。

高层管理团队教育水平异质性与战略选择的相关性有两对通过了显著性检验，即非相关多元化战略和产品开发战略的比较（相关系数为45.246，$p<15\%$）和横向一体化战略和非相关多元化战略的比较（相关系数为-59.946，$p<5\%$）。根据方程的显著性水平和相关系数的符号可知，高层管理团队教育水平异质性越大，越倾向选择非相关多元化战略。但如果不考虑显著性，经两两对比发现，教育水平异质性越大的高层管理团队越趋向于按纵向一体化战略、市场开发战略、相关多元化战略、非相关多元化战略、产品开发战略和横向一体化战略的顺序选择；反之，则按相反的方向选择。

高层管理团队职业背景异质性与战略选择的相关性（一次项）有一对通过了显著性检验。通过非相关多元化战略和市场开发战略的比较（相关系数为5206.702，$p<10\%$）发现，职业背景异质性越大的高层管理团队，越容易选择非相关多元化战略。同样，高层管理团队职业背景异质性的二次项（Ori. H^2）也有一对通过了显著性检验，显著性系数为-4015.107（$p<10\%$）。通过比较发现，职业背景异质性一次项和二次项的相关系数符号相反，且同时显著；然而，只将职业背景异质性一次项放入模型回归时，其结果并不显著。这说明高层管理团队职业背景异质性与企业战略选择之间并不是一般的线性关系，两者呈"∩"形关系。也就是说，若不考虑显著性，职业背景异质性的战略选择按非相关多元化战略、纵向一体化战略、产品开发战略、横向一体化战略、相关多元化战略和市场开发战略的顺序排列，则在一定范围内高层管理团队职业背景异质性越大，趋向于选择非相关多元化战略、纵向一体化战略和产品开发战略；相反，则倾向选择市场开发战略、相关多元化战略和横向一体化战略。

2. 第二届高层管理团队特征与战略选择匹配的回归结果

表7-9显示了第二届高层管理团队特征与战略选择的回归结果。从表中可以看出，高层管理团队的平均年龄、年龄异质性、教育水平异质性和职业背景异质性（包括一次项和二次项）与战略选择的相关关系并没有通过显著性检验。高层管理团队规模有一对通过了显著性检验，即横向一体化战略和产品开发战略的比较（相关系数为-0.238，$p<15\%$），说明高层管理团队规模越大，越容易选择产品开发战略。若不考虑显著性，通过两两比较，规模越大的高层管理团队越倾向按相关多元化战略、非相关多元化战略、产品开发战略、横向一体化战略、市场开发战略和纵向一体化战略选择，而规模越小的高层管理团队则越倾向按相反的顺序选择。

表 7-9 第二届高层管理团队特征与战略选择的 Logit 回归结果

因变量	常数	Age *A*	Size	Edu. *A*	Age *H*	Edu. *H*	Ori. *H*	Ori. H^2	Ln *A*
lg（P_6/P_1）	−58.918	1.749	−1.457	13.190	168.580	−43.571	91.878	−47.537	−4.801
lg（P_5/P_1）	−18.254	0.039	−0.238*	2.865***	10.658	2.221	26.020	−21.906	−0.045
lg（P_4/P_1）	40.694	−0.262	0.050	1.337	13.422	−2.733	−61.298	45.769	−0.730
lg（P_3/P_1）	−23.966	−3.277	6.383	8.417	301.999	−108.544	1368.757	−1197.971	−16.105
lg（P_2/P_1）	1.404	−0.029	−0.311	3.750**	−8.913	6.581	−42.554	22.825	0.230
lg（P_6/P_2）	−60.323	1.777	−1.146	9.441	177.493	−50.152	134.432	−70.362	−5.031
lg（P_5/P_2）	−19.659	0.068	0.073	−0.884	19.571	−4.360	68.574	−44.731	−0.276
lg（P_4/P_2）	39.290*	−0.233	0.361	−2.413	22.335	−9.314	−18.744	22.944	−0.960
lg（P_3/P_2）	−25.371	−3.248	6.694	4.667	310.912	−115.126	1411.311	−1220.796	−16.336
lg（P_6/P_3）	−29.668	3.636	−5.218	7.392	−14.228	19.965	−757.515	695.766	4.818
lg（P_5/P_3）	10.995	1.926	−3.999	−2.933	−172.150	65.758	−823.373	721.397	9.573
lg（P_4/P_3）	69.944	1.625	−3.711	−4.461	−169.386	60.804	−910.691	789.072	8.889
lg（P_6/P_4）	−99.612	2.011	−1.507	11.854	155.157	−40.838	153.176	−93.306	−4.071
lg（P_5/P_4）	−58.949**	0.301	−0.288	1.529	−2.764	4.954	87.318	−67.675	0.684
lg（P_6/P_5）	−40.664	1.710	−1.219	10.325	157.921	−45.792	65.858	−25.631	−4.756

*、**、***分别表示 15%、10%、5%水平下显著

高层管理团队平均教育水平与战略选择的相关关系有两对通过了显著性检验，分别是横向一体化战略和产品开发战略的比较（相关系数为2.865，p<5%）、市场开发战略和产品开发战略的比较（相关系数为3.750，p<10%）。从相关系数符号看，符号为正，说明平均教育水平越高的高层管理团队越倾向选择前者，即横向一体化战略和市场开发战略；从相关性看，则更愿意选择横向一体化战略。在不考虑显著性的情况下，平均教育水平的战略选择按纵向一体化战略、相关多元化战略、市场开发战略、横向一体化战略、非相关多元化战略和产品开发战略的顺序排列，则平均教育水平越高的高层管理团队越倾向选择纵向一体化战略、相关多元化战略和市场开发战略；反之，则倾向选择产品开发战略、非相关多元化战略和横向一体化战略。

3. 第三届高层管理团队特征与战略选择匹配的回归结果

表7-10显示的是第三届高层管理团队特征与战略选择的回归结果。可以看出，高层管理团队平均年龄、年龄异质性和教育水平异质性没能通过显著性检验。高层管理团队规模与战略选择的相关性有三对通过了检验，分别是市场开发战略和产品开发战略的比较（相关系数为0.537，p<10%）、横向一体化战略和市场开发战略的比较（相关系数为−0.736，p<5%）、相关多元化战略和市场开发战略的比较（相关系数为−0.527，p<15%）。根据相关系数符号可知，平均规模越大的高层管理团队越愿意选择市场开发战略。在不考虑显著性的情况下，规模的战略选

择按市场开发战略、相关多元化战略、产品开发战略、纵向一体化战略、横向一体化战略和非相关多元化战略的顺序排列，则规模越大的高层管理团队，更倾向选择市场开发战略、相关多元化战略和产品开发战略；反之，规模越小的高层管理团队则更愿意选择非相关多元化战略、横向一体化战略和纵向一体化战略。

表 7-10　第三届高层管理团队特征与战略选择的 Logit 回归结果

因变量	常数	Age *A*	Size	Edu. *A*	Age *H*	Edu. *H*	Ori. *H*	Ori. H^2	Ln *A*
lg（P_6/P_1）	−671.732	0.537	−0.113	−6.869	73.434	8.987	671.982	−554.467	19.109
lg（P_5/P_1）	−33.373	−0.184	−0.199	−0.364	0.579	1.477	131.708	−109.204	0.248
lg（P_4/P_1）	4744.792	−30.938	−36.500	67.001	−513.605	291.150	−8362.578	6484.759	−27.273
lg（P_3/P_1）	70.862	0.061	0.010	3.218*	−5.564	−5.688	−264.887*	197.667*	0.257
lg（P_2/P_1）	63.456	0.196	0.537**	4.356**	1.544	−0.891	−202.708	148.478	−1.290*
lg（P_6/P_2）	−735.189	0.342	−0.650	−11.225	71.891	9.878	874.691	−702.945	20.398
lg（P_5/P_2）	−96.829	−0.380	−0.736***	−4.720**	−0.964	2.367	334.416*	−257.682*	1.538*
lg（P_4/P_2）	4681.336	−31.134	−37.037	62.645	−515.149	292.041	−8159.870	6336.281	−25.983
lg（P_3/P_2）	7.405	−0.135	−0.527*	−1.138	−7.108	−4.797	−62.179	49.189	1.546*
lg（P_6/P_3）	−742.594	0.476	−0.123	−10.087	78.998	14.675	936.869	−752.134	18.852
lg（P_5/P_3）	−104.235	−0.245	−0.209	−3.582*	6.143	7.164	396.595**	−306.871**	−0.009
lg（P_4/P_3）	4673.931	−30.999	−36.509	63.783	−508.041	296.837	−8097.691	6287.092	−27.529
lg（P_6/P_4）	−3518.225	20.175	23.368	−46.993	376.562	−182.943	5827.881	−4544.025	31.230
lg（P_5/P_4）	−3098.771	19.648	23.290	−42.479	333.753	−186.431	5545.772***	−4309.789***	17.891
lg（P_6/P_5）	−638.359	0.721	0.085	−6.505	72.855	7.510	540.275	−445.263	18.861

*、**、***分别表示 15%、10%、5%水平下显著

高层管理团队平均教育水平与战略选择的相关性有四对通过了检验，分别为相关多元化战略和产品开发战略的比较（相关系数为3.218，$p<15\%$）、市场开发战略和产品开发战略的比较（相关系数为4.356.，$p<10\%$）、横向一体化战略和市场开发战略的比较（相关系数为−4.720，$p<10\%$）及横向一体化战略和相关多元化战略的比较（相关系数为−3.582，$p<15\%$）。根据相关系数可以判定，高层管理团队平均教育水平越高，则越倾向选择市场开发战略和相关多元化战略。相应的，在不考虑显著性的情况下，通过两两比较发现，平均教育水平越高的高层管理团队更趋向于按非相关多元化战略、市场开发战略、相关多元化战略、产品开发战略、横向一体化战略和纵向一体化战略的顺序选择；反之，平均教育水平越低的高层管理团队则按相反的顺序选择。

高层管理团队职业背景异质性与战略选择的相关性（一次项）有四对通过了检验，分别是相关多元化战略和产品开发战略的比较（相关系数为−264.887，$p<15\%$）、横向一体化战略和市场开发战略的比较（相关系数为334.416，$p<15\%$）、横向一体

化战略和相关多元化战略的比较（相关系数为396.595，$p<10\%$）及横向一体化战略和非相关多元化战略的比较（相关系数为5545.772，$p<5\%$）。根据相关系数对比发现，职业背景异质性越高，高层管理团队越愿意选择产品开发战略和横向一体化战略。但同时，高层管理团队职业背景异质性与战略选择的相关性（二次项）也有四对通过了检验，相关系数分别为197.667（$p<15\%$）、−257.682（$p<15\%$）、−306.871（$p<10\%$）、−4309.789（$p<5\%$）。通过比较发现，职业背景异质性一次项和二次项的相关系数符号相反，且同时显著；然而，只将职业背景异质性一次项放入模型回归时，其结果并不显著。这说明高层管理团队职业背景异质性与企业战略选择之间并不是一般的线性关系，两者呈"∩"形关系（这和第一届高层管理团队得出的结论完全一致）。即在不考虑显著性的情况下，高层管理团队职业背景异质性的战略选择按纵向一体化战略、横向一体化战略和产品开发战略、市场开发战略、相关多元化战略、非相关多元化战略的顺序排列。在一定范围内高层管理团队职业背景异质性越高，则倾向选择纵向一体化战略、横向一体化战略和产品开发战略；反之，则倾向选择非相关多元化战略、相关多元化战略和市场开发战略。

4. 第四届高层管理团队特征与战略选择匹配的回归结果

表7-11为第四届高层管理团队特征与战略选择的回归结果。结果显示，高层管理团队平均教育水平、年龄异质性和教育水平异质性未通过显著性检验。高层管理团队平均年龄与战略选择的相关性有两对通过了检验，分别是相关多元化战略和市场开发战略的比较（相关系数为0.786，$p<10\%$）、横向一体化战略和相关多元化战略的比较（相关系数为−0.689，$p<10\%$）。根据相关系数比较发现，平均年龄越大的高层管理团队更倾向选择相关多元化战略。在不考虑显著性的情况下，平均年龄的战略选择按相关多元化战略、产品开发战略、横向一体化战略、市场开发战略、纵向一体化战略和非相关多元化战略的顺序排列，则高层管理团队平均年龄越大越趋向于选择相关多元化战略、产品开发战略和横向一体化战略；反之，则倾向选择非相关多元化战略、纵向一体化战略和市场开发战略。

表 7-11　第四届高层管理团队特征与战略选择的 Logit 回归结果

因变量	常数	Age *A*	Size	Edu. *A*	Age *H*	Edu. *H*	Ori. *H*	Ori. H^2	Ln *A*
lg（P_6/P_1）	392.082	−2.000	5.830	−1.766	163.838	272.737	−294.918	19.358	−19.474
lg（P_5/P_1）	−55.820*	−0.174	0.077	1.586	−4.360	7.588	143.632	−108.073	0.280
lg（P_4/P_1）	633.128	−5.625	−5.917	−2.973	−280.314	−106.151	746.491	−778.927	−16.492
lg（P_3/P_1）	1.645	0.515	−0.937	0.449	−8.167	8.918	−102.254	80.695	0.335
lg（P_2/P_1）	−36.910	−0.271	0.103	2.245	−1.550	9.219	87.772	−66.192	0.238
lg（P_6/P_2）	428.992	−1.729	5.727	−4.011	165.388	263.517	−382.690	85.551	−19.712

续表

因变量	常数	Age A	Size	Edu. A	Age H	Edu. H	Ori. H	Ori. H^2	Ln A
lg（P_5/P_2）	−18.910	0.097	−0.026	−0.659	−2.810	−1.631	55.860	−41.881	0.042
lg（P_4/P_2）	670.038	−5.354	−6.019	−5.218	−278.764	−115.370	658.719	−712.734	−16.730
lg（P_3/P_2）	38.554	0.786**	−1.040*	−1.796	−6.617	−0.301	−190.027	146.887	0.097
lg（P_6/P_3）	390.437	−2.515	6.767	−2.216	172.005	263.818	−192.664	−61.337	−19.810
lg（P_5/P_3）	−57.465	−0.689**	1.014*	1.136	3.808	−1.330	245.887*	−188.768*	−0.055
lg（P_4/P_3）	631.483	−6.140	−4.980	−3.422	−272.147	−115.069	848.745	−859.622	−16.827
lg（P_6/P_4）	−143.366	2.157	6.817	0.201	268.173	221.897	−601.283	458.488	−1.765
lg（P_5/P_4）	−421.368	3.131	3.453	3.152	163.465	69.573	−277.815	331.772	9.554
lg（P_6/P_5）	447.902	−1.826	5.753	−3.352	168.198	265.148	−438.550	127.431	−19.755

*、**分别表示 15%、10%水平下显著

高层管理团队规模与战略选择的相关性有两对通过了显著性检验，即相关多元化战略和市场开发战略的比较（相关系数为−1.040，p<15%）、横向一体化战略和相关多元化战略的比较（相关系数为1.014，p<15%），说明相对于相关多元化战略，规模越大的高层管理团队越愿意选择市场开发战略和横向一体化战略。通过对其他方程的两两比较，在不考虑显著性的情况下，高层管理团队规模越大，越倾向按纵向一体化战略、市场开发战略、横向一体化战略、产品开发战略、相关多元化战略和非相关多元化战略的顺序选择；反之，平均规模越小的高层管理团队则按相反的顺序选择。

高层管理团队职业背景异质性与战略选择的相关性（一次项）有一对通过了显著性检验，即横向一体化战略和相关多元化战略的比较（相关系数为245.887，p<15%），也就是说，根据相关系数可以判定职业背景异质性高的高层管理团队更愿意选择横向一体化战略。但高层管理团队职业背景异质性与战略选择的相关性（二次项）也有一对通过了显著性检验，相关系数为−188.768（p<15%）。通过比较发现，职业背景异质性一次项和二次项的相关系数符号相反，且同时显著；然而，只将职业背景异质性一次项放入模型回归时，其结果并不显著。这说明高层管理团队职业背景异质性与企业战略选择之间并不是一般的线性关系，两者呈“∩”形关系（这和第一届高层管理团队、第三届高层管理团队得出的结论相同）。如果不考虑显著性，高层管理团队职业背景异质性的战略选择按相关多元化战略、横向一体化战略、市场开发战略、产品开发战略、相关多元化战略、纵向一体化战略的顺序排列。在一定范围内职业背景异质性越高的高层管理团队越趋向于选择非相关多元化战略、横向一体化战略和市场开发战略；相反，职业背景异质性越低的高层管理团队越愿意选择纵向一体化战略、相关多元化战略和产品开发战略。

5. 每届高层管理团队特征与战略选择匹配回归结果的比较

表7-12是每届高层管理团队特征与战略选择的多元选择Logit回归结果对比表。

表 7-12 每届高层管理团队特征与战略选择的回归结果

届次	Age *A*	Size	Edu. *A*	Age *H*	Edu. *H*	Ori. *H*	Ori. H^2
第一届	√	√		√	√	√	√
第二届		√	√				
第三届		√	√			√	√
第四届	√	√				√	√
总体	√	√	√	√		√	√

注："√"表示每届回归方程中通过显著性检验的变量总体的结果从下面的中国汽车行业上市公司高层管理团队特征与战略选择的 Logit 回归结果中得到

从表7-12中可以看出以下几项。

（1）从横向看，每届高层管理团队特征与战略选择的回归方程中通过显著性检验的自变量不同，如第一届高层管理团队是平均年龄、规模、年龄异质性、教育水平异质性和职业背景异质性；第二届高层管理团队是规模和平均教育水平；第三届高层管理团队是规模、平均教育水平和职业背景异质性；第四届高层管理团队是平均年龄、规模和职业背景异质性。

（2）从纵向看，每个自变量对每届的影响是不同的，如年龄异质性和教育水平异质性只在第一届高层管理团队中有影响作用；平均年龄在第一届高层管理团队和第四届高层管理团队有影响作用；平均教育水平在第二届高层管理团队和第三届高层管理团队有影响作用；职业背景异质性在第一届高层管理团队、第三届高层管理团队和第四届高层管理团队有影响作用；规模在第一届高层管理团队、第二届高层管理团队、第三届高层管理团队和第四届高层管理团队有影响作用。

另外，从最终结果看，高层管理团队特征对企业战略选择有一定的影响作用，且在不同的时间段，高层管理团队特征对战略选择的影响作用不同。

6. 面板数据高层管理团队特征与战略选择匹配的回归结果

将四届高层管理团队数据汇总成面板数据，再次进行高层管理团队特征与战略选择匹配的多元选择Logit回归。因变量有六种类型，故需要进行五次回归，所设的参照组分别为产品开发战略（y=1）、市场开发战略（y=2）、相关多元化战略（y=3）、非相关多元化战略（y=4）及横向一体化战略（y=5）。同时，由于样本数量较少，本节研究将显著性水平放宽至15%。最终回归结果见表7-13。

表 7-13　中国汽车行业上市公司高层管理团队特征与战略选择的 Logit 回归结果

因变量	常数	Age *A*	Size	Edu. *A*	Age *H*	Edu. *H*	Ori. *H*	Ori. H^2	Ln *A*
lg（P_6/P_1）	−15.463	0.025	−0.047	−0.737	−1.149	−0.329	5.368	−6.243	0.635
lg（P_5/P_1）	−24.340***	−0.078	−0.143***	1.094***	−1.391	1.581	59.538***	−47.347**	0.303
lg（P_4/P_1）	14.525	−0.163**	−0.218**	0.799	−1.644	−0.895	24.744	−17.995	−0.740***
lg（P_3/P_1）	−7.143	0.053	−0.057	0.350	−5.090	0.899	−18.347	14.642	0.376
lg（P_2/P_1）	−0.446	0.000	−0.002	1.740***	−11.954*	1.609	−4.074	2.365	−0.200
lg（P_6/P_2）	−15.018	0.025	−0.045	−2.477**	10.804	−1.938	9.442	−8.608	0.835
lg（P_5/P_2）	−23.894**	−0.079	−0.141*	−0.646	10.563	−0.028	63.613**	−49.712**	0.502*
lg（P_4/P_2）	14.971	−0.164	−0.216*	−0.941	10.310	−2.505	28.819	−20.339	−0.540
lg（P_3/P_2）	−6.697	0.053	−0.055	−1.390	6.863	−0.710	−14.273	12.277	0.576
lg（P_6/P_3）	−8.320	−0.028	0.011	−1.086	3.941	−1.228	23.715	−20.885	0.259
lg（P_5/P_3）	−17.197	−0.131	−0.086	0.744	3.700	0.682	77.886***	−61.990***	−0.073
lg（P_4/P_3）	21.668**	−0.216*	−0.160	0.449	3.447	−1.795	43.092	−32.637	−1.115***
lg（P_6/P_4）	−29.989**	0.189	0.171	−1.535	0.494	0.567	−19.377	11.752	1.375
lg（P_5/P_4）	−38.866****	0.085	0.075	0.295	0.253	2.477	34.794	−29.353	1.042****
lg（P_6/P_5）	8.877	0.104	0.096	−1.831	0.241	−1.910	−54.171	41.105	0.332

*、**、***、****分别表示 15%、10%、5%、1%水平下显著

表7-13显示了中国汽车行业上市公司高层管理团队特征与战略选择关系的回归结果。从表中可以看出，高层管理团队平均年龄对战略选择的影响有两个方程通过了显著性检验，分别是非相关多元化战略和产品开发战略的比较（相关系数为−0.163，p<10%）和非相关多元化战略和相关多元化战略的比较（相关系数为−0.216，p<15%）。从相关系数的符号看，都是负值，说明高层管理团队成员的平均年龄越大越倾向选择后者；从显著性水平看，平均年龄越大的高层管理团队更倾向选择相关多元化战略、产品开发战略，平均年龄越小则倾向选择非相关多元化战略。在不考虑显著性的情况下，平均年龄的战略选择按相关多元化战略、纵向一体化战略、市场开发战略、产品开发战略、横向一体化战略、非相关多元化战略排序，高层管理团队成员的平均年龄越大越倾向选择相关多元化战略、纵向一体化战略、市场开发战略；相反，平均年龄越小的高层管理团队会优先选择非相关多元化战略、横向一体化战略和产品开发战略。故假设1得到了验证。

高层管理团队规模与战略选择的相关关系有四对通过了显著性检验。通过横向一体化战略和产品开发战略（相关系数为−0.143，p<5%）、非相关多元化战略和产品开发战略（相关系数为−0.218，p<10%）的比较发现，高层管理团队的规模越大越倾向选择产品开发战略，团队规模越小越倾向横向一体化战略和非相关多元化战略；而横向一体化战略和市场开发战略（相关系数为−0.141，p<15%）、

非相关多元化战略和市场开发战略（相关系数为-0.216，$p<15\%$）比较时，规模越大的高层管理团队越愿意选择市场开发战略，相反规模越小，则越偏好横向一体化战略和非相关多元化战略。如果不考虑显著性程度，高层管理团队规模的战略类型按产品开发战略、市场开发战略、纵向一体化战略、相关多元化战略、横向一体化战略和非相关多元化战略排序，高层管理团队的规模越大，越愿意采用产品开发战略、市场开发战略、纵向一体化战略；高层管理团队的规模越小，则更倾向选择非相关多元化战略、横向一体化战略、相关多元化战略。因此，假设3得到了验证。

高层管理团队平均教育水平与战略选择的相关关系有三个方程通过了检验，分别是横向一体化战略和产品开发战略（相关系数为1.094，$p<5\%$）、市场开发战略和产品开发战略（相关系数为1.740，$p<5\%$）、纵向一体化战略和市场开发战略（相关系数为-2.477，$p<10\%$）。无论从相关系数符号看，还是从显著性程度看，平均教育水平越高的高层管理团队更偏好横向一体化战略、市场开发战略；平均教育水平越低的高层管理团队，则偏向于产品开发战略和纵向一体化战略。假如不考虑显著性的影响，平均教育水平的战略选择类型按如下顺序排列（市场开发战略、横向一体化战略、非相关多元化战略、相关多元化战略、产品开发战略和纵向一体化战略），平均教育水平越高的高层管理团队越偏向于市场开发战略、横向一体化战略和非相关多元化战略；平均教育水平越低的高层管理团队，则更倾向采用纵向一体化战略、产品开发战略和相关多元化战略。故假设2得到了部分验证。

对于高层管理团队年龄异质性与战略选择的相关关系中仅有一个方程通过了显著性检验。在市场开发战略和产品开发战略（相关系数为-11.954，$p<15\%$）的比较中，明显可以看出高层管理团队成员年龄异质性越大，越愿意采用产品开发战略；反之，则倾向选择市场开发战略。同样，在不考虑显著性水平的情形下，高层管理团队年龄异质性越大，所选战略类型的概率从大到小的排序为产品开发战略、纵向一体化战略、横向一体化战略、非相关多元化战略、相关多元化战略和市场开发战略。年龄异质性越小的高层管理团队，则按相反的顺序选择。因此，假设4得到了部分验证。

高层管理团队职业背景异质性（一次项）与战略选择的相关关系有三组通过了显著性检验。通过横向一体化战略和产品开发战略（相关系数为59.538，$p<5\%$）、横向一体化战略和市场开发战略（相关系数为63.613，$p<10\%$）、横向一体化战略和相关多元化战略（相关系数为77.886，$p<5\%$）的比较，可以看出职业背景异质性越大的高层管理团队越偏向于横向一体化战略；而职业背景异质性越小，则倾向产品开发战略、市场开发战略和相关多元化战略。同样，高层管理团队职业背景异质性的二次项也有三个方程（和一次项相同）通过了显著性检验，显著性系

数分别为−47.347（$p<10\%$）、−49.712（$p<10\%$）、−61.990（$p<5\%$）。通过比较发现，职业背景异质性一次项和二次项的相关系数符号相反，且同时显著；然而，只将职业背景异质性一次项放入模型回归时，其结果并不显著。这说明高层管理团队职业背景异质性与企业战略选择之间并不是一般的线性关系，两者呈"∩"形关系。也就是说，高层管理团队职业背景异质性的战略选择按横向一体化战略、非相关多元化战略、纵向一体化战略、产品开发战略、市场开发战略、相关多元化战略顺序排列，在一定范围内高层管理团队职业背景异质性越大，更偏向于横向一体化战略、非相关多元化战略和纵向一体化战略；职业背景异质性越小，则越倾向选择相关多元化战略、市场开发战略、产品开发战略。故假设6得到了部分验证。

由于高层管理团队教育水平异质性与战略选择的相关关系没能通过显著性检验，因此假设5没有得到验证。

7.4　研究结论与分析

本章通过构建多元选择Logit回归模型，实证分析了中国汽车行业上市公司高层管理团队特征与战略选择之间的相关关系。研究结果表明：平均年龄、规模、平均教育水平、年龄异质性及职业背景异质性对汽车企业的战略选择具有显著的影响作用；教育水平异质性没有通过显著性检验，表明其对中国汽车企业战略选择的影响作用不明显。具体结论如下。

（1）高层管理团队的平均年龄越大，在进行战略决策时越愿意选择相关多元化战略、纵向一体化战略和市场开发战略，而平均年龄越小的高层管理团队越倾向采用非相关多元化战略、横向一体化战略和产品开发战略。现阶段中国正处于经济转轨期，汽车产业也处于产业结构调整期，企业面临的外部环境时刻在变，在这种"弱环境"下，年龄较大的管理者利用自身丰富的阅历，对不确定性的掌控能力相对较强（这点在应对金融危机时表现得尤为明显），同时在进行战略决策时更加稳重、谨慎，因此会偏向于选择风险相对较小的战略；然而，年龄较小的管理者对风险的承受能力较强，而且富有冒险精神，因而做出的战略决策更具创新性和冒险性。

（2）高层管理团队的规模越大，越倾向选择产品开发战略、市场开发战略、纵向一体化战略，高层管理团队的规模越小则越偏向于采用非相关多元化战略、横向一体化战略和相关多元化战略。中国汽车行业高层管理团队的平均规模在11～13人，成员人数较多。一般来说，高层管理团队的规模越大，拥有的人力资本越多，相应的智力资本、专业技能和职能背景等资源越丰富，即管理者在制定战略决策时可调用的资源越多，制订的战略方案也越多，从而有利于企业的长期发展。因此，在进行战略决策时更易选择专业性和创新性更强的战略，如产品开发战略等。同时，由于高层管理团队规模较大，成员之间的沟通交流减少，产生分歧或冲突的概率增加，导致可供选择的战略方案质量下降。相对而言，规模较小的高层管理团队在制定战略决策时由于资源匮乏、行业经验不足等原因，会倾向选择相对保守的战略。

（3）高层管理团队的平均教育水平越高，越偏好市场开发战略、横向一体化战略和非相关多元化战略，高层管理团队的平均教育水平越低则越倾向采用纵向一体化战略、产品开发战略和相关多元化战略。结果显示假设2只有部分通过了验证。可能是因为汽车行业的发展日益多样化、全球化，而且消费者的需求也越来越个性化，企业为了保持持续的竞争优势，不得不考虑构建具有较高教育水平的管理团队。团队平均教育程度越高就意味着成员的认知水平和处理信息的能力越强，对不确定性和风险的承受能力也越强，在进行战略选择时会倾向创新性较高、有扩张性的战略，如非相关多元化战略、横向一体化战略等；反之，平均教育水平越低的高层管理团队更偏好风险较低的战略。

（4）高层管理团队的年龄异质性越大，管理者在制定战略时偏向于按产品开发战略、纵向一体化战略、横向一体化战略、非相关多元化战略、相关多元化战略及市场开发战略的顺序来选择；年龄异质性越小的高层管理团队则按相反的顺序选择。年龄差异大的高层管理团队比年龄差异小的高层管理团队更愿意接受风险，做出的战略决策往往具有挑战性。本章研究发现，中国汽车行业上市公司高层管理团队的年龄异质性呈逐届下降的趋势，且根据各年龄段的分布看主要集中在40岁以上。这个年龄段的管理者具有丰富的行业管理经验，对外界环境变化的适应能力较强，更适合目前中国汽车行业的现状。

（5）在一定范围内高层管理团队的职业背景异质性越大，越倾向采用横向一体化战略、非相关多元化战略和纵向一体化战略，而职业背景异质性越低的高层管理团队越愿意选择相关多元化战略、市场开发战略、产品开发战略。研究显示，中国汽车行业高层管理团队中具有不同职业经历的成员数量日益增多，说明团队的职业背景差异在增大。职业背景差异越大的高层管理团队，管理者的战略视角越开阔，从而不会拘泥于现有业务，倾向走企业扩张的道路。同时，由于团队中成员的职业经历不同，所拥有的人脉资源和智力资本必然增多，在一定程度上有利于企业进行多元化经营。职业背景单一的管理者在制定战略时往往缺乏广度和深度，更多的是基于自身的职业经验，因此，职业背景异质性越低的高层管理团队越偏向于选择现有业务的扩张。

但研究结果显示职业背景异质性与企业战略选择之间并不是普通的线性关系，而是“∩”形关系。可能是自改革开放以来，中国汽车产业的发展速度很快，各大车企为了提高竞争优势，除了加快研发新产品和开拓新市场外，更加重视具有丰富职业背景的高层管理者。职业背景丰富的高层管理团队必然能带来企业的快速发展，但同时会引起一系列的问题，如高层管理团队具有的不同职业背景的成员数量越多在进行企业战略决策时出现分歧的概率就越大，个体间冲突越多，从而导致团队的凝聚力降低，无形中机会成本增大，阻碍了企业战略的制定和实施。

总的来说，处于经济转轨期的中国汽车行业上市公司高层管理团队在企业进行战略决策时发挥着十分重要的作用，虽然教育水平异质性没有通过显著性检验，但并不代表它对企业的战略选择没有影响，在以后的研究中还有待证实。最后对中国汽车企业构建适合的高层管理团队提出一点建议：现阶段中国汽车企业高层管理团队的构成应偏向于规模精简化、适度年轻化、职业背景多样化及教育水平增高化，并在此基础上适当降低年龄异质性和提高职业背景异质性。

第 8 章　零售业高层管理团队与企业战略选择的匹配

零售业作为服务业的代表，高层管理团队与企业战略选择的匹配有其自身行业特征，因此，本章按照第4章的测量方法将零售企业战略选择进行分类，采用离散因变量的多元选择Logit回归模型研究中国零售业高层管理团队与企业战略选择的匹配。

8.1　研究假设

在战略管理研究领域，高层管理者及其管理团队在战略选择和公司成功的决策中所起到的重要作用已经成为多数学者研究的论题（Barnard，1938；Castanias and Helfat，2001；Finkelstein and Hambrick，1996）。已经有许多研究以不同的实证数据样本得出了基本一致的结论：高层管理团队人口统计学特征对国际多样化、多元化、创新等战略选择有显著影响，但到目前为止还没有高层管理团队人口统计学特征对零售业战略选择影响的理论和实证研究。本章分析中国转轨环境下高层管理团队对零售业战略选择的具体影响，这里的自变量包括高层管理团队规模、平均年龄、平均任期、高层管理团队年龄异质性、教育水平异质性、职业背景异质性和任期异质性。因变量按照战略选择的分类程度和持续性分为三类：一是七分战略选择（SC_1），即按照第4章零售业战略选择分类的第四层进行细分，1代表内涵式发展、2代表旧店扩张、3代表原业态新店扩张、4代表新业态新店扩张、5代表纵向一体化扩张、6代表相关多元化扩张、7代表非相关多元化扩张七类战略选择；二是三分战略选择（SC_2），即按照第4章零售业战略选择分类的第二层进行细分，1代表内涵式发展、2代表零售业务内扩张和3代表零售业务外扩张三类战略选择；三是战略持续性（SC_3），按照三届战略选择的一致性来分类，1代表持续选择零售业务内扩张，2代表持续选择零售业务外扩张，3代表三届战略扩张方向在零售业务内和零售业务外扩张之间摇摆不定。

8.1.1　高层管理团队规模与零售业战略选择

虽然高层管理团队规模越大，差异性可能越大（Marlin et al.，2004），但高层管理团队规模大，更意味着可能有更多的不同年龄、不同教育程度、不同职业经历、不同任期的高层管理团队成员，这使得规模大的高层管理团队相对于小规模的高层管理团队，整体的认知能力更高、社会资本更多、拥有的隐性知识更多，更有能力管理更多店铺、接受新的业态甚至新的行业，也就更偏好于战略扩张。由于高层管理团队的规模是随着零售企业成长而逐渐扩大的，也就是说随着零售企业的成长一方面使零售企业的高层管理团队成员的零售业内的职业经验更加丰富，另一方面也使零售企业积聚了更多的具有丰富零售业经验的高层管理者，这些高层管理者战略扩张的首选行业仍然是零售业。随着中国的经济转轨和对外开放，国外零售大鳄多业态的冲击、消费者需求的细分和多样化，中国零售业面临着一场多业态、竞争性和综合性的革命（李飞，2003），零售业自身的“市场有限性”促使零售企业的高层管理团队选择多业态或多店铺的扩张战略。

一方面，高层管理团队规模越小，高层管理团队拥有的整体认知能力越低、零售业的隐性知识越少、管理技能越弱，企业扩张速度可能越慢，虽然首选行业仍然可能是零售业，但在扩张方式上却可能首选旧店扩张，甚至是不扩张的内涵式发展。另一方面，零售业高层管理团队规模越小，越有可能选择追求财务回报而不是需要更多行业管理能力的非相关多元化扩张。

因此，关于零售业高层管理团队规模与战略选择，提出如下假设。

假设1a：零售业高层管理团队规模越大，越倾向选择新业态新店扩张、原业态新店扩张和非相关多元化扩张；高层管理团队规模越小，越倾向选择旧店扩张、内涵式发展。

假设1b：零售业高层管理团队规模越大，越倾向选择零售业务外扩张；高层管理团队规模越小，越倾向选择内涵式发展和零售业务内扩张。

假设1c：零售业高层管理团队规模越大，越倾向选择持续零售业务外扩张；高层管理团队规模越小，越倾向选择持续零售业务内扩张。

8.1.2　高层管理团队平均年龄与零售业战略选择

高层管理团队平均年龄越大，对新行业、新业态的学习能力和认知能力越差，越不愿意创新，越倾向企业原有战略，已有多人通过理论分析和实证研究认为，高层管理团队的平均年龄越大，越不愿意适应新的观点和行为（Hambrick and Mason，1984；Tihanyi et al.，2000）；而且年龄大的高层管理者一般处于他们职业生涯中的最后阶段，在这个阶段里财务安全是重要的，而有风险的战略行为被视为是对财务安全的威胁（Tihanyi et al.，2000），他们的风险偏好是趋于保守的、低风险的，即便低风险可能就意味着低绩效。因此，高层管理团队平均年龄越大，越倾向选择内涵式发展、旧店扩张、原业态新店扩张，以及只追求财务收益的非相关多元化扩张等。

高层管理团队的平均年龄越小，越愿意接受风险程度更高、绩效可能更好的战略扩张方式来换取职业的晋升与发展，如Hambrick和Mason（1984）提出的，年轻的管理者更倾向“新奇的、史无前例的挑战”。业态多样化和商业品牌化是中国零售业发展的现行趋势，但不同的业态具有不同的经营形态、不同的生存条件和经营特征[①]，新业态新店扩张给高层管理团队带来了严峻的挑战，可能要求更具创新意识、更多的职业技能和更广的社会资本，只有愿意并能够迅速接受新观念的、年龄比较小的高层管理团队才更愿意选择业态创新；纵向一体化扩张虽然可以发展自有品牌，从根本上提升零售企业的核心竞争力，但这种战略扩张方式不仅要求高层管理团队的品牌管理和渠道整合能力，更需要对生产制造领域的品牌、技术和质量管理，对零售企业现有高层管理团队的挑战非常大，所以目前中国零售企业进行纵向一体化扩张发展自有品牌的比较少[②]，但仍然是喜欢创新和挑战的平均年龄比较小的高层管理团队的重要选择之一。

因此，关于零售业高层管理团队平均年龄与零售业战略选择，提出如下假设。

假设2a：零售业高层管理团队平均年龄越大，越倾向选择内涵式发展、旧店扩张、原业态新店扩张、非相关多元化扩张；平均年龄越小，越倾向选择新业态新店扩张，其后依次是原业态新店扩张、旧店扩张、相关多元化扩张、纵向一体化扩张、非相关多元化扩张和内涵式发展。

假设2b：零售业高层管理团队平均年龄越大，越倾向选择内涵式发展和零售业务外扩张；平均年龄越小，越倾向选择零售业务内扩张。

假设2c：零售业高层管理团队平均年龄越大，其扩张方向越倾向摇摆不定；平均年龄越小，越倾向选择持续零售业务内扩张。

8.1.3 高层管理团队平均任期与零售业战略选择

高层管理团队的知识是他们影响企业战略决策的重要人力资本。Polanyi（1962）指出，隐性知识和显性知识都是随时间的流逝而不断获得的，一般来讲，隐性知识虽然是固定的，不可转移的，但随着高层管理团队成员之间长时间不断深入的沟通，信任逐渐增加，成员之间可以共享一些隐性知识。可以说，高层管理者的

---

① 例如，百货店需要满足顾客对时尚商品多样化选择需求；超市以销售大众化实用商品为主，满足顾客日常生活需求，以品种齐全、薄利多销来吸引顾客；专业店和专卖店则主要满足中青年中高档顾客对品牌商品和服务的需求；购物中心则是购物休闲化、功能齐全化的一种体现；等等。

② 第4章的实证数据也显示中国选择纵向一体化扩张的零售企业还很少。

隐性知识可以在整个高层管理团队中共同分享，高层管理团队平均任期越长，高层管理者个人层次的隐性知识通过面对面交流被所有高层管理团队成员共享，进而形成集体层次的理解。因此，零售业高层管理团队平均任期越长，他们对原有店铺和原有业态的隐性知识与专业技能分享越广、掌握得越深入，也就越偏好于稳定发展，即越倾向既定战略，如旧店扩张、原业态新店扩张等。

零售业高层管理团队平均任期越短，他们的公司范围的知识基础越差、内部凝聚力越弱，越不容易达成战略共识，彼此分享隐性知识的范围和程度也越差，做出的战略选择越不同于公司原有战略状态，越倾向进行创新，即偏好于选择新业态新店扩张、非相关多元化扩张等。

因此，关于零售业高层管理团队平均任期与战略选择，提出如下假设。

假设3a：零售业高层管理团队平均任期越长越倾向既定战略，如旧店扩张、原业态新店扩张等；高层管理团队平均任期越短，越倾向选择新业态新店扩张、非相关多元化扩张。

假设3b：零售业高层管理团队平均任期越长越倾向选择零售业务外扩张；高层管理团队平均任期越短，越倾向选择零售业务内扩张。

假设3c：零售业高层管理团队平均任期越长，越倾向选择持续零售业务外扩张；高层管理团队平均任期越短，越倾向选择持续零售业务内扩张。

8.1.4　高层管理团队异质性与零售业战略选择

在动态环境中，战略决策要求高层管理团队具有高水平的信息处理能力（Leifer and Mills，1996），Amason（1996）也认为高质量的战略决策产生于高层管理团队的集体认知能力和团队使用的决策制定流程。高层管理团队的异质性可以促使其成员将不同类别的观点、技能和视角引入战略决策制定过程，提高高层管理团队的集体认知能力从而潜在地提升信息处理水平；同时高层管理团队异质性也可以为企业带来更多的人力资本和社会资本。所以说，具有一定人口统计异质性的集体认知能力为高层管理团队提供了战略决策必需的差异性要求，这有助于团队处理复杂的、有分歧的和多方面的决策，如那些与扩张战略联系在一起的决策（Mintzberg et al.，1976）；多样性可能导致观点、创造力和创新的更大不同，因而会取得更好的团队绩效（Ancona and Caldwell，1992），具有一定人口统计异质性的高层管理团队考虑的备选方案，可能具有“多样性、新颖性和综合性”的特点（Wiersema and Bantel，1992），换句话说，认知多样性是有价值的资源。具有不同观点的人员的存在保证了对较大型问题和较大型潜在备选解决方案的考虑（Bantel and Jackson，1989），如Bantel和Jackson（1989）发现在教育程度方面有异质性的高层管理团队与低多样性的高层管理团队相比，具有更多的创新决策，因此可以认为，高层管理团队成员间的人口异质性是决策制定中创新的源泉。但是，高层管理团队异质性对战略决策还有相反方面的影响，如Eisenhardt和Bourgeois（1988）注意到，对组织重要目标和政策有着不同见解的高层管理团队成员会引起公司内部政治（斗争）行动，同时限制信息流、难以形成战略共识，从而导致战略决策失误、执行不利，进而使组织绩效降低。Wiersema和Bantel（1992）也有着相似的结论，战略决策者间不同的见解可能引起决策瘫痪。

本章认为，在长期的企业管理实践过程中，高层管理团队成员会逐渐调整、更新、发展，进而逐渐形成合适的、具有一定异质性的高层管理团队。这个异质性一方面能够提升高层管理团队的集体认知能力、具有企业管理和战略决策需要的人力资本和社会资本；另一方面又能够平衡权力、能够经过充分沟通最终达成有效战略共识。同时企业会综合考虑高层管理团队自身的异质性来形成与其相适应的企业战略选择。具体来讲，零售业高层管理团队异质性越大，各方面的职业经验就越丰富，战略选择就越具有多样性，创新程度就越高，与企业原有业务的相关度越少。

因此，关于零售业高层管理团队异质性与零售业战略选择，提出如下假设。

假设4a：零售业高层管理团队异质性越大，越倾向选择新业态新店扩张、原业态新店扩张、非相关多元化扩张、旧店扩张；高层管理团队异质性越小，越倾向选择旧店扩张、内涵式发展、原业态新店扩张。

假设4b：零售业高层管理团队异质性越大，越倾向选择零售业务外扩张；高层管理团队异质性越小，越倾向选择零售业务内扩张。

假设4c：零售业高层管理团队异质性越大，越容易导致战略扩张方向摇摆不定；高层管理团队异质性越小，越倾向选择持续零售业务内扩张。

关于零售业高层管理团队人口统计学特征与企业战略选择关系的分层假设如表8-1所示。

表 8-1　零售业高层管理团队人口统计学特征与企业战略选择关系的分层假设

序号	假设内容
假设 1a	零售业高层管理团队规模越大，越倾向选择新业态新店扩张、原业态新店扩张和非相关多元化扩张；高层管理团队规模越小，越倾向选择旧店扩张、内涵式发展
假设 1b	零售业高层管理团队规模越大，越倾向选择零售业务外扩张；高层管理团队规模越小，越倾向选择内涵式发展和零售业务内扩张
假设 1c	零售业高层管理团队规模越大，越倾向选择持续零售业务外扩张；高层管理团队规模越小，越倾向选择持续零售业务内扩张

续表

序号	假设内容
假设 2a	零售业高层管理团队平均年龄越大，越倾向选择内涵式发展、旧店扩张、原业态新店扩张、非相关多元化扩张；平均年龄越小，越倾向选择新业态新店扩张，其后依次是原业态新店扩张、旧店扩张、相关多元化扩张、纵向一体化扩张、非相关多元化扩张和内涵式发展
假设 2b	零售业高层管理团队平均年龄越大，越倾向选择内涵式发展和零售业务外扩张；平均年龄越小，越倾向选择零售业务内扩张
假设 2c	零售业高层管理团队平均年龄越大，其扩张方向越倾向摇摆不定；平均年龄越小，越倾向选择持续零售业务内扩张
假设 3a	零售业高层管理团队平均任期越长越倾向既定战略，如旧店扩张、原业态新店扩张等；高层管理团队平均任期越短，越倾向选择新业态新店扩张、非相关多元化扩张
假设 3b	零售业高层管理团队平均任期越长越倾向选择零售业务外扩张；高层管理团队平均任期越短，越倾向选择零售业务内扩张
假设 3c	零售业高层管理团队平均任期越长，越倾向选择持续零售业务外扩张；高层管理团队平均任期越短，越倾向选择持续零售业务内扩张
假设 4a	零售业高层管理团队异质性越大，越倾向选择新业态新店扩张、原业态新店扩张、非相关多元化战略、旧店扩张；高层管理团队异质性越小，越倾向选择旧店扩张、内涵式发展、原业态新店扩张
假设 4b	零售业高层管理团队异质性越大，越倾向选择零售业务外扩张；高层管理团队异质性越小，越倾向选择零售业务内扩张
假设 4c	零售业高层管理团队异质性越大，越容易导致战略扩张方向摇摆不定；高层管理团队异质性越小，越倾向选择持续零售业务内扩张

8.2　样本与方法

本节仍然以中国上交所和深交所零售业A股上市公司为研究对象，样本选取同第4章；采用横截面和纵向时间序列数据混合的面板数据估计模型，因变量按照第4章对零售业战略选择的编码结果；因为本节以战略投资作为战略选择分类的标准，同时融资能力是影响企业生存和发展的重要能力之一，所以需要控制样本企业的总资产规模，控制变量为总资产的自然对数；按照高层管理团队换届与战略选择相对应原则，选取40家企业3届共120组的实证样本数据。

当解释变量即自变量只取两个或多个不同的值时，可以将它们用虚拟变量来表示，仍然可以采用多元回归模型。但当被解释变量即因变量只取两个不同的值（二元选择）、几个不同的值（多元选择）或离散因变量时，多元回归模型就不适用了。二元选择模型（binary choice model）假设每一个个体[①]都面临二者挑一的选择，并且其选择依赖于可分辨的特征。相对应的，多元选择就是个体面临的备选方案是三个或更多的相互排斥时的选择情形。离散因变量多元选择模型有Logit模型和Probit模型两种，但因为Logit模型采用的是逻辑概率分布函数（cumulative

① 这里个体指家庭、城市或公司。

logistic probability function），逻辑概率分布函数与正态分布密度函数很类似，而且计算上比较容易，所以Logit模型常常被用于替代Probit模型（平狄克和鲁宾费尔德，1999）。

在一个时期内，零售企业对某一战略进行投资就不能再将这些资金投资到其他战略中，因此零售业战略选择是一种相互排斥的选择，七分战略选择（SC_1）的取值只有1～7，三分战略选择（SC_2）的取值只有1～3，战略持续性（SC_3）的取值也只有1～3，属于离散因变量的多元选择，因此本节采用离散因变量的多元选择Logit回归模型来检验高层管理团队的人口统计学特征对零售业战略选择的影响。

高层管理团队人口统计学特征与七分战略选择（SC_1）的关系模型估计如下。

$$\lg P_2/P_1 = \alpha_2 + \beta_{21}\chi_{1i} + \beta_{22}\chi_{2i} + \cdots + \beta_{2n}\chi_{ni} + \mu_2 \tag{8-1}$$

$$\lg P_3/P_1 = \alpha_3 + \beta_{31}\chi_{1i} + \beta_{32}\chi_{2i} + \cdots + \beta_{3n}\chi_{ni} + \mu_3 \tag{8-2}$$

$$\lg P_4/P_1 = \alpha_4 + \beta_{41}\chi_{1i} + \beta_{42}\chi_{2i} + \cdots + \beta_{4n}\chi_{ni} + \mu_4 \tag{8-3}$$

$$\lg P_5/P_1 = \alpha_5 + \beta_{51}\chi_{1i} + \beta_{52}\chi_{2i} + \cdots + \beta_{5n}\chi_{ni} + \mu_5 \tag{8-4}$$

$$\lg P_6/P_1 = \alpha_6 + \beta_{61}\chi_{1i} + \beta_{62}\chi_{2i} + \cdots + \beta_{6n}\chi_{ni} + \mu_6 \tag{8-5}$$

$$\lg P_7/P_1 = \alpha_7 + \beta_{71}\chi_{1i} + \beta_{72}\chi_{2i} + \cdots + \beta_{7n}\chi_{ni} + \mu_7 \tag{8-6}$$

$$\lg P_3 / P_2 = \lg P_3 / P_1 - \lg P_2 / P_1 \tag{8-7}$$

$$\cdots$$

$$\lg P_n / P_{n-1} = \lg P_n / P_1 - \lg P_{n-1} / P_1 \tag{8-8}$$

其他两两对比模型以此类推。

其中，P、α、β、μ的下标1表示内涵式发展；P、α、β、μ的下标2表示旧店扩张；P、α、β、μ的下标3表示原业态新店扩张；P、α、β、μ的下标4表示新业态新店扩张；P、α、β、μ的下标5表示纵向一体化扩张；P、α、β、μ的下标6表示相关多元化扩张；P、α、β、μ的下标7表示非相关多元化扩张；自变量χ_{1i}、χ_{2i}、…、χ_{ni}表示第i个样本公司的高层管理团队各人口统计学特征变量。

高层管理团队人口统计学特征与三分战略选择（SC_2）的关系估计模型如下。

$$\lg P_1/P_3 = \alpha_1 + \beta_{11}\chi_{1i} + \beta_{12}\chi_{2i} + \cdots + \beta_{1n}\chi_{ni} + \mu_1 \tag{8-9}$$

$$\lg P_2/P_3 = \alpha_2 + \beta_{21}\chi_{1i} + \beta_{22}\chi_{2i} + \cdots + \beta_{2n}\chi_{ni} + \mu_2 \tag{8-10}$$

$$\lg P_1 / P_2 = \lg P_1 / P_3 - \lg P_2 / P_3 \tag{8-11}$$

其中，P、α、β、μ的下标1表示内涵式发展；P、α、β、μ的下标2表示零售业务内扩张；P、α、β、μ的下标3表示零售业务外扩张；其他变量定义同七分战略选择模型。

高层管理团队人口统计学特征与战略持续性（SC_3）的关系估计模型如下。

$$\lg P_1/P_3 = \alpha_1 + \beta_{11}\chi_{1i} + \beta_{12}\chi_{2i} + \cdots + \beta_{1n}\chi_{ni} + \mu_1 \tag{8-12}$$

$$\lg P_2/P_3 = \alpha_2 + \beta_{21}\chi_{1i} + \beta_{22}\chi_{2i} + \cdots + \beta_{2n}\chi_{ni} + \mu_2 \quad (8\text{-}13)$$

$$\lg P_1/P_2 = \lg P_1/P_3 - \lg P_2/P_3 \quad (8\text{-}14)$$

其中，P、α、β、μ的下标1表示持续零售业务内扩张；P、α、β、μ的下标2表示持续零售业务外扩张；P、α、β、μ的下标3表示扩张方向摇摆不定；其他变量定义同七分战略选择模型。

8.3　实证研究结果

本节采用EXCEL工作表和SPSS v16软件，在控制相关变量条件下，应用离散因变量的多元选择Logit回归模型对中国零售业高层管理团队人口统计学特征与战略选择的关系进行实证检验，因为样本量相对较小，本节将显著性标准放宽到了$p<15\%$。

8.3.1　高层管理团队人口统计学特征与七分战略选择

表8-2给出零售企业七分战略选择的样本分布，即在选定的40家零售企业中，三届共有120个战略选择结果，按照七分战略选择来分类，内涵式发展、纵向一体化扩张、相关多元化扩张选择相对较少（少于10个，而本节研究的自变量有7个，控制变量有1个），相对来说，零售业务内扩张的三个战略扩张方式和非相关多元化扩张战略稍多一些。

表 8-2　零售业上市公司七分战略选择的样本分布

编码		变量定义	样本数/个	占比
SC_1	1	内涵式发展	9	7.5%
	2	旧店扩张	23	19.2%
	3	原业态新店扩张	20	16.7%
	4	新业态新店扩张	19	15.8%
	5	纵向一体化扩张	5	4.2%
	6	相关多元化扩张	7	5.8%
	7	非相关多元化扩张	37	30.8%
合计			120	100%

表8-3给出了高层管理团队人口统计学特征与七分战略选择的多元选择回归分析结果，从表8-3可以看出，高层管理团队规模（Size）、平均任期（Ten. *A*）、年龄异质性（Age *H*）、教育水平异质性（Edu. *H*）和任期异质性（Ten. *H*）对零售业战略选择有显著影响。

表 8-3 高层管理团队人口统计学特征与七分战略选择的回归分析结果

因变量	常数	Ln *A*	Size	Age *A*	Ten. *A*	Age *H*	Edu. *H*	Ori. *H*	Ten. *H*
$\lg(P_2/P_1)$	−0.56	0.37	−0.09	−0.01	0.47	4.25	−12.8**	0.20	−1.30
$\lg(P_3/P_1)$	−4.85	0.58	−0.42*	−0.07	0.61	9.72	−11.14	−1.14	3.15
$\lg(P_4/P_1)$	−5.31	0.58	−0.26*	−0.16	0.73*	15.76**	−13.09**	−2.52	2.34
$\lg(P_5/P_1)$	40.75	−1.31	−0.58***	−0.21	0.91*	11.58	−15.5**	−3.25	6.44
$\lg(P_6/P_1)$	−10.89	1.10	−0.33*	−0.17	0.77*	1.27	−11.69	−2.05	−2.63
$\lg(P_7/P_1)$	24.91*	−0.611	−0.47****	−0.10	0.62	10.81*	−16.03***	−2.8	4.17
$\lg(P_3/P_2)$	−4.28	0.21	−0.33*	−0.06	0.14	5.45	1.66	−1.33	4.45*
$\lg(P_4/P_2)$	−4.75	0.22	−0.17	−0.14	0.26	11.21**	−0.29	−2.71	3.64
$\lg(P_5/P_2)$	41.31*	−1.67	−0.49**	−0.20	0.44	7.33	−2.70	−3.44	7.74*
$\lg(P_6/P_2)$	−10.33	0.73	−0.25	−0.16	0.30	7.02	1.11	−2.24	−1.33
$\lg(P_7/P_2)$	25.47***	−0.98**	−0.38****	−0.09	0.15	6.56*	−3.23	−3.00	5.47***
$\lg(P_4/P_3)$	−0.46	0.01	0.16	−0.09	0.12	6.04	−1.95	−1.38	−0.81
$\lg(P_5/P_3)$	45.60*	−1.88*	−0.15	−0.14	0.30	1.86	−4.35	−2.11	3.30
$\lg(P_6/P_3)$	−6.04	0.52	0.09	−0.1	0.16	1.55	−0.54	−0.91	−5.78**
$\lg(P_7/P_3)$	29.75***	−1.18***	−0.05	−0.03	0.01	1.09	−4.88	−1.66	1.02
$\lg(P_5/P_4)$	46.06**	−1.89*	−0.32	−0.05	0.18	−4.18	−2.41	−0.73	4.11
$\lg(P_6/P_4)$	−5.58	0.51	−0.07	−0.02	0.04	−4.50	1.40	0.47	−4.97*
$\lg(P_7/P_4)$	30.22***	−1.19***	−0.21**	0.06	−0.11	−4.96	−2.94	−0.28	1.83
$\lg(P_6/P_5)$	−51.64**	2.40**	0.24	0.04	−0.14	−0.31	3.81	1.20	−9.07**
$\lg(P_7/P_5)$	−15.84	0.70	0.11	0.11	−0.29	−0.77	−0.53	0.45	−2.28
$\lg(P_7/P_6)$	35.79***	−1.70***	−0.13	0.08	−0.15	−0.46	−4.34	−0.75	6.80***

*、**、***、****分别表示 15%、10%、5%、1%水平下显著

如表8-3所示，高层管理团队规模（Size）对七分战略选择的影响有九个二元选择的两两比较通过了显著性检验，高层管理团队规模的七分战略选择按照内涵式发展、旧店扩张、新业态新店扩张、相关多元化扩张、原业态新店扩张、非相关多元化扩张、纵向一体化扩张的顺序排列，规模大的团队更偏好于选择内涵式发展、旧店扩张和新业态新店扩张，规模小的团队更偏好于选择纵向一体化扩张、非相关多元化扩张和原业态新店扩张，这与假设1a不完全相符。仔细观察各种战略选择的两两比较可以发现：纵向一体化扩张、非相关多元化扩张、原业态新店扩张、相关多元化扩张、新业态新店扩张、旧店扩张与内涵式发展战略的两两比较均通过了显著性检验，其中纵向一体化扩张和非相关多元化扩张与内涵式发展的比较中显著性更高一些［相关系数（显著性）分别是−0.58（$p<5\%$），−0.47（$p<1\%$）］，说明对于小规模的高层管理团队会明显的偏好于纵向一体化扩张、非相关多元化扩张等扩张战略，而不是内涵式发展的稳定性战略；在原业态新店扩张和旧店扩张的比较中（相关系数−0.33，$p<15\%$），规模小的高层管理团队会明显倾向选择原业态新店扩张；在纵向一体化扩张与旧店扩张战略的比较中（相关

系数-0.49，$p<10\%$），规模小的高层管理团队也会明显偏好于纵向一体化扩张；在非相关多元化扩张与旧店扩张的比较中（相关系数-0.38，$p<1\%$），规模小的高层管理团队非常显著地偏好于选择非相关多元化扩张；在非相关多元化扩张与新业态新店扩张的两两比较中，规模小的高层管理团队较为显著地偏好于选择非相关多元化扩张（相关系数-0.21，$p<10\%$）；但是原业态新店扩张与新业态新店扩张、新业态新店扩张与旧店扩张、纵向一体化扩张与相关多元化扩张和非相关多元化扩张、相关多元化扩张与非相关多元化扩张等的两两比较中，高层管理团队的规模没有显著性的影响，因此只是部分地检验了假设1a。

高层管理团队平均任期（Ten. *A*）对七分战略选择的影响中有三个二元选择通过了显著性检验，在不考虑显著性的情况下，高层管理团队平均任期的七分战略选择按照纵向一体化扩张、相关多元化扩张、新业态新店扩张、非相关多元化扩张、原业态新店扩张、旧店扩张和内涵式发展这个顺序排列，平均任期长的高层管理团队会更偏好于选择纵向一体化扩张、相关多元化扩张、新业态新店扩张，而平均任期短的高层管理团队会更偏好于选择内涵式发展、旧店扩张和原业态新店扩张，假设3a得到部分验证。在新业态新店扩张、纵向一体化扩张和相关多元化扩张与内涵式发展的两两比较（二元选择）中，平均任期短的高层管理团队明显偏好于选择内涵式发展（相关系数分别为0.73、0.91、0.77、显著性均为$p<15\%$），而其他几种战略两两比较的二元选择中，高层管理团队的平均任期没有显著性的影响。

高层管理团队年龄异质性（Age *H*）对七分战略选择的影响有四个二元选择通过了显著性检验，其中新业态新店扩张与内涵式发展的比较中（相关系数为15.76，$p<10\%$），年龄异质性大的高层管理团队明显偏好于新业态新店扩张；非相关多元化扩张与内涵式发展的比较中（相关系数为10.81，$p<15\%$），年龄异质性大的高层管理团队会明显偏好于非相关多元化扩张；新业态新店扩张和旧店扩张的比较中（相关系数为11.21，$p<10\%$），年龄异质性大的高层管理团队会明显倾向新业态新店扩张；非相关多元化扩张和旧店扩张的比较中（相关系数为6.56，$p<15\%$），年龄异质性大的高层管理团队会明显倾向非相关多元化扩张；在不考虑显著性的情况下，年龄异质性的七分战略选择按照新业态新店扩张、纵向一体化扩张、相关多元化扩张、非相关多元化扩张、原业态新店扩张、旧店扩张和内涵式发展的顺序排列，年龄异质性大的高层管理团队会越倾向选择新业态新店扩张、纵向一体化扩张和相关多元化扩张，而年龄异质性较小的高层管理团队会更倾向选择内涵式发展、旧店扩张、原业态新店扩张。

高层管理团队教育水平异质性（Edu. *H*）对七分战略选择的影响中，也有四个二元选择通过了显著性检验，分别是旧店扩张与内涵式发展（相关系数为-12.8，$p<10\%$）、新业态新店扩张与内涵式发展（相关系数为-13.09，$p<10\%$）、纵向一体化扩张与内涵式发展（相关系数为-15.5，$p<10\%$）、非相关多元化扩张与内涵

式发展（相关系数为–16.03，$p<5\%$）四对两两比较中，教育水平异质性小的高层管理团队倾向选择每对比较的前者，也就是教育水平异质性大的高层管理团队可能因难以形成战略共识而倾向选择内涵式发展。在不考虑显著性的情况下，高层管理团队的教育水平异质性的七分战略选择按照内涵式发展、原业态新店扩张、相关多元化扩张、旧店扩张、新业态新店扩张、纵向一体化扩张、非相关多元化扩张的顺序排列，教育水平异质性大的高层管理团队则倾向优先选择内涵式发展、原业态新店扩张、相关多元化扩张，教育水平异质性小的高层管理团队倾向选择非相关多元化扩张、纵向一体化扩张、新业态新店扩张。

高层管理团队任期异质性（Ten. H）对七分战略选择的影响中，有七个两两比较的二元选择通过了显著性检验，其中原业态新店扩张和旧店扩张的比较中（相关系数为4.45，$p<15\%$），任期异质性大的高层管理团队会更偏好于原业态新店扩张战略；纵向一体化扩张与旧店扩张的比较中（相关系数为7.74，$p<15\%$），任期异质性大的高层管理团队会更偏好于纵向一体化战略；非相关多元化扩张与旧店扩张的比较中（相关系数为5.47，$p<5\%$），任期异质性大的高层管理团队明显偏好于非相关多元化战略；相关多元化扩张与原业态新店扩张的比较中（相关系数为–5.78，$p<10\%$），任期异质性大的高层管理团队相对会偏好于原业态新店扩张；相关多元化扩张与新业态新店扩张的比较中（相关系数为–4.97，$p<15\%$），任期异质性大的高层管理团队相对会偏好于新业态新店扩张；相关多元化扩张与纵向一体化的比较中（相关系数为–9.07，$p<10\%$），任期异质性大的高层管理团队相对会偏好于纵向一体化战略；非相关多元化扩张与相关多元化扩张的比较中（相关系数为6.80，$p<5\%$），任期异质性大的高层管理团队相对会偏好于前者即非相关多元化扩张。虽然有许多个二元选择没有通过显著性检验，但如果不考虑显著性，高层管理团队任期异质性的七分战略选择按照纵向一体化扩张、非相关多元化扩张、原业态新店扩张、新业态新店扩张、内涵式发展、旧店扩张和相关多元化扩张的顺序排列，任期异质性大的高层管理团队相对会偏好于从前往后排序，即首选纵向一体化扩张、非相关多元化扩张和原业态新店扩张，任期异质性低的高层管理团队会偏好于逆向选择，即首选相关多元化扩张、旧店扩张和内涵式发展。新业态新店扩张位于七个战略选择的正中间，说明高层管理团队任期异质性对其没有明显偏好。

中国零售业高层管理团队平均年龄（Age A）、职业背景异质性（Ori. H）对各种战略选择的影响均未通过显著性检验，因此假设2a未通过检验，假设4a也未通过检验。

8.3.2 高层管理团队人口统计学特征与三分战略选择

表8-4给出零售企业三分战略选择的样本分布，即在选定的40家零售企业中，

三届共有120个战略选择结果，按照三分战略选择来分类，内涵式发展战略选择较少，而零售业务内扩张战略和零售业务外扩张战略较多。

表 8-4　零售业上市公司三分战略选择的样本分布

编码		变量定义	样本数/个	占比
SC_2	1	内涵式发展	9	7.5%
	2	零售业务内扩张	62	51.7%
	3	零售业务外扩张	49	40.8%
合计			120	100%

表8-5给出了高层管理团队人口统计学特征与三分战略选择的回归分析结果，从表 8-5可以看出，高层管理团队规模（Size）、平均任期（Ten. *A*）、年龄异质性（Age *H*）和教育水平异质性（Edu. *H*）对零售业三分战略选择有显著影响，但平均年龄（Age *A*）、职业背景异质性（Ori. *H*）和任期异质性（Ten. *H*）对零售业三分战略选择没有显著影响。

表 8-5　零售业上市公司高层管理团队人口统计学特征与三分战略选择的回归分析结果

因变量	常数	Ln *A*	Size	Age *A*	Ten. *A*	Age *H*	Edu. *H*	Ori. *H*	Ten. *H*
lg（P_1/P_3）	−18.27	0.28	0.43****	0.10	−0.66*	−10.62*	15.06***	2.43	−2.18
lg（P_2/P_3）	−21.14***	0.81***	0.20***	0.04	−0.08	−1.57	2.71	1.49	−1.38
lg（P_1/P_2）	2.87	−0.53	0.23**	0.07	−0.58	−9.05	12.35**	0.94	−0.80

*、**、***、****分别表示 15%、10%、5%、1%水平下显著

从表8-5可以看出，高层管理团队规模对零售业三分战略选择有非常显著的影响：内涵式发展与零售业务外扩张相比（相关系数0.43，$p<1\%$），规模大的高层管理团队会明显偏好于前者；零售业务内扩张与零售业务外扩张相比（相关系数0.20，$p<5\%$），规模大的高层管理团队会明显偏好于零售业务内扩张；内涵式发展与零售业务内扩张相比（相关系数0.23，$p<10\%$），规模小的高层管理团队会明显偏好于零售业务内扩张；高层管理团队规模的三分战略选择按照内涵式发展、零售业务内扩张、零售业务外扩张的顺序来排列，则规模大的高层管理团队可能倾向按照这个排列顺序选择，而规模小的高层管理团队则可能倾向按照这个排列的逆序选择。

高层管理团队的教育水平异质性对零售业三分战略选择也有较为显著的影响：内涵式发展与零售业务外扩张相比（相关系数15.06，$p<5\%$），教育水平异质性大的高层管理团队会明显偏好于前者；但零售业务内扩张与零售业务外扩张相比，高层管理团队的教育水平异质性对其影响不大；内涵式发展与零售业务内

扩张相比（相关系数12.35，$p<10\%$），教育水平异质性小的高层管理团队会明显偏好于零售业务内扩张；将高层管理团队教育水平异质性的三分战略选择按照内涵式发展、零售业务内扩张和零售业务外扩张的顺序来排列，则教育水平异质性大的高层管理团队可能倾向按照这个排列顺序选择，而教育水平异质性小的高层管理团队则可能倾向按照这个排列的逆序选择。

高层管理团队的平均任期对内涵式发展与零售业务外扩张战略选择的比较时有显著影响（相关系数-0.66，$p<15\%$），平均任期长的高层管理团队可能比较偏好于选择零售业务外扩张。

高层管理团队年龄异质性对内涵式发展与零售业务外扩张选择的比较也有显著影响（相关系数-10.62，$p<15\%$），年龄异质性大的高层管理团队可能比较偏好于选择零售业务外扩张。

8.3.3 高层管理团队人口统计学特征与战略持续性

表8-6给出零售企业战略持续性的样本分布，即在选定的40家零售企业中，三届共有120个战略选择结果，选择持续零售业务内扩张战略的有16家，选择持续零售业务外扩张有13家，而在零售业务内扩张与零售业务外扩张之间摇摆不定的零售企业有11家。

表 8-6 零售业上市公司战略持续性的样本分布

编码		变量定义	样本数/个	占比
SC_3	1	持续零售业务内扩张	48	40.0%
	2	持续零售业务外扩张	39	32.5%
	3	扩张方向摇摆不定	33	27.5%
合计			120	100%

表8-7给出了高层管理团队人口统计学特征与战略持续性的多元选择回归分析结果，从表8-7可以看出，高层管理团队规模、平均任期、年龄异质性、教育水平异质性和任期异质性对零售企业战略持续性有显著影响，但平均年龄和职业背景异质性对零售企业战略持续性没有显著影响。

表 8-7 高层管理团队人口统计学特征与战略持续性的回归分析结果

因变量	常数	Ln *A*	Size	Age *A*	Ten. *A*	Age *H*	Edu. *H*	Ori. *H*	Ten. *H*
lg（P_1/P_3）	-50.36^{****}	2.97^{****}	0.18^{*}	−0.02	-1.07^{****}	-13.32^{***}	2.22	−3.05	0.94
lg（P_2/P_3）	−14.88	1.45^{***}	−0.18	−0.02	-0.96^{****}	-9.48^{*}	−3.18	−3.13	4.02^{**}
lg（P_1/P_2）	-35.48^{****}	1.52^{****}	0.36^{****}	0.005	−0.11	−3.87	5.40^{**}	0.08	−3.08

*、**、***、****分别表示 15%、10%、5%、1%水平下显著

从表8-7可以看出，高层管理团队规模对零售企业战略持续性有非常显著的影响：持续零售业务内扩张与扩张方向摇摆不定相比（相关系数0.18，$p<15\%$），规模大的高层管理团队会明显偏好于前者即持续零售业务内扩张；持续零售业务外扩张战略与扩张方向摇摆不定相比，高层管理团队的规模没有显著影响；持续零售业务内扩张与持续零售业务外扩张相比（相关系数0.36，$p<1\%$），规模大的高层管理团队会明显偏好于持续零售业务内扩张；将这两个显著性结果进行比较，就会发现规模大的高层管理团队会明显偏好于选择持续零售业务内扩张；高层管理团队规模的战略持续性按照持续零售业务内扩张、扩张方向摇摆不定、持续零售业务外扩张的顺序来排列，则规模大的高层管理团队可能倾向按照这个排列顺序选择，而规模小的高层管理团队则可能倾向按照这个排列的逆序选择，假设1c未得到证明。

从表8-7还可以看出，高层管理团队平均任期对零售企业战略持续性也有非常显著的影响：持续零售业务内扩张与扩张方向摇摆不定相比（相关系数–1.07，$p<1\%$），平均任期短的高层管理团队会明显偏好于前者即持续零售业务内扩张；持续零售业务外扩张与扩张方向摇摆不定相比（相关系数–0.96，$p<1\%$），平均任期短的高层管理团队还是会明显偏好于前者即持续零售业务外扩张；但持续零售业务内扩张与持续零售业务外扩张相比，高层管理团队的平均任期没有显著影响；将两个显著性的比较结果结合起来，就会发现平均任期长的高层管理团队会明显倾向选择扩张方向摇摆不定；高层管理团队平均任期的战略持续性按照扩张方向摇摆不定、持续零售业务外扩张、持续零售业务内扩张的顺序来排列，则平均任期长的高层管理团队可能倾向按照这个排列顺序选择，而平均任期短的高层管理团队则可能倾向按照这个排列逆序选择。

从表8-7还可以看出，高层管理团队年龄异质性对零售企业战略持续性也有非常显著的影响：持续零售业务内扩张与扩张方向摇摆不定相比（相关系数–13.32，$p<5\%$），年龄异质性小的高层管理团队会明显偏好于前者即持续零售业务内扩张；持续零售业务外扩张与扩张方向摇摆不定相比（相关系数–9.48，$p<15\%$），年龄异质性小的高层管理团队还是会明显偏好于前者即持续零售业务外扩张；但持续零售业务内扩张与持续零售业务外扩张相比，高层管理团队的年龄异质性没有显著影响。将有两个显著性的比较结果结合起来，就会发现年龄异质性小的高层管理团队会明显倾向不选择扩张方向摇摆不定；高层管理团队年龄异质性的战略持续性按照扩张方向摇摆不定、持续零售业务外扩张、持续零售业务内扩张的顺序来排列，则年龄异质性大的高层管理团队可能倾向按照这个排列顺序选择，而年龄异质性小的高层管理团队则可能倾向按照这个排列逆序选择。

高层管理团队的教育水平异质性对持续零售业务内扩张与持续零售业务外扩张战略选择的比较时有显著影响（相关系数5.40，$p<10\%$），教育水平异质性大的

高层管理团队可能比较偏好于选择持续零售业务内扩张。

高层管理团队任期异质性对持续零售业务外扩张与扩张方向摇摆不定的比较也有显著影响（相关系数4.02，$p<10\%$），任期异质性大的高层管理团队可能比较偏好于选择持续零售业务外扩张。

8.4 分析与讨论

通过实证研究得出，中国零售业高层管理团队规模、平均任期、年龄异质性、教育程度异质性和任期异质性等人口统计学特征对细分战略选择及战略持续性有显著影响，但高层管理团队的平均年龄、职业背景异质性这两个人口统计学特征对细分战略选择及战略持续性没有显著影响。

第一，多元选择模型的实证结果显示，中国零售业高层管理团队的规模对企业战略选择有显著影响，规模小的零售业高层管理团队会偏好于选择七分战略选择分类的纵向一体化扩张、非相关多元化扩张和原业态新店扩张，而三分战略选择分类则是偏好于零售业务外扩张，在战略持续性上则是偏好于持续零售业务外扩张。这里除了原业态新店扩张仍然属于零售业务内扩张外，其余均是零售业务外扩张，因此可以进一步解释为，中国零售业高层管理团队规模越小，越偏好于零售业务外扩张。这可以运用信息–决策理论来分析。高层管理团队规模越小，对于具有零售业职业经验的高层管理者来说，就越希望通过店铺的扩张来施展自己丰富的零售企业管理经验，所以更偏好于原业态新店扩张；然而，伴随着零售市场的区域性和店铺扩张的有限性，以及某些高收益行业的诱惑，高层管理团队规模越小，通常也意味着高层管理团队无法进行更多的原业态新店扩张，如果零售企业拥有具有多行业职业背景的高层管理者，通过团队沟通和知识共享，使得高层管理团队掌握更丰富的多行业的职业经验，了解更多行业的市场信息和战略机会。因此，这些小规模的高层管理团队一方面更倾向从多行业的市场机会中选择最有利于企业发展的机会，向多行业发展；另一方面他们也越有能力领导企业参与多行业的市场竞争，因此会偏好于零售业务外扩张。

第二，高层管理团队的平均任期对企业战略选择也有显著影响，任期长的零售业高层管理团队会偏好于选择七分战略选择分类的纵向一体化扩张和相关多元化扩张、新业态新店扩张，而三分战略选择分类则偏好于零售业务外扩张。在对中国零售企业战略持续性的影响上，在$p<1\%$的显著性水平下证实了，高层管理团队的平均任期越长越倾向选择扩张方向摇摆不定。这可以从团队过程、团队认知基础和动力机制来分析。一方面，从团队过程角度，高层管理团队的平均任期较长，成员间可以经常的交流，建立知识分享机制、信息共享的程序和共同的语言（Zenger and Lawrence，1989），良好的沟通在提高高层管理团队凝聚力的同时

减少了团队内个体成员改变组织现状的可能（Michel and Hambrick，1992）。另一方面，高层管理团队的任期影响了团队成员的认知基础和动力机制，从而促使他们选择不同的企业战略（Finkelstein and Hambrick，1990；Wiersema and Bantel，1992），高层管理团队成员任期的长短与其对组织的认识相关，Katz（1982）指出随着高层管理团队成员在组织中任期的增加，加深了高层管理者对组织已有的政策和运作方式的理解；组织任期越长的管理者更加认同组织的现状、文化和规范（Bantel and Jackson，1989）；任期越长，团队成员越能更好地理解组织现有的政策和程序，越不愿意去改变已有的运作模式（Hambrick and Mason，1984）。因此，零售企业高层管理团队平均任期越长，对企业已有的战略状态和运作方式越认同，同时由于团队凝聚力较高，也避免了个别任期较短的团队成员做出较大的战略调整，进而就越偏好于既定战略，也就是保持了战略的持续性，如果零售企业既定战略是零售业务外扩张，则选择持续零售业务外扩张。

第三，中国零售业高层管理团队的年龄异质性也对企业战略选择有显著影响，年龄异质性大的高层管理团队常常偏好于选择七分战略选择分类的新业态新店扩张、纵向一体化扩张和相关多元化扩张，而三分战略选择分类则是偏好于零售业务外扩张，但战略持续性上则是扩张方向摇摆不定。一方面年龄反映了高层管理者的管理经验，随着年龄的增长，管理者沉积了丰富的企业管理经验和相关的业内经验；另一方面年龄也反映了高层管理者对新事物的认知、学习和接受能力，同时反映了他们对风险的偏好，一般来说，年龄越大，学习能力越弱，越不容易接受新的事物，进而倾向回避风险。高层管理团队年龄异质性反映了高层管理团队整体的管理经验、认知和学习能力及风险承受能力。年龄异质性越大，意味着高层管理团队内拥有不同年龄的管理者，他们既具有丰富的企业管理经验，又具有一定的对新事物的认知、学习和接受能力，也有能力承担新事物带来的风险，因此，年龄异质性越大越倾向创新，而在零售业内，新业态和纵向一体化是零售业务的主要创新；高收益的非相关行业对于零售企业来说具有较高的风险，但高额收益却让年龄异质性较大的高层管理人员愿意承担这些风险；由于非纵向多元化扩张和纵向一体化扩张均属于三分战略选择中的零售业务外扩张，所以年龄异质性大的高层管理团队偏好于选择三分战略选择中的零售业务外扩张。

第四，高层管理团队的教育水平异质性对企业战略选择有显著影响，教育水平异质性大的高层管理团队常常偏好于选择七分战略选择分类的内涵式发展、原业态新店扩张、相关多元化扩张，三分战略选择分类则是偏好于内涵式发展，但战略持续性上则是倾向选择持续零售业务内扩张。教育程度反映了高层管理者的认知基础和专业技能，教育程度高则其认知基础相对较好，专业技能相对扎实，进而可以适度降低新事物的风险。教育水平异质性反映了高层管理团队具有的认知基础、专业技能和承担风险的层次性，教育水平异质性大意味着高层管理团队具有不同层次的认知基础和专业技能，通过团队内部沟通和知识共享，不同教育程度的高层管理者会形成一种合适的合作模式，也会找到适合不同教育程度高层管理者的适当业务领域，因此教育水平异质性大的团队一方面可能选择对教育水平要求相对不高的内涵式发展、原业态新店扩张和相关多元化扩张，在三分战略选择时更偏好于对教育水平要素相对较低的内涵式发展。同时，对于零售企业来说，零售业务内扩张才是其主业，教育水平异质性大的团队更容易具备零售业务内扩张所需的各种认知基础和专业技能，也更倾向选择零售业务内扩张。

第五，高层管理团队的任期异质性对企业战略选择也有一定的影响，任期异质性大的零售业高层管理团队更偏好于选择七分战略选择分类的纵向一体化扩张、非相关多元化扩张、原业态新店扩张，但对三分战略选择分类影响不显著，在比较持续零售业务外扩张和扩张方向摇摆不定时，任期异质性大的高层管理团队显著倾向选择持续零售业务外扩张。任期异质性反映了企业高层管理者具有不同的任期。一般来讲，任期反映了高层管理者在企业内的地位，一般高层管理团队领导的任期相对于成员来说要长，因此也可以说任期反映了高层管理者在企业内的决策权威，任期短的高层管理者服从于任期长的高层管理者，而前文分析得出，任期长的高层管理者倾向选择既定战略，也就是保持战略持续性；同时任期短的高层管理者也常常为了执行原有战略而逐渐进入高层管理团队，也就是说新进入的、任期短的高层管理者也是偏好于原有战略的，进而没有改变既定战略的动力，因此，任期异质性大的高层管理团队在持续零售业务外扩张和扩张方向摇摆不定比较时会偏好于持续零售业务外扩张。

第 9 章　房地产行业高层管理团队与企业战略选择的匹配

前文已经述及，房地产行业有其自身特殊性，因此，本章继续采用离散因变量的多元选择Logit回归模型研究房地产行业企业高层管理团队与战略选择的匹配。

9.1　研究假设

9.1.1　房地产行业高层管理团队人口统计学特征与战略选择

1. 高层管理团队年龄与房地产行业战略选择

高层管理团队成员的年龄会对企业创新能力、战略变革意愿产生影响。企业中管理者年龄稍长，可能追求平稳，更喜欢维持原有的战略现状。并且由于年长管理者具有更为丰富的阅历和经验，也不会采取较为冒进的战略方式。因此高层管理团队平均年龄越大的企业在战略选择上往往不喜好采用多元化战略，而是较多采用密集型成长战略，如产品开发战略或市场开发战略。年轻的管理者有着活跃且开放的思想，具有尝试新鲜事物的渴望，不排斥进行冒险，在企业战略选择上倾向进行多元化的战略选择。在多元化战略中，Hambrick和Mason（1984）的研究也指出，高层管理团队年龄越小，企业越易于实施不相关多元化战略。因此，提出以下假设。

假设1：房地产行业高层管理团队平均年龄越大，越倾向选择产品开发战略、市场开发战略或不进行战略投资的稳定型战略；高层管理团队平均年龄越小，越倾向进行非相关多元化战略。

2. 高层管理团队规模与战略选择

高层管理团队规模越大，团队成员的背景会更加多元化，规模大的团队与规模小的团队相比，拥有较多的解决问题的能力和资源，在战略选择上更倾向进行扩张战略。房地产企业的高层管理团队的规模是在企业规模成长基础上扩大的，具有从事房地产职业背景的成员人数也在不断增加，这些职业背景的高层管理团队成员，更偏好于房地产业务内的专业化扩张或向与房地产行业相关领域业务进行扩张，如进行产品开发战略、市场开发战略、横向一体化战略、纵向一体化战略和相关多元化战略。规模较小的高层管理团队，管理技能和团队整体认知能力不及规模大的团队，可能选择稳定型战略，不进行战略扩张。另外，规模小的团队也可能为了追求短期的企业经济效益，而向非相关多元化战略这样无须太多管理能力的战略方向扩张。因此，提出以下假设。

假设2：房地产行业高层管理团队规模越大越倾向选择成长型战略，且在投资方向上倾向产品开发战略、市场开发战略、横向一体化战略、纵向一体化战略和相关多元化战略；高层管理团队规模越小越倾向选择稳定型战略，或非相关多元化战略。

9.1.2 房地产行业高层管理团队特征异质性与战略选择

高层管理团队的异质性是建立在高层管理团队人口统计学特征基础上的，体现了显性或隐性特征中的差异。本节主要从房地产行业高层管理团队教育水平异质性、年龄异质性、职业背景异质性三方面与战略选择的关系进行研究。

1. 高层管理团队年龄异质性与战略选择

高层管理团队中年龄异质性小时，团队成员所处年龄阶段相差不大，这种团队内部由于年龄差距而产生的冲突可能较少，因此团队在进行战略选择时，选择与原有业务相关度不高的战略外扩张的阻碍更小，更偏好于非相关多元化战略、相关多元化战略、纵向一体化战略。高层管理团队年龄异质性越大，高层管理团队决策时的创新性将会受到影响，战略选择不太具有多样性，越倾向选择与原有业务相关度较高的战略或者维持现状的稳定型战略。因此，提出以下假设。

假设3：房地产行业年龄异质性高的高层管理团队，偏好产品开发、市场开发战略、横向一体化战略、稳定型战略；年龄异质性低的高层管理团队，更倾向相关多元化战略、非相关多元化战略、纵向一体化战略。

2. 高层管理团队教育水平异质性与战略选择

在市场竞争日渐激烈的知识时代，知识和运用知识的能力日渐重要。高层管理团队成员的教育程度会影响其认知方式和价值观，而认知方式和价值观又会对其行为方式、思维方式产生影响，教育水平的差异最终导致高层管理团队在思考和行动方式上的差异。拥有较大教育水平差异的团队虽然能够提出具有创新性且较全面的决策信息，但是决策中的冲突将会增加，为维持稳定和获取一致战略决策，企业在战略选择时不会进行剧烈的战略变化，更可能倾向稳定型战略或房地产业务范围内的扩张战略。教育水平异质性越小的高层管理团队，在战略选择上更容易达成一致，这样的团队更容易进行多元化战略变革。因此，提出以下假设。

假设4：房地产行业高层管理团队的教育水平异质性越大，越倾向选择稳定型战略、产品开发战略、市场开发战略、横向一体化战略和纵向一体化战略；教育水平异质性小的高层管理团队，则倾向选择相关多元化战略、非相关多元化战略。

3. 高层管理团队职业背景异质性与战略选择

战略决策的过程是复杂的，在决策中要有高层管理团队成员的相互合作、配合。高层管理团队成员的不同职业经历给这种合作决策提供了有力的帮助。高层管理团队具有越大的职业背景异质性，就会在广泛的专业领域都有涉及，拥有多渠道途径来做出战略选择和制订战略方案。Hambrick等（1996）在研究中也发现，高层管理团队职业背景异质性越大越能对企业战略变化产生积极的促进作用，从而企业会倾向选择成长型战略。同时，高层管理团队成员任职经历越丰富，其具有越强的分析和应对复杂问题的能力。在目前市场机制并不完善的环境下，企业在获取资源上还较依赖如关系网络这样的非市场机制的事物。高层管理团队成员职业背景越复杂，其拥有越广的社会关系网络，通过这些关系网络企业更易获得所需的通用性资源，而企业高层管理团队拥有不同职业背景的成员，社会关系网络更丰富，有利于企业利用丰富的资源进行相关或非相关的多元化战略。高层管理团队成员职业背景差异不大，基本集中在从事房地产行业相关背景的职业，则更专注于房地产行业内的战略选择，或由于经验上的不足而选择稳定型战略。因此，提出以下假设。

假设5：房地产行业高层管理团队职业背景异质性越大，越倾向选择相关多元化战略、非相关多元化战略、横向一体化战略；高层管理团队职业背景异质性越小，企业越倾向选择稳定型战略、产品开发战略、市场开发战略。

9.2　样本与方法

9.2.1　样本选择

本节以中国上交所和深交所房地产行业A股上市公司作为研究对象，选取2001～2010年从事房地产行业中满9年的上市公司，即拥有9年的房地产行业战略选择的41家企业为有效样本。同时，根据上市公司董事会每3年一换届的规定，截取2001～2010年的3届高层管理团队，得到样本数量为41×3=123个。本节研究中有关高层管理团队的数据，来源于中国房地产企业上市公司年报和Wind资讯经济数据终端深度资料中的“董事会及管理层信息”。

9.2.2 研究变量

1. 因变量

本节主要研究中国房地产行业高层管理团队与企业战略选择的关系，根据第5章的分析和所划分的战略选择类型，本节选取稳定型战略、产品开发战略、市场开发战略、纵向一体化战略、横向一体化战略、相关多元化战略和非相关多元化战略七种战略选择类型作为研究的因变量（表9-1）。

表 9-1 房地产行业企业战略选择因变量定义

因变量名称	变量符号
产品开发战略	1
市场开发战略	2
纵向一体化战略	3
横向一体化战略	4
相关多元化战略	5
非相关多元化战略	6
稳定型战略	7

2. 自变量

本节从高层管理团队的人口统计学特征及特征异质性角度展开研究，自变量包括房地产行业企业高层管理团队的规模、平均年龄、年龄异质性、教育水平异质性和职业背景异质性。各自变量定义见表9-2。

表 9-2 自变量定义

自变量名称	变量符号	变量定义
规模	Size	高层管理团队中成员的人数
平均年龄	Age A	团队中全体成员年龄的算术平均值
年龄异质性	Age H	使用 Herfindahl-Hirschman，公式为 $1-\sum_{i=1}^{n}p_i^2$
教育水平异质性	Edu. H	
职业背景异质性	Ori. H	

根据上市公司年报资料，高层管理团队成员的选择包括独立董事在内的董事会成员和非董事高级管理人员，包括公司董事长、总经理、董事、独立董事、董事会秘书、副总经理、财务总监等。由于高层管理团队具有流动性，本节研究在2001～2010年截取3届高层管理团队，选取标准为高层管理团队成员可以改变，但是领导者不能改变，确定所研究的41家房地产企业每届的高层管理团队，然后对这41家企业3届高层管理团队的人口统计学特征及特征异质性进行研究。

每届高层管理团队的平均年龄为团队中全体成员年龄的算术平均值。高层管理团队的规模，指每届高层管理团队中成员的人数。高层管理团队的异质性主要研究高层管理团队年龄、教育水平、职业背景三方面的差异。本节研究选择使用Herfindahl-Hirschman系数法来衡量上述特征的异质性，计算公式为

$$H = 1 - \sum_{i=1}^{n} p_i^2$$

其中，H表示异质性或多元化程度；i表示类别；n表示类别总数；p_i表示每一类人数占高层管理团队总人数的比重。如表9-3所示，本节将房地产行业高层管理团队成员的年龄、教育水平分为5类，职业背景分为6类。教育水平的5类包括以下几项：高中及以下，编码为1；大专，编码为2；本科，编码为3；硕士，编码为4；博士及以上，编码为5。结合房地产行业高层管理团队职业背景的实际情况，将职业背景划分为6类：经营管理，编码为1，即在其职业生涯中主要从事企业经营、生产、市场销售、工程管理等工作；财务金融，编码为2，包括职业生涯中有财务管理、会计、税务、银行、证券、律师等从业经验；政府公务员，编码为3，即主要在政府部门工作；企业行政管理，编码为4，是指从事行政、人力相关的工作，包括从事人事、总务管理、党政部门或担任工会类职务；教学科研，编码为5，主要指从事高校教学及在研究机构工作；其他，编码为6，即除去以上类别职业背景之外的情况。H取值介于0和1之间，H值越大，代表着高层管理团队某一特征差异越大。

表 9-3　房地产行业上市公司自变量编码

编码	平均年龄/岁	教育水平	职业背景
1	$X \leq 35$	高中及以下	经营管理
2	$35 < X \leq 40$	大专	金融财务
3	$40 < X \leq 45$	本科	政府公务员
4	$45 < X \leq 50$	硕士	企业行政管理
5	$X > 50$	博士及以上	教学科研
6			其他

3. 控制变量

由于企业的规模同企业结构密切相关，同样会影响企业战略，企业战略又会反过来影响企业规模。所以，企业规模可能在一定程度上影响高层管理团队各特征自变量与战略选择类型因变量之间的关系，故本节引用企业规模作为控制变量，选取企业每一届高层管理团队对应的三年间平均总资产（万元）的自然对数（LnA）来反映控制变量企业规模，以研究高层管理团队与房地产企业战略选择的关系。

9.2.3 模型设计

本节对房地产企业高层管理团队多个特征变量同企业战略选择各种类型之间的关系进行研究，要测量多个自变量和多个因变量之间的关系，由于因变量属于分类变量而并非数值型变量，因此，选取多元选择Logit回归模型来检验高层管理团队人口统计学特征与企业战略选择的关系，其模型如下：

$$\lg P_1 / P_7 = \alpha_1 + \beta_{11}\chi_{1i} + \beta_{12}\chi_{2i} + \beta_{13}\chi_{3i} + \beta_{14}\chi_{4i} + \beta_{15}\chi_{5i} + \mu_1 \quad (9\text{-}1)$$

$$\lg P_2 / P_7 = \alpha_2 + \beta_{21}\chi_{1i} + \beta_{22}\chi_{2i} + \beta_{23}\chi_{3i} + \beta_{24}\chi_{4i} + \beta_{25}\chi_{5i} + \mu_2 \quad (9\text{-}2)$$

$$\lg P_3 / P_7 = \alpha_3 + \beta_{31}\chi_{1i} + \beta_{32}\chi_{2i} + \beta_{33}\chi_{3i} + \beta_{34}\chi_{4i} + \beta_{35}\chi_{5i} + \mu_3 \quad (9\text{-}3)$$

$$\lg P_4 / P_7 = \alpha_4 + \beta_{41}\chi_{1i} + \beta_{42}\chi_{2i} + \beta_{43}\chi_{3i} + \beta_{44}\chi_{4i} + \beta_{45}\chi_{5i} + \mu_4 \quad (9\text{-}4)$$

$$\lg P_5 / P_7 = \alpha_5 + \beta_{51}\chi_{1i} + \beta_{52}\chi_{2i} + \beta_{53}\chi_{3i} + \beta_{54}\chi_{4i} + \beta_{55}\chi_{5i} + \mu_5 \quad (9\text{-}5)$$

$$\lg P_6 / P_7 = \alpha_6 + \beta_{61}\chi_{1i} + \beta_{62}\chi_{2i} + \beta_{63}\chi_{3i} + \beta_{64}\chi_{4i} + \beta_{65}\chi_{5i} + \mu_6 \quad (9\text{-}6)$$

$$\lg P_1 / P_2 = \lg P_1 / P_7 - \lg P_2 / P_7 \quad (9\text{-}7)$$

$$\lg P_1 / P_3 = \lg P_1 / P_7 - \lg P_3 / P_7 \quad (9\text{-}8)$$

$$\lg P_1 / P_4 = \lg P_1 / P_7 - \lg P_4 / P_7 \quad (9\text{-}9)$$

$$\lg P_1 / P_5 = \lg P_1 / P_7 - \lg P_5 / P_7 \quad (9\text{-}10)$$

$$\lg P_1 / P_6 = \lg P_1 / P_7 - \lg P_6 / P_7 \quad (9\text{-}11)$$

$$\cdots$$

$$\lg P_1 / P_n = \lg P_1 / P_n - \lg P_{n-1} / P_n \quad (9\text{-}12)$$

其余两两对比模型以此类推。

9.3 实证分析与结果

9.3.1 房地产行业的企业高层管理团队特征

通过对41家房地产上市公司三届高层管理团队的资料进行整理，每届高层管理团队各自变量的统计性描述情况如表9-4所示。

表 9-4 每届高层管理团队人口统计学特征汇总表

人口特征	第一届	第二届	第三届
平均年龄/岁	44.1	45.9	47.6
规模/人	11.8	13.0	13.6
年龄异质性	0.70	0.71	0.67
教育水平异质性	0.60	0.62	0.62
职业背景异质性	0.65	0.66	0.67

如图9-1所示，在年龄上，高层管理团队的平均年龄在40～50岁，且每届高层

管理团队成员的平均年龄呈现不断上升的趋势；小于35岁的高层管理团队成员所占比重逐届下降，而年龄大于50岁的高层管理团队成员比重逐届上升，其他年龄段呈波动性变化，没有明显趋势。纵观每一届高层管理团队，除第一届45～50岁所占比重最大，第二届和第三届均为大于50岁的年龄段所占比重最大，且这两届团队在年龄上的差异缩小，可见，高层管理团队主要还是以年长、有丰富经验的成员为主。

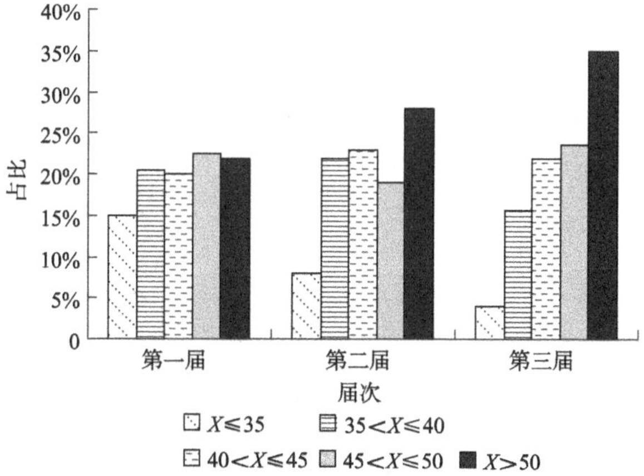

图 9-1　每届高层管理团队年龄分布情况

高层管理团队规模逐届扩大，成员平均人数基本在11～14人。

如图9-2所示，房地产上市公司高层管理团队在教育水平上的差异在扩大。在教育水平上，拥有高中及以下学历的成员在每届所占比重最低，硕士的比重最高；大专和本科学历所占比重有逐届递减的趋势，硕士和博士及以上学历比重在逐届提高。由此可见，房地产行业高层管理团队成员的受教育水平在不断提高。

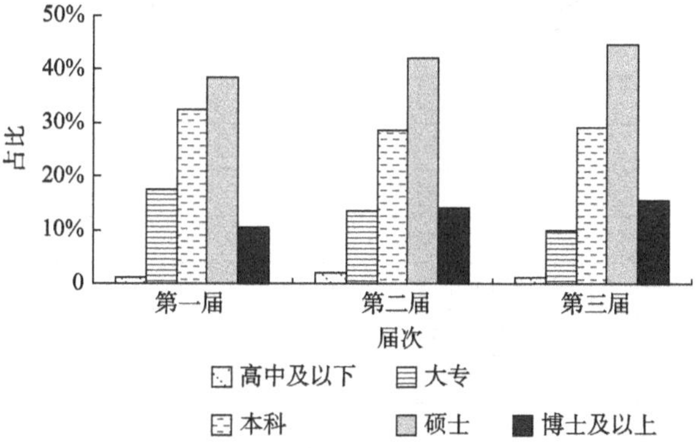

图 9-2　每届高层管理团队教育水平分布情况

如图9-3所示，在职业背景上，房地产行业高层管理团队中从事经营管理的成员比重最大，其次为有金融财务方面从业背景的成员，每届高层管理团队成员职业背景的结构大致相同。横向比较三届高层管理团队职业背景的变化，从事企业经营管理背景的成员比重有略微下降，拥有教学科研背景的成员比重开始出现了上升，说明房地产行业高层管理团队开始注意吸纳学术研究领域的专业人才进入高层管理团队，以提升企业在战略决策上的专业性。

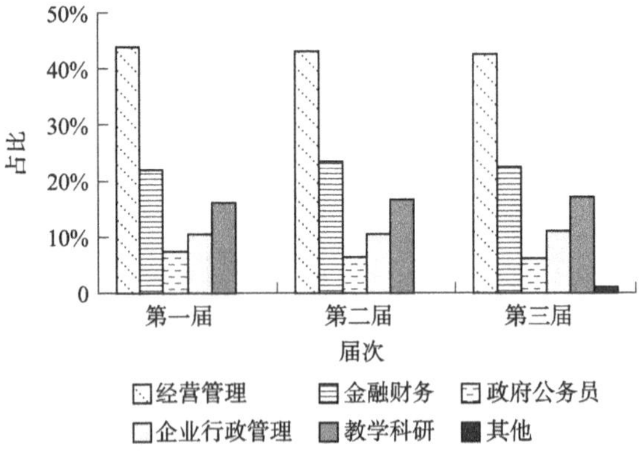

图 9-3　每届高层管理团队职业背景情况

9.3.2　多元选择 Logit 回归结果

使用SPSS 17.0软件，运用多元选择Logit回归模型研究房地产行业高层管理团队人口统计学特征与战略选择的关系。

表9-5为房地产行业上市公司战略选择类型的样本分布。表9-6为高层管理团队人口统计学特征与企业战略选择的回归分析结果。

表 9-5　房地产行业上市公司战略选择类型的样本分布

编码	变量名称	样本数/个	占比
1	产品开发战略	54	44%
2	市场开发战略	35	28%
3	纵向一体化战略	1	1%
4	横向一体化战略	13	11%
5	相关多元化战略	7	6%
6	非相关多元化战略	9	7%
7	稳定型战略	4	3%
合计		123	100%

从表9-6的回归分析结果可以看出，在高层管理团队规模（Size）同企业战略选择关系中，只有1个战略选择类型的两两比较通过显著性检验。在产品开发战略

和市场开发战略的比较中，规模越大的团队，越倾向选择市场开发战略（相关系数为-0.18，$p<5\%$），而非进行产品开发战略。在不考虑显著性水平的情况下，高层管理团队规模战略选择的排序是市场开发战略、非相关多元化战略、横向一体化战略、稳定型战略、产品开发战略、相关多元化战略、纵向一体化战略。因此假设2仅得到了部分验证。

表 9-6　高层管理团队人口统计学特征与企业战略选择的回归分析结果

因变量	常数	Ln *A*	Age *A*	Size	Age *H*	Edu. *H*	Ori. *H*
lg（P_1/P_7）	-45.97	7.15***	-0.14	-0.01	-3.41	-5.09	-5.66
lg（P_2/P_7）	-51.85*	7.25***	-0.25	0.17	0.79	-0.62	-3.55
lg（P_3/P_7）	-46.64	9.22	0.01	-1.65	-33.55	30.19	-34.52
lg（P_4/P_7）	-48.20*	6.46**	-0.12	0.12	1.56	-1.69	-7.05
lg（P_5/P_7）	-59.81**	9.69****	-0.25	-0.16	-17.55	-14.37**	7.10
lg（P_6/P_7）	-53.72*	6.11**	-0.05	0.12	-6.00	-1.23	7.9
lg（P_1/P_6）	7.76	1.05	-0.09	-0.14	2.60	-3.86	-13.56**
lg（P_2/P_6）	1.87	1.15	-0.20	0.05	6.79	0.61	-11.45*
lg（P_3/P_6）	7.07	3.11	-0.06	-1.77	-27.55	31.42	-42.42*
lg（P_4/P_6）	5.53	0.35	-0.07	-0.004	7.56	-0.46	-14.95**
lg（P_5/P_6）	-6.09	3.59***	-0.20	-0.28	-11.55*	-13.14***	-0.80
lg（P_1/P_5）	13.84	-2.54**	0.11	0.14	14.14***	9.28***	-12.76**
lg（P_2/P_5）	7.96	-2.44**	0.003	0.33	18.33***	13.75****	-10.65
lg（P_3/P_5）	13.16	-0.48	0.26	-1.49	-16.00	44.56	-41.62*
lg（P_4/P_5）	11.61	-3.23***	0.14	0.28	19.10***	12.68***	-14.15**
lg（P_1/P_4）	2.23	0.69	-0.02	-0.13	-4.96	-3.40	1.38
lg（P_2/P_4）	-3.65	0.79	-0.13	0.05	-0.77	1.07	3.5
lg（P_3/P_4）	1.54	2.76	0.13	-1.77	-35.11	31.88	-27.48
lg（P_1/P_3）	0.69	-2.06	-0.15	1.63	30.15	-35.28	28.86
lg（P_2/P_3）	-5.20	-1.96	-0.26	1.82	34.34	-30.81	30.98
lg（P_1/P_2）	5.88	-0.10	0.11	-0.18***	-4.19	-4.47**	-2.12

*、**、***、****分别表示 15%、10%、5%、1%水平下显著

在高层管理团队年龄异质性（Age *H*）对战略选择的影响中，有四个战略选择类型两两比较结果通过显著性检验。在相关多元化战略与非相关多元化战略的比较中，年龄异质性越大，越倾向选择非相关多元化战略（相关系数-11.55，$p<15\%$）；在产品开发战略、市场开发战略、横向一体化战略同相关多元化战略的比较中，年龄异质性越大，越不会倾向选择相关多元化战略，而是按照横向一体化战略、市场开发战略、产品开发战略的顺序来进行选择。若不考虑显著性水平，

这七种战略类型的选择顺序是横向一体化战略、市场开发战略、稳定型战略、产品开发战略、非相关多元化战略、相关多元化战略、纵向一体化战略。因此，假设3仅得到部分验证。

在教育水平异质性（Edu. *H*）对战略选择影响中，有六个战略选择类型两两比较结果通过显著性检验。在相关多元化战略与稳定型战略的比较中（相关系数-14.37，$p<10\%$），教育水平异质性越大，越倾向选择稳定型战略。相关多元化战略与非相关多元化战略相比（相关系数-13.14，$p<5\%$），教育水平异质性越大，越倾向选择非相关多元化战略，产品开发战略、市场开发战略、横向一体化战略同相关多元化战略相比（相关系数分别为9.28、13.75、12.68，p分别小于5%、1%、5%），教育水平异质性越大，越不会选择相关多元化战略；产品开发战略与市场开发战略相比（相关系数-4.47，$p<10\%$），教育水平异质性越大，越倾向选择市场开发战略，这几种战略的选择顺序依次是市场开发战略、横向一体化战略、产品开发战略、相关多元化战略。若不考虑显著性水平，七种战略类型可以按照纵向一体化战略、稳定型战略、市场开发战略、非相关多元化战略、横向一体化战略、产品开发战略、相关多元化战略的顺序排列。假设4部分得到了验证。

职业背景异质性（Ori. *H*）与战略选择关系中，有七个战略选择两两比较结果通过了显著性检验。产品开发战略、市场开发战略、纵向一体化战略、横向一体化战略与非相关多元化战略相比（相关系数分别为-13.56、-11.45、-42.42、-14.95，p分别小于10%、15%、15%、10%），职业背景差异越大，越倾向选择非相关多元化战略。这五种战略的选择顺序依次是非相关多元化战略、市场开发战略、产品开发战略、横向一体化战略、纵向一体化战略。产品开发战略、纵向一体化战略、横向一体化战略与相关多元化战略相比（相关系数分别为-12.76、-41.62、-14.15，p分别小于10%、15%、10%），职业背景异质性越大，越倾向选择相关多元化战略，这三种战略的选择顺序是产品开发战略、横向一体化战略、纵向一体化战略。在不考虑显著性水平的情况下，职业背景异质性越大，七种战略的选择顺序依次为非相关多元化战略、相关多元化战略、稳定型战略、市场开发战略、产品开发战略、横向一体化战略、纵向一体化战略。假设5得到了部分验证。

高层管理团队平均年龄（Age *A*）对各种战略选择类型的影响没有通过显著性检验，假设1没有得到验证。

9.4 分析与讨论

2001～2010年，中国房地产行业处于宏观环境较不平稳的时期之一，经历过最繁荣的房地产黄金时期，也遭遇过最低潮的寒冬。这期间，中国房地产行业的大多数企业选择成长型战略，但是采取稳定型战略的企业的比重呈现波动型上升趋势，在这种波动趋势中特别值得一提的是，在2008年底到2009年初正在金融危机席卷全球的时候，一些中国房地产企业却抛弃了稳定型战略而重新选择成长型战略，可以说是很有预见性的，中国房地产行业企业的战略选择类型随着外部环境的变化也在不断调整。另外，从前面对中国房地产上市公司企业战略选择的统计性描述中能够看出，企业选择成长型战略可以有多种选择，而且企业也进行了多种选择，说明中国房地产行业的战略选择空间比较大。中国房地产行业具有高波动、高抉择特征，企业战略选择在很大程度上取决于高层管理团队对经营环境的判断。中国房地产行业的上述特征非常符合高层管理团队理论的假设条件。

通过实证研究得出，中国房地产行业高层管理团队特征对企业战略选择有显著影响。规模越大的高层管理团队在产品开发战略和市场开发战略的选择中，会更倾向市场开发战略。年龄异质性越大的高层管理团队，越不会倾向选择相关多元化战略，而偏好于选择横向一体化战略、市场开发战略、产品开发战略这些在房地产业务范围内的扩张战略。年龄异质性大的高层管理团队一旦选择多元化扩张战略，那么在相关多元化战略与非相关多元化战略比较中，则更倾向选择后者。教育水平异质性越大的高层管理团队同样越不偏好相关多元化战略，倾向按照市场开发战略、横向一体化战略、产品开发战略这样的先后顺序进行选择，在多元化战略的比较中，更倾向非相关多元化战略。若不考虑显著性高层管理团队职业背景异质性越大，企业越倾向选择非相关多元化战略和相关多元化战略，其他战略的选择顺序依次是稳定型战略、市场开发战略、产品开发战略、横向一体化战略、纵向一体化战略。

通过实证研究得出，中国房地产行业高层管理团队规模、年龄异质性、教育水平异质性、职业背景异质性对企业战略选择类型有显著影响，但房地产行业高层管理团队的平均年龄对战略选择没有显著影响。

第一，中国房地产行业高层管理团队规模对企业战略选择有显著影响，但显著性仅体现在市场开发战略同产品开发战略的比较中，规模越大的高层管理团队越偏好选择市场开发战略。由于高层管理团队规模越大，具有房地产业务经验的高层管理者越多，越倾向向自己房地产行业业务范围内扩张，来发挥自身的职业经验，偏好于进行市场的开发，利用自己在房地产行业内的丰富经验，在原有市场开发新的房地产项目，实现企业扩张。

第二，中国房地产行业高层管理团队年龄异质性对企业战略选择有显著影响，年龄异质性大的高层管理团队偏好于选择横向一体化战略、市场开发战略、产品开发战略；两种多元化战略比较，企业更倾向选择非相关多元化战略。研究发现，高层管理团队成员年龄异质性越大，选择相关多元化战略的倾向越小。可见，年龄异质性大的团队，由于团队成员在年龄上的差异，认知能力、学习能力、管理经验及面对风险的态度上都存在差别，相比于年龄差异小的团队，在做出战略决策的过程中，考虑较为全面谨慎，因此在战略选择上，倾向进行行业业务范围内的战略扩张。而企业一旦进行多元化的选择，则不会仅停留在同原有业务相关的领域进行相关的多元化扩张，而会选择非相关多元化战略。

第三，房地产行业高层管理团队教育水平异质性对企业战略选择存在显著影响，教育水平异质性越大的高层管理团队越偏好于按照市场开发战略、横向一体化战略、产品开发战略这样的顺序进行选择。两种多元化战略选择相比较而言，教育水平异质性越大的高层管理团队，越倾向选择非相关多元化战略。稳定型战略和相关多元化战略比较，企业更倾向选择前者。教育水平能够反映团队成员的认知能力和专业知识，教育水平的异质性体现了团队成员在专业技能和认知能力层次上的差异。这种差异性越大，团队内部战略决策的做出越要经历一段磨合的过程，战略选择速度会变缓，而且做战略决策时更为谨慎，因此，企业更倾向在原有行业范围内的战略扩张或保持稳定型的战略。另外，当企业选择进行多元化扩张时，由于高层管理团队教育水平的差异，其所擅长和适合的业务领域也会存在差距,这就使得高层管理团队倾向选择原有业务外的非相关领域进行战略扩张。

第四，房地产行业高层管理团队职业背景异质性对企业战略选择存在显著影响，高层管理团队职业背景异质性越大，越倾向选择相关多元化战略或非相关多元化战略，其他战略的选择顺序依次是稳定型战略、市场开发战略、产品开发战略、横向一体化战略、纵向一体化战略。一般而言，高层管理者每个不同的工作经历，都有可能对他们的知识积累和价值观念产生影响。因此是否曾经任职其他企业高层关系着管理者的经历，而这些经历会直接影响其以后进行决策。高层管理者单一职业经历的经验积累可能对其完成常规性任务有帮助作用，但同样使管理者缺乏战略的视野。职业经历多样化使社会关系网络扩大，通过网络关系获得的支持性资源能为企业实施多元化战略经营提供有力帮助。而且，高层管理团队在其他企业任过职，积累了丰富的职业经历，使其有更强的应变能力应对多元化战略经营过程中出现的问题和复杂事件，因此高层管理团队职业背景异质性越大，越偏好选择多元化战略。选择市场开发战略需要在不同市场进行战略投资，新进入的市场既有机遇也有挑战，充满不确定性，同样需要企业高层管理团队具有丰富的职业经验和广阔的人际关系网络，相比于产品开发战略和一体化战略，职业背景异质性越大，也会使企业倾向选择市场开发战略。

第10章　电力行业高层管理团队与企业战略选择的匹配

中国电力行业既是国有企业的代表，又是对国民经济产生重要影响的基础性行业，高层管理团队与企业战略选择的匹配有其自身独有的特征，因此，本章按照第6章的测量方法将电力企业战略选择进行分类，采用离散因变量的多元选择Logit回归模型研究中国电力行业高层管理团队与企业战略选择的匹配。

10.1　研究假设

10.1.1　平均年龄与战略选择

我们通常认为，年龄较大的管理者思想观念较为保守，他们会为自己曾经在工作领域中创下的一席之地而感到自豪，由于受现在所拥有的地位或者精力所限，年龄较大的管理者会将大部分精力放在维持现有水平，而不再表现出先前的闯劲，因此，他们往往会选择风险较低的战略。而年纪较小的管理者则敢于放开手脚，去尝试更新鲜的东西，如果成功，则无疑会对他们未来的成长更加有利，即使失败，也有时间和精力去接受失败，并为下一次的成功做好准备。

电力行业也是如此，由于电力行业投入巨大且具有国有控股的属性，许多高层管理团队成员在行业内或者相关管理部门工作多年，这使得他们更熟悉已知的业务，在这种情况下，当他们经过努力成为高层管理者时，几乎已经到了职业生涯的顶点，所以，这些经过多年努力的高层管理者多是风险中立者，甚至是风险厌恶者，他们会选择风险较小的战略。

基于此，提出以下假设。

假设1：电力行业高层管理团队的平均年龄越大，越倾向选择产品密集战略、市场密集型战略、纵向一体化战略；高层管理团队的平均年龄越小，越倾向选择横向相关多元化战略和非相关多元化战略等风险较大的战略。

10.1.2 平均教育水平与战略选择

一般认为，教育水平可以衡量一个人的学习能力和认知能力。这种能力部分是从学历高低体现出来的，因此，企业在招聘过程中由于不能直接对招聘者的能力进行评估，他们首先会通过招聘者的学历进行一个初步的判断和筛选。在这种情况下，高层管理团队的平均教育水平越高，获取有效信息的可能性就越大，越会选择有利于企业自身发展的战略。且平均教育水平较高，高层管理团队可能越愿意接受挑战，通过具有挑战的战略发展目标获得心理上的满足感。

基于此，提出以下假设。

假设2：电力行业高层管理团队的平均教育水平越高，越可能选择符合国家政策导向的产品密集型战略、非相关多元化战略；平均教育水平越低，越倾向选择纵向一体化战略、市场密集型战略和横向相关多元化战略。

10.1.3 规模与战略选择

从一般的认知角度来看，高层管理团队规模越大，团队成员所拥有的知识、信息、人脉等越复杂或差异性越大，在这种情况下，企业越可能利用团队成员的不同能力去解决复杂的问题，挑战更高的目标，同时，这可能带来解决问题的低效率或者无效率。而规模越小，由于人、力、物的有限性，他们可能更愿意采取稳妥的做法，同时，可能选择非相关多元化战略，这种战略不会耗费管理者太多的精力，但又会获利颇丰，这种战略主要表现在金融、地产领域。

基于此，提出以下假设。

假设3：电力行业高层管理团队规模越大，越倾向选择产品密集型战略、纵向一体化战略、横向相关多元化战略、市场密集型战略；规模越小，越倾向选择非相关多元化战略。

10.1.4 年龄异质性与战略选择

在一个团队中，年龄较大的成员保守，年龄较小的成员冒险，如果一个团队成员的年龄差异不大，他们产生冲突的机会相对较少。而年龄差异大时，他们就容易对战略选择产生分歧，为了避免产生过多的分歧，他们倾向选择与原有业务相关联或者风险较小的战略。

基于此，提出以下假设。

假设4：电力行业高层管理团队的年龄异质性越大，越倾向选择市场密集型战略、纵向一体化战略；年龄异质性越小，越倾向选择产品密集型战略、非相关多元化战略、横向相关多元化战略。

10.1.5　教育水平异质性与战略选择

教育提供了一种关于技能、认知和基础知识的能力，高层管理团队教育水平异质性越大，能提供的信息越多元化，对问题的分析越透彻，更易制定出符合企业发展的战略，但同时应看到，成员之间教育水平的分歧越大，其对同一问题的看法也越容易产生冲突。而如果教育水平的异质性越低，则高层管理团队在做战略决策时越容易达成一致，这样可能也会产生两种结果，即教育水平普遍较高的高层管理团队更愿意选择多元化战略，而教育水平普遍较低的高层管理团队则可能倾向选择更容易实施的市场密集型战略。

基于此，提出以下假设。

假设5：电力行业高层管理团队的教育水平异质性越大，越容易选择纵向一体化战略、产品密集型战略；教育水平异质性越小，越容易选择市场密集型战略、非相关多元化战略、横向相关多元化战略。

10.1.6　职业背景异质性与战略选择

Finkelstein（1992）认为拥有较为宽泛的职能背景异质性的高层管理团队能够较好地应对复杂的环境。Bantel和Jackson（1989）通过对小型银行的高层管理团队组成特征异质性与战略的关系研究发现高层管理团队成员在职业背景方面越是具有异质性，就越会产生好的战略决策。职业背景方面的异质性可以为企业提供多方面的参考意见及应对解决复杂问题的能力。对于电力行业来说，具有更多的有政府行政管理从业经历成员的高层管理团队，则更懂得如何与政府打交道并更容易从那里获得帮助，也更习惯于并愿意通过非相关多元化的战略选择实现快速发展；如果具有生产背景的高层管理者居多，他们则喜欢通过开发新产品或选择纵向一体化战略。高层管理团队职业背景的异质性较小，则他们往往会选择自己熟悉的领域进行开发，从而避免失败。

基于此，提出以下假设。

假设6：电力行业高层管理团队的异质性越大，越倾向选择非相关多元化战略、横向相关多元化战略、市场密集型战略；高层管理团队的异质性越小，越倾向选择纵向一体化战略、产品密集型战略。

10.2　样本与方法

10.2.1　样本选择

本书选择的样本来自沪深两市的上市公司，经过筛选及翻阅年报，最终保留的有效样本共49家，其中，在上交所上市的共有31家，在深交所上市的共有18家，并选取1999～2013年的时间范围进行研究，即选取每家公司连续4届的高层管理团队作为样本（共196个）。

本书所使用的财务数据来自各上市公司年报，上市公司高层管理团队的背景资料来自国泰安金融数据库中的公司治理数据库，并通过手工整理得到，部分缺失数据则通过搜索互联网资讯得到，若最终无法找到相关数据，则进行缺失变量的剔除。最终数据处理主要利用EXCEL和SPSS 19.0完成。

10.2.2 变量的定义与测量

1. 因变量的测量

本节采用内容分析法，对49家电力行业上市公司披露的年报进行关键字段的内容分析，并据此判断公司每年选择的战略类型。最后对电力行业上市公司的战略选择进行定性编码。通过分析，最终将战略选择类型分为产品密集型战略、市场密集型战略、纵向一体化战略、横向相关多元化战略及非相关多元化战略（表10-1）。

表 10-1 中国电力行业上市公司战略选择的编码及测量

编码	战略选择类型	年报中选取的关键字段
1	产品密集型战略	主要集中投资电力产品，如火电、水电、风电等；开发新能源发电等
2	市场密集型战略	主要在其他地区投资新建电厂；收购其他城市电厂；跨城市、跨区域电力市场的扩张
3	纵向一体化战略	主要以投资自建、合建或收购、股权形式参股或控股等形式扩张产业链，将电力产业链延伸至其上下游，如延伸到煤炭行业、矿物采选业、节能环保、钢铁、电解铝、电石等
4	横向相关多元化战略	主要以投资自建、合建或收购、股权形式参股或控股等方式投资与本企业横向相关的公司或者项目，如投资其他电力项目、热力等
5	非相关多元化战略	主要以投资自建、合建或收购、股权形式参股或控股等形式投资与本企业横向、纵向均不相关的企业或项目，如投资银行、保险公司、房地产公司等

2. 自变量的测量

本节对高层管理团队的研究主要遵从已有学者的研究，即从高层管理团队的人口统计学特征及其异质性角度展开研究，通过年报可获得相关数据，最终确定的被解释变量包括平均年龄、平均教育水平、规模、年龄异质性、教育水平异质性和职业背景异质性六个变量。

1）平均年龄

高层管理团队平均年龄用“Age *A*”表示。高层管理团队平均年龄的计算方法为将每届符合条件的高层管理团队成员平均年龄相加取其三年的平均数计算得出。

$$\text{Age } A = \frac{1}{3}\sum_{i=1}^{3} X_i$$

其中，X_i 表示每年的高层管理团队成员平均年龄。平均年龄各分类的编码，见表10-2。

表 10-2　自变量编码

编码	平均年龄/岁	教育水平	职业背景
1	$20<X\leqslant 30$	中专及以下	生产经营
2	$30<X\leqslant 40$	大专	政府服务
3	$40<X\leqslant 50$	本科	金融财务
4	$X>50$	硕士	行政管理
5		博士及以上	教学科研
6			其他

2）平均教育水平

高层管理团队平均教育水平用“Edu. *A*”表示。由于教育水平和职业背景不能直接通过计算得出，因此，对二者的测量主要依靠赋值和编码实现。如表10-2所示，将教育水平共分为5类，分别为：中专及以下，编码为1；大专，编码为2；本科，编码为3；硕士，编码为4；博士及以上，编码为5。因此，平均教育水平的计算方法为将每位成员的教育背景按照编码赋值后，与平均年龄计算相似，也取其三年的平均数计算得出。

$$\text{Edu. } A = \frac{1}{3}\sum_{i=1}^{3} X_i$$

其中，X_i 表示每年的高层管理团队成员的平均教育水平。

3）规模

高层管理团队规模用“Size”表示。本节选取的高层管理团队成员包括董事长（副董事长）、总经理（副总经理）、董事、董事会秘书、财务总监、生产总监、独立董事等，每年的董事会成员会有变化，因此每届的高层管理团队规模取其三年的平均数进行计算，得

$$\text{Size} = \frac{1}{3}\sum_{i=1}^{3} X_i$$

其中，X_i 表示每年的高层管理团队人数。

4）年龄异质性

本书对年龄异质性的测量采用标准差系数法。即用每年高层管理团队成员年

龄的标准差除以平均值，然后求每届三年的算术平均数，用公式表示为

$$\text{Age } H = \frac{1}{3}\sum_{i=1}^{3}\frac{\sigma}{\overline{x}}$$

其中，σ 表示高层管理团队成员年龄的标准差，$\overline{x}$ 表示每年高层管理团队成员年龄的平均值。Age H 值越大，表示团队成员的年龄差异越大；反之，则表示团队成员的年龄差异越小。

5）教育水平异质性

对高层管理团队教育水平按照编码要求编码后，对其异质性的测量采用学术界惯用的Herfindahl-Hirschman系数法，其计算公式为

$$\text{Edu. } H = 1 - \sum_{i=1}^{n} P_i^2$$

其中，Edu. H 表示教育水平异质性的大小；P_i 表示第i类高层管理团队成员占高层管理团队总人数的比重，$i = 1,2,\cdots,n$。Edu. H 值越大，表明高层管理团队的教育水平异质性越大；反之，则高层管理团队教育水平异质性越小。

6）职业背景异质性

由于高层管理团队成员职业背景的多样化，因此，本节将高层管理团队成员在职业生涯中时间最长的职业作为其职业背景，如表10-2所示，本节将职业背景分为六类，即生产经营，在企业长期从事生产、销售、管理等工作，编码为1；政府服务，在政府担任职务，编码为2；金融财务，在企业长期从事财务、会计、银行、证券等相关工作，编码为3；行政管理，在企业长期从事诸如党务、人事、人力方面工作，编码为4；教学科研，在高校或科研机构工作，编码为5；其他，除上述5种类别之外的职业背景，编码为6。

对其异质性的测量同样采用Herfindahl-Hirschman系数法，具体计算方式同教育水平的异质性测量类似。

自变量定义及测量见表10-3。

表 10-3　自变量定义及测量

被解释变量	变量符号	变量定义及测量
平均年龄	Age A	$\frac{1}{3}\sum_{i=1}^{3}X_i$
平均教育水平	Edu. A	
规模	Size	高层管理团队成员人数，$\frac{1}{3}\sum_{i=1}^{3}X_i$
年龄异质性	Age. H	$\frac{1}{3}\sum_{i=1}^{3}\frac{\sigma}{\overline{x}}$
教育水平异质性	Edu. H	$1-\sum_{i=1}^{n}P_i^2$
职业背景异质性	Ori. H	

3. 控制变量的测量

影响企业战略选择的因素还有很多，根据之前学者的研究及数据的易得性，本节仅将企业规模选作控制变量，具体计算方法是采用企业三年平均总资产的自然对数（Ln A）。

10.2.3　模型设定

由于本节的研究对象为电力行业高层管理团队的多个变量值与企业战略选择的多个变量值之间相互关系，这些变量属于多分类、非数值型变量，因此，本节选用离散因变量的多元选择Logit模型对二者的关系进行研究，具体模型如下：

$$\lg P_1/P_5=\alpha_1+\beta_{11}\chi_{1i}+\beta_{12}\chi_{2i}+\cdots+\beta_{16}\chi_{6i}+\beta_{17}\chi_{7i}+\varepsilon_1 \tag{10-1}$$

$$\lg P_2/P_5=\alpha_2+\beta_{21}\chi_{1i}+\beta_{22}\chi_{2i}+\cdots+\beta_{26}\chi_{6i}+\beta_{27}\chi_{7i}+\varepsilon_2 \tag{10-2}$$

$$\lg P_3/P_5=\alpha_3+\beta_{31}\chi_{1i}+\beta_{32}\chi_{2i}+\cdots+\beta_{36}\chi_{6i}+\beta_{37}\chi_{7i}+\varepsilon_3 \tag{10-3}$$

$$\lg P_4/P_5=\alpha_4+\beta_{41}\chi_{1i}+\beta_{42}\chi_{2i}+\cdots+\beta_{46}\chi_{6i}+\beta_{47}\chi_{7i}+\varepsilon_4 \tag{10-4}$$

$$\lg P_1/P_2=\lg P_1/P_5-\lg P_2/P_5 \tag{10-5}$$

$$\lg P_1/P_3=\lg P_1/P_5-\lg P_3/P_5 \tag{10-6}$$

$$\lg P_1/P_4=\lg P_1/P_5-\lg P_4/P_5 \tag{10-7}$$

$$\cdots$$

$$\lg P_1/P_n=\lg P_1/P_n-\lg P_{n-1}/P_n \tag{10-8}$$

其余两两对比模型以此类推。其中，P_i表示每种战略类型，$i=1,2,\cdots,5$；x_{1i}、x_{2i}、…、x_{6i}分别表示样本公司第i位高层管理团队成员各个人口统计学特征变量；x_{7i}表示控制变量；ε_i表示随机扰动项。

10.3　实证研究结果

本节使用多元选择Logit回归模型对中国电力行业高层管理团队与战略选择的匹配问题进行实证研究。研究结果如表10-4所示。

表 10-4　高层管理团队特征与战略选择的 Logit 回归结果

因变量	常数	Age A	Edu. A	Size	Age H	Edu. H	Ori. H	Ln A
lg（P_2/P_1）	−51.533**	−0.050	5.154**	−0.312*	29.564	−4.709	11.361	1.241**
lg（P_3/P_1）	−18.066*	−0.164	−0.660	0.011	24.205**	10.732*	2.457	0.700**
lg（P_4/P_1）	8.9111	−0.276**	−0.972	−0.071	14.549*	−1.765	2.606	0.335
lg（P_5/P_1）	9.575	−0.263*	−0.819	−0.156	2.132	−3.886	6.289	0.250
lg（P_3/P_2）	33.467	−0.113	−5.814**	0.323*	−5.359	15.441*	−8.904	−0.540
lg（P_4/P_2）	60.444***	−0.226	−6.126***	0.241	−15.015	2.944	−8.756	−0.906

续表

因变量	常数	Age *A*	Edu. *A*	Size	Age *H*	Edu. *H*	Ori. *H*	Ln *A*
lg（P_5/P_2）	61.108***	−0.213	−5.974**	0.155	−27.431	0.823	−5.072	0.990*
lg（P_4/P_3）	26.977***	−0.112	−0.312	−0.083	−9.656	−12.497***	0.148	−0.365
lg（P_5/P_3）	27.641**	−0.100	−0.159	−0.168**	−22.072**	−14.618***	3.832	−0.450
lg（P_5/P_4）	0.664	0.013	0.153	−0.085	−12.417	−2.121	3.683	−0.085

*、**、***分别表示15%、10%、5%水平下显著

从高层管理团队平均年龄和战略选择的相关关系来看，共有两组方程通过了显著性检验。分别是横向相关多元化战略和产品密集型战略（相关系数为−0.276，$p<10\%$）、非相关多元化战略和产品密集型战略（相关系数为−0.263，$p<15\%$），从相关系数来看，高层管理团队平均年龄越大，越倾向选择产品密集型战略，同理，高层管理团队平均年龄越小，越倾向选择横向相关多元化战略和非相关多元化战略。若在不考虑显著性的情况下，对以上五种战略进行排序，排序结果为产品密集型战略、市场密集型战略、纵向一体化战略、非相关多元化战略及横向相关多元化战略。这表明高层管理团队成员的平均年龄越大，越倾向选择产品密集型战略、市场密集型战略、纵向一体化战略等与本企业生产产品更相关的战略；反之，平均年龄越小，则可能选择横向相关多元化战略和非相关多元化战略等风险较大的战略。故假设1得到了验证。

从高层管理团队平均教育水平和战略选择的相关关系来看，共有四组方程通过了显著性检验。其中，市场密集型战略和产品密集型战略相关系数为正（相关系数为5.514，$p<10\%$），这表明高层管理团队平均教育水平越高，越倾向选择市场密集型战略；纵向一体化战略、横向相关多元化战略和非相关多元化战略与市场密集型战略相关系数为负［相关系数分别为−5.814（$p<10\%$）、−6.126（$p<5\%$）、−5.974（$p<10\%$）］，这说明高层管理团队平均教育水平越高，越倾向选择市场密集型战略。在不考虑显著性的前提下，对五种战略的排序依次为市场密集型战略、产品密集型战略、纵向一体化战略、非相关多元化战略和横向相关多元化战略。这表明高层管理团队的平均教育水平越高则越可能选择市场密集型战略和产品密集型战略；而平均教育水平越低则会选择横向相关多元化战略、非相关多元化战略、纵向一体化战略，该结果使假设2得到了部分验证。

在高层管理团队规模与战略选择的关系中，共有三组方程通过了显著性检验，分别是市场密集型战略和产品密集型战略（相关系数为−0.312，$p<15\%$）、纵向一体化战略和市场密集型战略（相关系数为0.323，$p<15\%$）及非相关多元化战略和纵向一体化战略（相关系数为−0.168，$p<10\%$）。其中，从第二组和第三组方程来看，说明高层管理团队规模越大，越愿意选择纵向一体化战略；规模越小，越愿意选择市场密集型战略和非相关多元化战略。从第一组方程相关关系为负来看，说明

高层管理团队规模越大，越倾向选择产品密集型战略，反之，则选择市场密集型战略。若不考虑显著性，对五种战略的排序为纵向一体化战略、产品密集型战略、横向相关多元化战略、非相关多元化战略和市场密集型战略。高层管理团队规模越大，越倾向选择纵向一体化战略、产品密集型战略和横向相关多元化战略；团队规模越小，越倾向选择市场密集型战略和非相关多元化战略。假设3得到了部分验证。

在高层管理团队年龄异质性与战略选择的关系中，共有三组方程通过了显著性检验，分别是纵向一体化战略与产品密集型战略（相关系数为24.205，$p<10\%$）、横向相关多元化战略与产品密集型战略（相关系数为14.549，$p<15\%$）和非相关多元化战略和纵向一体化战略（相关系数为−22.072，$p<10\%$）。在第一组和第二组方程中，高层管理团队年龄异质性越大，越倾向选择纵向一体化战略和横向相关多元化战略，年龄异质性越小，则越倾向选择产品密集型战略；第三组方程则表明高层管理团队年龄异质性越大，越会选择纵向一体化战略，反之，则会选择非相关多元化战略。在不考虑显著性的前提下，对五种战略的排序依次为市场密集型战略、纵向一体化战略、横向相关多元化战略、非相关多元化战略和产品密集型战略。年龄异质性越大的高层管理团队越倾向选择市场密集型战略和纵向一体化战略，而年龄异质性越小的高层管理团队则倾向选择产品密集型战略、非相关多元化战略、横向相关多元化战略，假设4得到了验证。

对于高层管理团队教育水平异质性与战略选择的相关关系共有四组方程通过了显著性检验，分别是纵向一体化战略与产品密集型战略、纵向一体化战略与市场密集型战略、横向相关多元化战略与纵向一体化战略、非相关多元化战略与纵向一体化战略［四组相关系数分别为10.732（$p<15\%$）、15.441（$p<15\%$）、−12.497（$p<5\%$）、−14.618（$p<5\%$）］。在高层管理团队教育水平异质性与战略选择中，四组关系所表现出的结果较为一致。即高层管理团队教育水平异质性越大，越倾向选择纵向一体化战略，反之则会选择产品密集型战略、市场密集型战略、横向相关多元化战略、非相关多元化战略。在不考虑显著性的前提下，对五种战略的排序依次为纵向一体化战略、产品密集型战略、横向相关多元化战略、非相关多元化战略和市场密集型战略。这说明高层管理团队教育水平异质性越大，越倾向选择纵向一体化战略和产品密集型战略；教育水平异质性越小，越倾向选择市场密集型战略、非相关多元化战略和横向相关多元化战略。故假设5得到了验证。

高层管理团队职业背景异质性与战略选择没有一组方程通过显著性检验，故假设6并没有得到验证。

10.4　研究结论及相关分析

本章通过采用多元选择Logit回归分析，从实证检验角度分析了中国电力行业高层管理团队与企业战略选择的关系。从实证结果来看，高层管理团队的平均年龄、平均教育水平、规模、年龄异质性、教育水平异质性均与战略选择呈显著相关关系，而职业背景异质性则没有方程通过显著性检验，即二者的相关关系并不明显。具体结论如下。

本章的研究跨度既包含了中国经济繁荣的年代，也包含了金融危机之后的相对低谷期。由于电力行业和国民经济生产息息相关，从对历年的战略梳理中不难发现，自2008年之后，许多电力企业都选择了稳定型的增长战略。从地理空间来看，受电力行业自身特点的影响，除个别特大型电力企业和具有地理优势的电力企业外，绝大多数电力企业都选择区域性发展战略；从投资方式来看，由于电力属于基础投资大、回收周期长的行业，因此，控股或参股投资成为电力企业的主要投资方式。

电力行业高层管理团队成员的平均年龄越大，越倾向选择产品密集型战略、市场密集型战略、纵向一体化战略等与本企业生产产品更相关的战略；反之，平均年龄越小，则越可能选择横向相关多元化战略和非相关多元化战略等风险较大的战略。年龄较高的管理者虽然富有经验，但是囿于精力所限及目前所取得的成就，他们更愿意采取风险小的稳妥投资模式，而不愿意冒风险去尝试风险大的和自己不熟悉的领域进行投资，因此，在进行战略选择时选择与电力企业相关的产品进行投资。而年龄较小的管理团队正处于人生的上升期，他们富于冒险精神并愿意接受新鲜事物，对自己不熟悉的领域也愿意去尝试，所以也可能倾向选择与电力行业相关度不大的行业进行战略投资。

电力行业高层管理团队的平均教育水平越高则越可能选择市场密集型战略和产品密集型战略；而平均教育水平越低则会选择横向相关多元化战略、非相关多元化战略、纵向一体化战略。高层管理团队的教育水平越高，其对新知识的接受能力和学习能力也越强，也愿意尝试新挑战。而在假设2中认为教育水平越高，可能越会选择非相关多元化战略，而实证结果与此相反。这可能是由于大多数电力企业属于国有企业，它们部分战略的实施需要政府审批，因此，与企业相关度不大的项目很难获得审批。

电力行业高层管理团队规模越大，越倾向选择纵向一体化战略、产品密集型战略、横向相关多元化战略；规模越小，越倾向选择市场密集型战略和非相关多元化战略。高层管理团队规模越大，高层管理团队成员的阅历、职业背景、经验等差异性就可能更大，这样就可以处理更加复杂的问题，也就相应地可以选择开发难度较大的战略，对于电力行业来说，多元化战略和产品密集型战略都需要耗费企业大量的人力和物力，这样的战略也更适合于规模较大的团队。而在本章的结论中，规模较小的团队除了倾向选择非相关多元化战略外，也可能选择市场密集型战略，这可能是由于部分电力企业利用地理优势进行了跨区域的合作，而企业规模并一定十分巨大。

年龄异质性越大的电力行业高层管理团队越倾向选择市场密集型战略和纵向一体化战略，而年龄异质性越小的高层管理团队则倾向选择产品密集型战略、非相关多元化战略、横向相关多元化战略。在一个团队中，如果成员年龄差异较大，他们在阅历、处理问题的方式等方面就可能有较大的分歧，为了避免产生冲突和动荡，他们会选择风险较小的战略进行开发。而团队成员年龄差异不大，则可能在处理问题的方式时较为一致，这样也就有可能实现选择开发难度较大的战略。

电力行业高层管理团队教育水平异质性越大，越倾向选择纵向一体化战略和产品密集型战略；教育水平异质性越小，越倾向选择市场密集型战略、非相关多元化战略和横向相关多元化战略。团队教育水平异质性越大，对于相同的问题可以给出更多元化的答案，但是，这种多元化的信息也可能造成成员彼此间较大的分歧，在这种情况下，为了避免冲突，成员间可能彼此妥协，以稳为主。因此，团队成员会选择与企业现有产品相关的战略。而教育水平异质性相差不大的高层管理团队，它们在对待问题时，想法可能趋向一致，也更容易就复杂战略达成一致。在这种情况下，越有可能选择横向相关多元化战略、非相关多元化战略和市场密集型战略。

第 11 章　研究结论与管理建议

本书使用上市公司数据，研究了汽车行业、零售业、房地产行业和电力行业企业战略选择变迁和企业高层管理团队与企业战略选择的匹配，得出了一些有意义的研究结论，并提出了一些有针对性的管理建议。

11.1　研究结论

11.1.1　不同行业企业战略选择的变迁

（1）经济转轨进程中，中国汽车行业上市公司的战略选择以增长型战略为主。本书将增长型战略细分为产品开发战略、市场开发战略、相关多元化战略、非相关多元化战略、横向一体化战略和纵向一体化战略。通过对上市公司年报中的战略投资情况进行内容分析，可以进一步确定每年的战略选择类型，而每届的主导战略则是根据每年的战略类型投资总额汇总比较得出的。实证结果显示，中国汽车行业上市公司每年和每届战略选择的侧重点各有不同，但无论是每年的战略选择，还是每届的战略选择都是以产品开发战略、横向一体化战略和市场开发战略为主，其他战略作为辅助。

（2）经济转轨进程中，中国零售业上市公司面对相同的宏观环境和产业环境的影响，不同的高层管理团队为企业选择了不同的战略：①有些企业不管是采用旧店扩张、原业态新店扩张还是新业态新店扩张，但仍然是在零售业务内扩张，只是根据店铺和业态扩张的需要来进一步确定不同时期横向一体化的具体战略选择，这些零售企业的战略主导逻辑非常明确，那就是做强、做大零售业；②有些企业虽然仍然以零售业为主营业务，但一直采用多元化战略，尤其以非相关多元化战略居多；③有些企业战略主线尚不明确，在零售业扩张和多元化扩张之间摇摆不定，一会是零售业务内扩张，一会又是多元化扩张的尝试。

（3）经济转轨进程中，中国房地产行业上市公司主要选择成长型战略，即大部分企业每年选择进行战略投资行为，而不仅仅是维持原有业务现状。同时，实证研究发现，在国家对房地产行业采取较大政策调控措施的几年中，选择稳定型战略的企业数量呈现增加的趋势。①在投资内容层面，多数房地产上市公司选择以产品开发战略为主，其他成长型战略为辅的发展思路，但随着时间的推移，选择产品开发战略的企业数量在不断下降，市场开发战略和横向一体化战略波动性上升，在2009年选择市场开发战略的企业比重超过了产品开发战略成为房地产上市公司的主导战略。②在投资布局层面，选择成长型战略的房地产上市公司，本地扩张战略呈现不断下降的趋势，而选择跨区域扩张战略的企业数量上升。具体来讲，在2001～2005年，房地产企业主要选择本地扩张战略，这是由于房地产行业存在着地域性特征，在房地产企业经营初期，在企业所在地域范围内进行战略扩张，可以降低大范围战略布局所带来的风险，有利于完成早期的企业资金和市场占有率的积累。2006年以后，大多数企业选择跨区域扩张战略，原因在于随着企业经营资金和经验的积累，企业已经具备一定的跨区域扩张的能力，同时，本地房地产市场的逐渐饱和，市场竞争激烈，土地开发费用不断上升，导致更多的企业开始向全国各地进行跨区域的扩张，寻找新的土地开发资源和市场，以谋求更多投资回报。③在投资路径层面，房地产上市公司主要以自主投资战略为主，合作投资战略和并购战略为辅。房地产行业属于资金密集型行业，项目的开发运作需要大量的资金投入，最初房地产企业通过各种渠道进行融资，以获得项目的开发资金，自主投资开发新建房地产项目。随着时间的推移，获得土地资源的费用不断提高，企业自主投资压力开始增大，企业仅依靠自身寻求多元化融资渠道来获取资金已经不能满足企业投资需求，因此逐渐转向选择并购战略和合作投资战略。

（4）在经济转轨进程中，中国电力行业上市公司的战略选择，从投资内容层面来看，2008年是个拐点，在2008年之前，选择增长型战略的企业较多；2008年之后，受到金融危机的波及，选择稳定型战略的企业明显增多，但电源投资在2009年仍然有一个小幅上涨。自2009年以后，产品密集型战略有所增多，虽然电源结构有所调整，火电和水电仍然占主导格局，但由于国家对于新能源发电的大力扶持，使得更多企业通过抓住国家政策之手发展多种电力产品。从战略空间布局层面看，大部分的电力企业仍然是选择区域性战略，选择全国性战略的次之，选择国际性战略的最少。从战略投资方式看，各家企业选择控股战略的最多，其次是参股战略。

11.1.2　不同行业高层管理团队与企业战略的匹配

1. 汽车行业

实证研究结果显示，中国汽车行业的企业高层管理团队特征对企业成长型战略选择类型的影响有如下结论：①高层管理团队平均年龄越大，在进行战略决策时越愿意选择相关多元化战略、纵向一体化战略、市场开发战略，而平均年龄越小越倾向采用非相关多元化战略、横向一体化战略和产品开发战略。②规模越大，越倾向选择产品开发战略、市场开发战略、纵向一体化战略，规模越小则越偏向于采用非相关多元化战略、横向一体化战略、相关多元化战略。③平均教育水平越高，越偏好市场开发战略、横向一体化战略和非相关多元化战略，平均教育水平越低则越倾向采用纵向一体化战略、产品开发战略和相关多元化战略。④高层管理团队年龄异质性越大在制定战略时越偏向于按产品开发战略、纵向一体化战略、横向一体化战略、非相关多元化战略、相关多元化战略及市场开发战略的顺序来选择；高层管理团队的年龄异质性越小，则按相反的顺序选择。⑤高层管理团队职业背景异质性与企业战略选择之间并不是简单的线性关系，而是“∩”形关系，说明在一定范围内高层管理团队的职业背景异质性越大，越倾向采用横向一体化战略、非相关多元化战略和纵向一体化战略，而职业背景异质性越小的高层管理团队更愿意选择相关多元化战略、市场开发战略和产品开发战略。

2. 零售业

实证研究结果显示，中国零售业的企业高层管理团队特征对企业成长型战略选择类型的影响有如下结论：①规模大的零售业高层管理团队会偏好于选择七分战略选择分类的内涵式发展、旧店扩张和新业态新店扩张，而三分战略选择分类则是偏好于零售业务外扩张，在战略持续性上则是偏好于持续零售业务外扩张。②平均任期长的零售业高层管理团队会偏好于选择七分战略选择分类的纵向一体化扩张、相关多元化扩张、新业态新店扩张，而三分战略选择分类则偏好于零售业务外扩张。在战略持续性的选择平均任期越长越倾向选择扩张方向摇摆不定和持续零售业务外扩张。③年龄异质性大的高层管理团队常常偏好于选择七分战略选择分类的新业态新店扩张、纵向一体化扩张和相关多元化扩张，而三分战略选择分类则是偏好于零售业务外扩张，但战略持续性上则是扩张方向摇摆不定。④教育水平异质性大的高层管理团队常常偏好于选择七分战略选择分类的内涵式发展、原业态新店扩张、相关多元化扩张，而三分战略选择分类则是偏好于内涵式发展，但战略持续性上则是倾向选择持续零售业务内扩张。⑤任期异质性大的零售业高层管理团队更偏好于选择七分战略选择分类的纵向一体化扩张、非相关多元化扩张、原业态新店扩张，但对三分战略选择分类影响不显著，任期异质性大的高层管理团队显著倾向选择持续零售业务外扩张。

3. 房地产行业

实证研究结果显示，中国房地产行业的企业高层管理团队对企业战略选择有显著影响：①高层管理团队规模仅对市场开发战略和产品开发战略的选择有显著影响，规模越大越偏好于市场开发战略。②高层管理团队年龄异质性的战略类型选择顺序为横向一体化战略、市场开发战略、稳定型战略、产品开发战略、非相关多元化战略、相关多元化战略、纵向一体化战略。③高层管理团队的教育水平异质性的战略类型选择顺序为纵向一体化战略、稳定型战略、市场开发战略、非相关多元化战略、横向一体化战略、产品开发战略、相关多元化战略。④高层管理团队的职业背景异质性的战略类型的选择顺序为非相关多元化战略、相关多元化战略、稳定型战略、市场开发战略、产品开发战略、横向一体化战略、纵向一体化战略。

4. 电力行业

实证研究结果显示，中国电力行业的企业高层管理团队特征对企业成长型战略选择类型的影响有如下结论：①电力行业高层管理团队成员的平均年龄越大，越倾向选择产品密集型战略、市场密集型战略、纵向一体化战略等与本企业生产产品更相关的战略；反之，平均年龄越小，则越可能选择横向相关多元化战略和非相关多元化战略等风险较大的战略。②电力行业高层管理团队的平均教育水平越高则越可能选择市场密集型战略和产品密集型战略；而平均教育水平越低则会选择横向相关多元化战略、非相关多元化战略、纵向一体化战略。③电力行业高层管理团队规模越大，越倾向选择纵向一体化战略、产品密集型战略、横向相关多元化战略；团队规模越小，越倾向选择市场密集型战略和非相关多元化战略。④年龄异质性越大的电力行业高层管理团队越倾向选择市场密集型战略和纵向一体化战略，而年龄异质性越小的高层管理团队则倾向选择产品密集型战略、非相关多元化战略、横向相关多元化战略。⑤电力行业高层管理团队教育水平异质性越大，越倾向选择纵向一体化战略和产品密集型战略；教育水平异质性越小，越倾向选择市场密集型战略、非相关多元化战略和横向相关多元化战略。

5. 各行业相同点

零售业的新业态新店扩张相当于汽车行业和房地产行业的产品扩张战略及电力行业的产品密集型战略（统称产品扩张战略），零售业的原业态新店扩张相当于汽车行业和房地产行业的市场开发战略和电力行业的市场密集型战略（统称市场开发战略），通过中国汽车行业、零售业、房地产行业和电力行业选择的同类研究比较，可以发现：①汽车产业、房地产行业、电力行业和零售行业的企业高层管理团队规模越大，越倾向选择产品扩张战略。②汽车行业和零售业都是高层管理团队年龄异质性越大，越倾向选择产品扩张战略；而电力行业和房地产行业则是企业高层管理团队年龄异质性越大越倾向选择市场开发战略。③房地产行业和电力行业的企业高层管理团队教育程水平异质性越大，越倾向选择纵向一体化战略。

④汽车行业和电力行业的企业高层管理团队平均年龄越大，越倾向选择纵向一体化战略和市场开发战略。⑤汽车行业和电力行业的企业高层管理团队平均年龄越大，越倾向选择市场开发战略。

11.2 管理建议

1. 构建高层管理团队比 CEO 单打独斗更重要

Papadakis和Barwise（2002）基于70家希腊工业企业样本的经验研究表明；高层管理团队和CEO的特征都对企业战略决策过程产生影响，但高层管理团队的影响要大于CEO个人的影响。本书通过汽车行业、零售业、房地产行业和电力行业上市公司的实证研究得出，高层管理团队对企业战略有显著影响。

国际上许多著名企业已经着重培养高效运作的高层管理团队，通用电气公司的前CEO杰克·韦尔奇就非常重视高层管理团队的培养，他认为自己最大的成功不是在于20年的任期内将通用电气公司的利润提高了近7倍,而是培养了一支优秀的管理队伍，这支队伍为世界“500强”公司提供了173位杰出的团队领导者。

随着全球经济一体化、科学技术和生产技术的迅猛发展、市场需求的快速变化、汽车行业品牌多样化、零售业多店铺多业态发展、房地产行业全国竞争、电力行业垄断竞争并走出国门等一系列的发展态势，汽车行业、零售业、房地产行业和电力行业的企业经营管理面临的内外部环境越来越呈现出动态性、复杂性，这使得这些企业高层管理者必须改变工作模式，以前那种领导人单打独斗的方式已经很难适应激烈的市场竞争，企业不仅需要培养能够各自为战的精英，更需要把精英整合成一支战斗力更强的领导团队。企业高层管理团队不仅能够比CEO个人或者几个领导者掌握更多、更全面的管理决策所需的信息，同时如果他们能够实现团队合作，以团队方式进行高效运作，就能够整合各种观点来解决战略管理中的众多复杂问题，制定出更有质量的应变战略决策。

2. 构建具有适度异质性的高层管理团队

本书通过实证研究发现，汽车行业职业背景异质性与企业战略选择之间并不是普通的线性关系，而是“∩”形关系。另有研究发现，零售业高层管理团队的异质性与企业绩效显著负相关，尤其是教育水平异质性、职业背景异质性和任期异质性，因为根据社会同一性理论，不同年龄、不同教育程度、不同职业背景、不同任期的高层管理者会有不同的社会认知，这种高层管理者个人的社会认知会使其“从不同的角度观察复杂环境”（Mitroff，1982），过度的高层管理团队异质性会导致高层管理团队内成员的个体认知差异，以及导致团队内又细分为内、外群体，这种内、外群体之间会有较大的情感冲突，如果高层管理团队成员之间的异质性过大，以及团队内又缺乏交流和正式沟通制度时，就会加深情感冲突，进而导致决策效率下降。但是，根据信息-决策理论，异质性高的高层管理团队可以提高决策质量，进而提高企业绩效。这主要是因为，一方面异质性高的高层管理团队由于成员的年龄、团队任期等的差异，经历的个人、组织的发展阶段各异，造成了他们对于外部环境、组织及战略有不同的解读（Katz，1982），而教育水平和职业背景的异质性又使各个高层管理者所建立的关系网络和信息获取的方式并不相同，为团队在进行决策时提供了多样的信息；另一方面，高层管理团队教育水平、职业背景的异质性提高了团队对于信息的甄别和解释能力，对于同一信息有不同观点和多层次的解释，为团队提供了多样的解决问题的技能（张平，2006）。

因此，为了适应越来越复杂的内外部环境，企业应该构建一个相对稳定的、具有适度异质性的高层管理团队，这个适度体现在团队成员既能带来企业所需的多样化的、全面的信息、资源和能力，并通过一定的“认知冲突”充分讨论，以形成高质量的战略决策，又能避免过大的“情感冲突”以免降低效率对团队绩效和企业绩效产生破坏性影响。这个适度要结合每个企业经营管理的实际需要，也要考虑企业高层管理团队内部的沟通合作机制是否顺畅。

处于经济转轨期的中国汽车行业上市公司高层管理团队在企业进行战略决策时发挥着十分重要的作用。因此，根据实证研究结果和对中国汽车行业上市公司现行高层管理团队特征的分析，对中国汽车企业构建适合的高层管理团队提出如下建议：现阶段中国汽车企业高层管理团队的构成应偏向于规模精简化、适度年轻化、职业背景多样化及教育水平增高化，并在此基础上适当降低年龄异质性和提高职业背景异质性。

中国房地产行业所处的外部环境正不断发生变化，在这种外部环境不稳定的情况下，企业高层管理团队作为企业战略的推动者，在战略决策上的作用更加凸显，本书证实房地产行业高层管理团队与企业的战略选择存在显著的相关性，房地产企业应充分认识到企业高层管理团队对于企业战略选择的重要影响。高层管理团队与战略选择的匹配关系可以为房地产企业高层管理团队的建设提供有益的指导，使其在变化莫测的外部环境下，努力培养善于运作、整合知识并富于创新精神的高层管理团队，并与时俱进，不断做出调整，促使企业高效有力地做出战略决策，提高企业经营绩效，保持企业的竞争力。首先，如果房地产企业要进行房地产业务外扩张、多元化战略投资时，可以考虑组建年龄异质性和教育水平异质性小，职业背景异质性大的高层管理团队，具有这些人口统计学特征及异质性的高层管理团队，相比于其他战略，更偏好多元化战略。企业在内外部环境的影响下，如果需要采用非相关多元化战略以扩张企业经营业务，则可以考虑组建年龄异质性和教育水平异质性大的高层管理团队，以降低企业高层管理团队对于企业战略选择决策中的不利影响。

参 考 文 献

埃文斯 J R. 2006. 数据、模型与决策. 杜本峰译. 北京：中国人民大学出版社.

巴比 E R. 2005. 社会研究方法. 邱泽奇译. 北京：华夏出版社.

白云涛，郭菊娥，席酉民. 2007. 高层管理团队风险偏好异质性对战略投资决策影响效应的实验研究. 南开管理评论，10：25-30，44.

罗宾斯 S P，库尔特 M. 2008. 管理学. 9版. 孙健敏译. 北京：中国人民大学出版社.

曹军. 2005. 大唐陕西发电有限公司财务战略选择. 西北大学硕士学位论文.

曹艳爱. 2009. 企业多元化与专业化战略选择的思考——基于企业资源能力理论的分析. 改革与战略，（6）：46-49.

陈灿，叶敏. 2006. 信任与战略决策绩效：对中国家族企业高层管理团队的一个实证研究. 商业经济与管理，（8）：23-28.

陈灿松. 2008. 基于房地产行业特征的房地产企业专业化战略选择与实施. 中国高新技术企业，（18）：8-12.

陈传明，陈松涛. 2007. 高层管理团队战略调整能力研究——认知的视角. 江海学刊，（1）：213-219，239.

陈传明，孙俊华. 2008. 企业家人口背景特征与多元化战略选择——基于中国上市公司面板数据的实证研究. 管理世界，（5）：124-133，187-188.

陈宏辉，罗兴. 2008. "贴牌"是一种过时的战略选择吗——来自广东省制造型企业的实证分析. 中国工业经济，（1）：96-104.

陈炎山. 2008. 长江电力公司发展战略研究. 重庆大学硕士学位论文.

陈志汉. 2002. 浅论电力企业多元化经营战略. 广西电业，（6）：26-28.

陈忠卫，常极. 2009. 高层管理团队异质性理论的研究视角及其比较. 统计与决策，（3）：173-176.

程贯平，刘海山. 2009. 高层管理团队理论模型的发展. 现代管理科学，（3）：97-99.

崔民选. 2008. 中国能源发展报告2008年. 北京：社会科学文献出版社.

戴德明，毛新述，邓璠. 2006. 上市公司战略选择弹性与业绩关系的实证研究. 南开管理评论，9（4）：76-83.

戴斯 G G，拉普金 G T. 2004. 战略管理：创建竞争优势. 邱琼，刘辉锋译. 北京：中国财政经济出版社.

德鲁克 P. 1988. 管理的前沿. 许斌译. 北京：企业管理出版社.

德威利斯 R F. 2004. 量表编制：理论与应用. 魏永刚，龙长权，宋武译. 重庆：重庆大学出版社.

邓玉宇. 2002. 光明电力公司发展战略案例研究. 哈尔滨工程大学硕士学位论文.

丁和才. 2007. 企业社会资本与战略选择的匹配对企业绩效的影响研究. 浙江工业大学硕士学位论文.

段小华. 2010. 关于当前战略性新兴产业发展阶段的初步判断. 科技创新与生产力，(9)：55-59.

冯栋，杜颜伟，李字庆. 2011. 高管团队的社会资本与企业多元化战略决策——基于中国上市公司数据的实证研究. 东岳论丛，32（5）：176-181.

冯海龙. 2007. 企业战略变革：概念、整合理论模型与测量方法. 经济管理，(5)：34-38.

富萍萍，法尔 J L，彭泗清，等. 2004. 高新技术企业中的高层管理团队（TMT）的特征和过程//徐淑英，刘忠明.中国企业管理的前沿研究. 北京：北京大学出版社：337-371.

干春晖，李素荣. 2001. 国际汽车整车与零部件厂商协作关系及我国汽车业发展战略. 中国工业经济，(12)：36-41.

葛宝山，陈小沐. 2015. TMT 功能异质性对创业型战略决策的影响——基于环境不确定性的调节效应视角. 技术经济与管理研究，(11)：40-44.

葛春辉. 2005. 基于核心能力的战略选择研究. 重庆大学硕士学位论文.

葛玉辉，陈倩. 2011. 高层管理团队认知研究综述. 工业技术经济，(5)：111-115.

苟海平，李赞峰. 2007. 我国汽车零部件产业竞争形势与战略选择. 汽车工程，29（11）：1018-1024.

古家军，胡蓓. 2008. 企业高层管理团队特征异质性对战略决策的影响——基于中国民营企业的实证研究. 管理工程学报，(3)：30-35.

关晓月. 2008. 高层管理团队对企业战略决策的优化及风险规避. 天津市经理学院学报，(6)：17-18.

郭冬乐. 2004. 中国内外贸一体化的实践、目标与政策建议（下）——对流通组织形式的考察. 财贸经济，(6)：53-57.

何明珂，张学艺. 2001. 供应链理论研究//郭冬乐，宋则. 中国商业理论前沿Ⅱ. 北京：社会科学文献出版社：231-269.

贺远琼，杨文. 2010. 高管团队特征与企业多元化战略关系的 Meta 分析. 管理学报，7(1)：91-97.

胡蓓，古家军. 2007. 企业高层管理团队特征对战略决策的影响. 工业工程与管理，(5)：89-94.

胡兰. 1998. 竞争战略比较研究. 西南财经大学硕士学位论文.

黄国雄. 2006. 试论流通产业是基础产业//宋则，郭冬乐，荆林波. 中国流通理论前沿Ⅳ. 北京：社会科学文献出版社：113-122.

黄海. 2005. 第十二届亚太零售商大会暨展会开幕式上的讲话//许进禄. 中国商业年鉴 2005. 北京：中国商业年鉴社：14-15.
黄旭，李卫民，王之莉. 2011. 企业高层管理团队与企业战略关系研究述评. 河北经贸大学学报，（2）：87-92.
李陈华，文启湘. 2004. 流通企业的（规模）边界. 财贸经济，（2）：43-48，96.
李飞. 2003. 零售革命. 北京：经济管理出版社.
李华晶，张玉利. 2006. 高管团队特征与企业创新关系的实证研究——以科技型中小企业为例. 商业经济与管理，（5）：9-13.
李焕荣. 2009. 高层管理团队领导特质与公司国际化关系实证研究. 科技进步与对策，26（16）：147-150.
李京文，姚蔚. 2004. 发展我国自主汽车工业的战略选择. 中国软科学，（5）：5-10.
李炜文. 2006. 高层管理团队特征、战略变化和组织绩效. 汕头大学硕士学位论文.
李卫民. 2009. 企业高管团队异质性与战略选择的实证研究. 中外企业家，（18）：199-200.
利迪 B D，奥姆罗德 J E. 2005. 实用研究方法论：计划与设计. 7 版. 顾宝炎，牛冬梅，陈国沪，等译. 北京：清华大学出版社.
梁冰. 2005. 平顶山市电力公司经营战略研究. 天津大学硕士学位论文.
梁云芳. 2011. 房市调控短期效果已显现须适时出台长期规划战略. 科技促进发展，（9）：48-52.
林浚清，黄祖辉，孙永祥. 2003. 高管团队内薪酬差距、公司绩效和治理结构. 经济研究，（4）：31-40，92.
刘凤林. 2007. 国电电力大连庄河发电公司发展战略研究. 河北工业大学硕士学位论文.
刘宏. 2007. 能达热电有限公司发展战略研究. 上海交通大学硕士学位论文.
刘军，李永娟，富萍萍. 2007. 高层管理团队价值观共享、冲突与绩效：一项实证检验. 管理学报，4（5）：644-653.
刘小玫，李垣，刘衡. 2008. 企业战略类型与资源战略管理的匹配. 现代管理科学，（9）：13-15，62.
刘新民，孙田田，吴士健. 2017. 我国装备制造业企业高管团队异质性与创新关系研究. 技术与创新管理，38（3）：238-247.
刘星原. 2006. 我国境内中外零售企业竞争力与演变趋势探析. 财贸经济，（1）：65-69.
刘学. 2003. “空降兵”与原管理团队的冲突及对企业绩效的影响. 管理世界，（6）：105-113.
刘益，李垣，汪应洛. 2005. 柔性战略的理论、分析方法及其应用. 北京：中国人民大学出版社.
罗珉. 2006. 战略选择论的起源、发展与复杂性范式. 外国经济与管理，28（1）：9-16.
罗珉. 2008. 组织设计：战略选择、组织结构和制度. 当代经济管理，30（5）：1-8.
罗少文. 2008. 我国新能源汽车产业发展战略研究. 复旦大学硕士学位论文.
吕屹. 2015. 高层管理团队社会资本与企业国际化的关系研究——管理层权力的调节作用. 辽宁大学博士学位论文.

麦加恩 A M. 2007. 产业演变与企业战略：实现并保持佳绩的原则. 孙选中，等译. 北京：商务印书馆.

明茨伯格 H，阿尔斯特兰德 B，兰佩尔 J. 2002. 战略历程：纵览战略管理学派. 刘瑞红，徐佳宾，郭武文，译. 北京：机械工业出版社.

欧阳慧，曾德明，张运生. 2003. 国际化竞争环境中 TMT 的异质性对公司绩效的影响. 数量经济技术经济研究，(12)：125-129.

平狄克 R S，鲁宾费尔德 D L. 1999. 计量经济模型与经济预测. 钱小军译. 北京：机械工业出版社.

钱德勒 A D. 1999. 企业规模经济与范围经济：工业资本主义的原动力. 张逸人译. 北京：中国社会科学出版社.

钱德勒 A D. 2002. 战略与结构——美国工商企业成长的若干篇章. 孟昕译. 昆明：云南人民出版社.

仇伟杰. 2006. 中国电力经济运行规律研究. 南京航空航天大学博士学位论文：5-37.

沈丹阳，李永江，张育林. 2006. 内外贸一体化若干问题研究//宋则，郭冬乐，荆林波. 中国流通理论前沿Ⅳ. 北京：社会科学文献出版社：3-21.

石万俭. 2000. 论四川电力发展战略. 华北电力大学学报（社会科学版），(1)：38-40.

时君. 2001. 浅析电力施工企业经营战略的选择与应用. 新疆财经大学学报，(2)：35-37.

矢矧晴一郎，金周英. 1989. 企业经营战略的制定及实施方法・案例. 北京：职工教育出版社.

苏丹. 2011. 高层管理团队特征与战略变革关系研究——以我国医药制造类上市公司为例. 西南财经大学硕士学位论文.

孙海法，伍晓奕. 2003. 企业高层管理团队研究的进展. 管理科学学报，6(4)：82-89.

孙海法，姚振华，严茂胜. 2006. 高管团队随人口统计特征对纺织和信息技术公司经营绩效的影响. 南开管理评论，(6)：61-67.

孙俊华，贾良定. 2009. 高层管理团队与企业战略关系研究述评. 科技进步与对策，26(9)：150-155.

孙开友. 2008. 战略联盟：房地产企业发展的必然趋势. 中央财经大学学报，(8)：66-71.

谭忠富，刘严，张立辉. 2004. 电力多经企业发展模式新思路. 中国电力企业管理，(10)：62-64.

谭忠富，孙保军. 2001. 关于电力企业的寿命分析与发展战略管理的探讨. 华北电力大学学报（社会科学版），(3)：30-32.

汤姆森 A A，斯迪克兰德 A J. 2004. 战略管理：概念与案例. 10 版. 段盛华，王智慧译. 北京：北京大学出版社.

唐东方. 2011. 战略选择：框架・方法・案例. 北京：中国经济出版社.

陶勇. 2002. 浅论火电施工企业的发展战略. 市场周刊，(11)：43-44.

田志龙，李春荣，蒋倩，等. 2010. 中国汽车市场弱势后入者的经营战略——基于对吉利、奇瑞、华晨、比亚迪和哈飞等华系汽车的案例分析. 管理世界，(8)：139-152，188.

王方华，吕巍. 2011. 战略管理. 北京：机械工业出版社.
王平. 2004. 我国零售企业边界拓展分析. 中南财经政法大学学报，(3)：91-97，144.
王焰. 2001. 中国连锁经营商业企业发展战略研究. 西北农林科技大学硕士学位论文.
王瑛，官建成，马宁. 2003. 我国企业高层管理者、创新策略与企业绩效之间的关系研究. 管理工程学报，17(1)：1-6.
韦小柯. 2006. 高层管理团队特征与企业R&D投入关系研究. 科学学研究，24：553-557.
魏立群，王智慧. 2002. 我国上市公司高管特征与企业绩效的实证研究. 南开管理评论，(4)：16-22.
巫景飞，何大军，林暐，等. 2008. 高层管理者政治网络与企业多元化战略：社会资本视角——基于我国上市公司面板数据的实证分析. 管理世界，(8)：107-118.
吴刚. 1997. 国有企业发展战略的选择. 华东经济管理，(3)：47-49.
吴坚. 2002. 鸡西电力实业集团公司发展战略分析. 哈尔滨工程大学硕士学位论文.
吴维库，刘军，张玲，等. 2002. 以价值为本的领导行为与团队有效性在中国的实证研究. 管理世界，(8)：97-104.
吴晓云，吴化民. 2011. 基于业务战略类型矩阵的银行差异化竞争选择. 现代管理科学，(7)：24-26.
武亚军，吴剑峰. 2006. 转型经济中的战略规划与企业绩效：基于中国制造企业的实证分析. 南开管理评论，9(2)：58-63.
夏春玉，汪旭晖. 2008. 中国零售业30年的变迁与成长——基于拓展SCP范式的分析. 市场营销导刊，(6)：11-22.
夏春玉，张闯. 2004. 大型零售企业规模扩张的理论解读——兼论流通企业的性质、规模与边界. 商业经济与管理，(11)：4-9，29.
项保华. 2001. 战略管理——艺术与实务. 北京：华夏出版社.
肖久灵. 2006. 企业高层管理团队的组成特征对团队效能影响的实证研究. 财贸研究，(2)：112-117.
徐传谌，迟学智. 1989. 企业经营战略类型谈. 长白学刊，(4)：45-46，23.
徐江玮. 2002. 企业核心能力及其战略选择. 中南大学硕士学位论文.
徐强，魏泽龙，李垣，等. 2009. 高管团队特征与战略变化关系的理论分析框架研究. 西安交通大学学报(社会科学版)，29(1)：29-34.
薛有志，李国栋. 2009. 国际化战略实施与高层管理团队构成实证研究. 管理学报，6(11)：1478-1485.
晏维龙. 2004. 生产商主导 还是流通商主导——关于流通渠道控制的产业组织分析. 财贸经济，(5)：11-17，95.
杨林. 2013. 高管团队异质性、企业所有制与创业战略导向——基于中国中小企业板上市公司的经验证据. 科学学与科学技术管理，34(9)：159-171.

杨林. 2014. 公司股权结构、高管团队认知多样性与创业战略导向关系研究. 科研管理，(5)：93-106.

杨林，陈传明. 2005. 多元化发展战略与企业绩效关系研究综述. 外国经济与管理，27(7)：34-43.

杨林，芮明杰. 2010. 高管团队特质、战略变革与企业价值关系的理论研究. 管理学报，7 (12)：1785-1791.

于淑华. 2005-10-31. 中国连锁商业理论变迁回顾与展望. 名牌时报・超市周刊.

俞国方. 2004. 零售企业战略扩张模式分析. 商场现代化，(9)：27-28.

原梅生，弓志刚. 2006. 休闲经济与流通创新//宋则，郭冬乐，荆林波. 中国流通理论前沿Ⅳ. 北京：社会科学文献出版社：201-220.

张平. 2006. 高层管理团队异质性研究的综述. 科技管理研究，(8)：143-148.

张平. 2007. 高层管理团队的异质性与企业绩效的实证研究. 管理学报，(4)：501-508.

张烁，程家瑜. 2011. 我国战略性新兴产业发展阶段研究. 中国科技论坛，(6)：15-18.

赵晓峰. 2006. 基于纵向一体化理论的零售商品牌分析. 科技情报开发与经济，16(1)：136-138.

周小谦. 2009. 关于中国“十二五”电力科学发展若干问题的探讨. 电网与清洁能源，25 (5)：1-4.

Adner R，Helfat C E. 2003. Corporate effects and dynamic managerial capabilities. Strategic Management Journal，24 (10)：1011-1025.

Aldrich H E. 1979. Organizations and Environments. Englewood Cliffs：Prentice Hall.

Amason A C. 1996. Distinguishing the effects of functional and dysfunctional conflict on strategic decision making：resolving a paradox for top management teams. Academy of Management Journal，39 (1)：123-148.

Amason A C，Mooney A C. 1999. The effects of past performance on top management team conflict in strategic decision making. International Journal of Conflict Management，10 (4)：340-359.

Amason A C，Sapienza H J. 1997. The effects of top management team size and interaction norms on cognitive and affective conflict. Journal of Management，23 (4)：495-516.

Amason A C，Shrader R C，Tompson G H. 2006. Newness and novelty：relating top management team composition to new venture performance. Journal of Business Venturing，21：125-148.

Ancona D G，Caldwell D F. 1992. Demography and design：predictors of new product team performance. Organization Science，3：321-341.

Andrews K R. 1971. The Concept of Corporate Strategy. Irwin：Homewood.

Ansoff H I. 1965. Corporate Strategy：An Analytic Approach to Business Policy for Growth and Expansion. New York：McGraw-Hill.

Ansoff H I，Stewart J M. 1967. Strategies for a technology-based business. Harvard Business Review，45 (6)：71-83.

Argyris C, Schon D A. 1978. Organizational Learning: A Theory of Action Perspective. Upper Saddle River: Addison-Wesley.

Armstrong J S. 1982. The value of formal planning for strategic decisions: review of empirical research. Strategic Management Journal, 3: 197-211.

Arogyaswamy K, Barker V L, Yasai-Ardekani M. 1995. Firm turnarounds: an integrative two-stage model. Journal of Management Studies, 32: 493-525.

Astley W G, van de Ven A H. 1983. Central perspectives and debates in organization theory. Administrative Science Quarterly, 28: 245-273.

Athanassiou N, Nigh D. 1999. The impact of U.S. company internationalization on top management team advice networks: a tacit knowledge perspective. Strategic Management Journal, 20 (1): 83-92.

Athanassiou N, Nigh D. 2000. Internationalization, tacit knowledge and the top management teams of MNCs. Journal of International Business Studies, 31 (3): 471-487.

Auh S, Menguc B. 2005. Top management team diversity and innovativeness: the moderating role of interfunctional coordination. Industrial Marketing Management, 34 (3): 249-261.

Bantel K A. 1993. Top team, environment, and performance effects on strategic planning formality. Group and Organization Management, 18 (4): 436-458.

Bantel K A, Jackson S E. 1989. Top management and innovations in banking: does the composition of the top team make a difference?. Strategic Management Journal, 10 (S1): 107-124.

Barnard C I. 1938.The Functions of the Executive. Cambridge: Harvard University Press.

Barney J B. 1991. Firm resources and sustained competitive advantage. Journal of Management, 17 (1): 99-120.

Barrick M R, Bradley B H, Kristof-Brown A L, et al. 2007. The moderating role of top management team interdependence: implications for real teams and working groups. Academy of Management Journal, 50 (3): 544-557.

Boeker W. 1997a. Executive migration and strategic change: the effect of top manager movement on product-market entry. Administrative Science Quarterly, 42 (2): 213-236.

Boeker W. 1997b. Strategic change: the influence of managerial characteristics and organizational growth. Academy of Management Journal, 40 (1): 152-170.

Boone C, van Olffen W, van Witteloostuijn A, et al. 2004. The genesis of top management team diversity: selective turnover among top management teams in Dutch newspaper publishing, 1970-94. Academy of Management Journal, 47 (5): 633-656.

Bourgeois L J. 1980. Performance and consensus. Strategic Management Journal, 1 (3): 227-248.

Bourgeois L J. 1985. Strategic goals, perceived uncertainty, and economic performance in volatile environments. Academy of Management Journal, 28 (3): 548-573.

Bourgeois L J, Brodwin D R. 1984. Strategic implementation: five approaches to an elusive phenomenon. Strategic Management Journal, 5 (3): 241-264.

Brunninge O, Nordqvist M, Wiklund J. 2007. Corporate governance and strategic change in SMEs: the effects of ownership, board composition and top management teams. Small Business Economics, 29 (3): 295-308.

Bunderson J S. 2003. Team member functional background and involvement in management teams: direct effects and the moderating role of power centralization. Academy of Management Journal, 46 (4): 458-474.

Camelo-Ordaz C, Hernández-Lara A B, Valle-Cabrera R. 2005. The relationship between top management teams and innovative capacity in companies. Journal of Management Development, 24 (8): 683-705.

Carlson R O. 1972. School Superintendents: Career and Performance. Columbia: Merrill.

Carpenter M A. 2002. The implications of strategy and social context for the relationship between top management team heterogeneity and firm performance?. Strategic Management Journal, 23(3): 275-284.

Carpenter M A, Fredrickson J W. 2001. Top management teams, global strategic posture, and the moderating role of uncertainty. Academy of Management Journal, 44 (3): 533-545.

Carpenter M A, Pollock T G, Leary M M. 2003. Testing a model of reasoned risk-taking: governance, the experience of principals and agents, and global strategy in high-technology IPO firms. Strategic Management Journal, 24 (9): 803-820.

Carpenter M A, Sanders W G. 2002. Top management team compensation: the missing link between CEO pay and firm performance. Strategic Management Journal, 23 (4): 367-375.

Castanias R P, Helfat C E. 1991. Managerial resources and rents. Journal of Management, 17 (1): 155-171.

Castanias R P, Helfat C E. 2001. The managerial rents model: theory and empirical analysis. Journal of Management, 27 (6): 661-678.

Chandler A D. 1962. Strategy and Structure. Cambridge: MIT Press.

Child J. 1972. Organizational structure, environment and performance: the role of strategic choice. Sociology, 6: 1-22.

Child J. 1974. What determines organization performance the universals vs. the it-all-depends. Organizational Dynamics, 3 (1): 2-18.

Child J, Francis A. 1977. Strategy formulation as a structured process. International Studies of Management & Organization, 7 (2): 110-126.

Cho T S，Hambrick D C. 2006. Attention as the mediator between top management team characteristics and strategic change：the case of airline deregulation. Organization Science，17（4）：453-469.

Collins C J，Clark K D. 2003. Strategic human resource practices，top management team social networks，and firm performance：the role of human resource practices in creating organizational competitive advantage. Academy of Management Journal，46（6）：740-751.

Collins O，Moore D. 1970. The Organization Makers. New York：Appleton-Century-Crofts.

David F R. 2004. Strategic Management Concepts and Cases. Boston：Pearson Education Limited：167-634.

Dearborn D C，Simon H A. 1958. Selective perception：a note on the departmental identifications of executives. Sociometry，21（2）：140-144.

Dess G G，Origer N K. 1987. Environment，structure，and consensus in strategy formulation：a conceptual integration. Academy of Management Review，12（2）：313-330.

Dollinger M J. 1984. Environmental boundary spanning and information processing effects on organizational performance. Academy of Management Journal，27（2）：351-368.

Dutton J E，Fahey L，Narayanan V K. 1983. Toward understanding strategic issue diagnosis. Strategic Management Journal，4（4）：307-323.

Edmondson A C，Roberto M A，Watkins M D. 2003. A dynamic model of top management team effectiveness：managing unstructured task streams. The Leadership Quarterly，14：297-325.

Eisenhardt K M，Bourgeois L J. 1988. Politics of strategic decision making in high-velocity environments：toward a midrange theory. Academy of Management Journal，31：737-770.

Eisenhardt K M，Schoonhoven C B. 1990. Organizational growth：linking founding team strategy，environment，and growth among U.S. semiconductor ventures 1978-1988. Administrative Science Quarterly，35：504-529.

Elron E. 1997. Top management teams within multinational corporations：effects of cultural heterogeneity. The Leadership Quarterly，8（4）：393-412.

Ensley M D. Pearce C L. 2001. Shared cognition in top management teams：implications for new venture performance. Journal of Organizational Behavior，22：145-160.

Ferrier W J. 2001. Navigating the competitive landscape：the drivers and consequences of competitive aggressiveness. Academy of Management Journal，44（4）：858-877.

Ferrier W J，Lyon D W. 2004.Competitive repertoire simplicity and firm performance：the moderating role of top management team heterogeneity. Managerial and Decision Economics，25：317-327.

Finkelstein S. 1992. Power in top management teams：dimensions，measurement，and validation. Academy of Management Journal，35：505-538.

Finkelstein S，Hambrick D C. 1990. Top-management-team tenure and organizational outcomes：the moderating role of managerial discretion. Administrative Science Quarterly，35：484-503.

Finkelstein S，Hambrick D C. 1996. Strategic Leadership：Top Executives and their Effects on Organizations. Minneapolis：West Publishing Company.

Fiol M，Lyles M. 1985. Organizational learning. Academy of Management Review，10：803-813.

Floyd S W，Wooldridge B. 1992. Managing strategic consensus：the foundation of effective implementation. Academy of Management Executive，6（4）：27-39.

Fredrickson J W. 1984. The comprehensiveness of strategic decision processes：extension，observations，future directions. Academy of Management Journal，27：445-466.

Fredrickson J W，Iaquinto A L. 1989. Inertia and creeping rationality in strategic decision processes. Academy of Management Journal，32：516-542.

Fredrickson J W，Mitchell T R. 1984. Strategic decision processes：comprehensiveness and performance in an industry with an unstable environment. Academy of Management Journal，27：399-423.

Geletkanycz M A，Hambrick D C. 1997. The external ties of top executives：implications for strategic choice and performance. Administrative Science Quarterly，42：654-681.

Gibson C B，Earley P C. 2007. Collective cognition in action：accumulation，interaction，examination，and accommodation in the development and operation of group efficacy beliefs in the workplace. Academy of Management Review，32（2）：438-458.

Glueck W F. 1980. Business Policy and Strategic Management. 3rd ed. New York：McGraw-Hill.

Goll I，Rasheed A M A. 1997. Rational decision-making and firm performance：the moderating role of the environment. Strategic Management Journal，18（7）：583-591.

Gountis V P，Bakirtzis A G. 2004. Bidding strategies for electricity producers in a competitive electricity marketplace. IEEE Transactions on Power Systems，19（1）：356-365.

Guan X H，Ho Y C，Lai F. 2001. An ordinal optimization based bidding strategy for electric power suppliers in the daily energy market. IEEE Transactions on Power Systems，16（4）：788-797.

Gupta A K，Govindarajan V. 1984. Business unit strategy，managerial characteristics，and business unit effectiveness at strategy implementation. Academy of Management Journal，27（1）：25-41.

Hage J，Dewar R. 1973. Elite values versus organizational structure in predicting innovation. Administrative Science Quarterly，18：279-290.

Haleblian J，Finkelstein S. 1993. Top management team size，CEO dominance，and firm performance：the moderating roles of environmental turbulence and discretion. Academy of Management Journal，36（4）：844-863.

Hambrick D C. 1981a. Environment，strategy and power within top management teams. Administrative Science Quarterly，26：253-271.

Hambrick D C. 1981b. Strategic awareness within top management teams. Strategic Management Journal，2：263-279.

Hambrick D C. 1987. The top management team：key to strategic success. California Management Review，30（1）：88-108.

Hambrick D C. 1994. Top management groups：a conceptual integration and reconsideration of the team label//Staw B M，Cummings L L. Research in Organizational Behavior. Greenwich：JAI Press：171-213.

Hambrick D C. 1997. Corporate coherence and the TOP management team. Strategy and Leadership，25（5）：24-29.

Hambrick D C，Cho T S，Chen M. 1996. The influence of top management team heterogeneity on firm's competitive moves. Administrative Science Quarterly，41：659-684.

Hambrick D C，Davison S C，Snell S A，et al. 1998. When groups consist of multiple nationalities：towards a new understanding of the implications. Organization Studies，19：181-205.

Hambrick D C，Finkelstein S. 1987. Managerial discretion：a bridge between polar views of organizational outcomes. Research in Organizational Behavior，（9）：369-406.

Hambrick D C，Mason P A. 1984. Upper echelons：the organization as a reflection of its top managers. Academy of Management Review，9：193-206.

Hamel G，Prahalad C K. 1989. Strategic intent. Harvard Business Review，67（3）：63-76.

Hart S L. 1992. An integrative framework for strategy-making processes. Academy of Management Review，17：327-351.

Hasegawa K. 1986. Japanese-Style Management. Tokyo：Kodansha International.

Helmich D L，Brown W B. 1972. Successor type and organizational change in the corporate enterprise. Administrative Science Quarterly，17：371-381.

Henderson A D，Fredrickson J W. 2001. Top management team coordination needs and the CEO pay gap：a competitive test of economic and behavioral views. Academy of Management Journal，44（1）：96-117.

Herrmann P，Datta D K. 2005. Relationships between top management team characteristics and international diversification：an empirical investigation. British Journal of Management，16：69-78.

Hill C W L，Jones G R. 2007. Strategic Management Theory：An Integrated Approach. Boston and New York：Houghton Mifflin Company.

Hill G W. 1982. Group versus individual performance：are N+1 heads better than one? Psychological Bulletin，91（3）：517-539.

Hinds P J，Mortensen M. 2005. Understanding conflict in geographically distributed teams：the moderating effects of shared identity，shared context，and spontaneous communication. Organization Science，16（3）：290-307.

Hitt M A，Tyler B B. 1991. Strategic decision models：integrating different perspectives. Strategic Management Journal，12（5）：327-351.

Hofer C W，Schendel D E. 1979. Strategic Management：A New View of Business Policy and Planning. New York：Little，Brown and Company Limited.

Hofstede G. 1980. Culture and organizations. International Studies of Management and Organization，10（4）：15-41.

Hoskisson R E，Eden L，Lau C M，et al. 2000. Strategy in emerging economies. Academy of Management Journal，43（3）：249-267.

Hough J R，Ogilvie X D. 2005. An empirical test of cognitive style and strategic decision outcomes. Journal of Management Studies，42（2）：417-448.

Iaquinto A L，Fredrickson J W. 1997. Top management team agreement about the strategic decision process：a test of some of its determinants and consequences. Strategic Management Journal，18（1）：63-75.

Imai M. 1986. Kaizen：The Key to Japan's Competitive Success. New York：Random House.

Itami H. 1987. Mobilizing Invisible Assets. Cambridge：Harvard University Press.

Jackson S E. 1992. Consequences of Group Composition for the Interpersonal Dynamics of Strategic Issue Processing. Advances in Strategic Management，8：345-382.

Jensen M，Zajac E J. 2004. Corporate elites and corporate strategy：how demographic preferences and structural position shape the scope of the firm. Strategic Management Journal，25：507-524.

Kanter R. 1983. The Change Masters. New York：Simon & Schuster.

Katz R. 1982. The effects of group longevity on project communication and performance. Administrative Science Quarterly，27（1）：81-104.

Keck S L. 1997. Top management team structure：differential effects by environmental context. Organization Science，8（2）：143-156.

Kellermanns F W，Walter J，Lechner C，et al. 2005. The lack of consensus about strategic consensus：advancing theory and research. Journal of Management，31（5）：719-737.

Kiesler S，Sproull L. 1982. Managerial response to changing environments：perspectives on problem sensing from social cognition. Administrative Science Quarterly，27（4）：548-570.

Kilduff M，Angelmar R，Mehra A. 2000. Top management-team diversity and firm performance：examining the role of cognitions. Organization Science，11（1）：21-34.

Knight D，Pearce C L，Smith K G，et al. 1999. Top management team diversity，group process，and strategic consensus. Strategic Management Journal，20（5）：445-465.

Kor Y Y. 2003. Experience-Based top management team competence and sustained growth. Organization Science，14（6）：707-719.

Korsgaard M A，Schweiger D M，Sapienza H J. 1995. Building commitment，attachment，and trust in strategic decision-making teams：the role of procedural justice. Academy of Management Journal，38（1）：60-84.

Lankau M J，Amason W A，Allen，et al. 2007. Examining the impact of organizational value dissimilarity in top management teams. Journal of Management Issues，19（1）：11-34.

Laurent A. 1983. The cultural diversity of western conceptions of management. International Studies of Management and Organization，13（1/2）：75-96.

Laurent A. 1986. The cross-cultural puzzle of international human resource management. Human Resource Management，25（1）：91-102.

Lee C，Park G，Marhold K，et al. 2017. Top management team's innovation-related characteristics and the firm's explorative R&D：an analysis based on patent data. Scientometrics，111：639-663.

Leifer R，Mills P K. 1996. An information processing approach for deciding upon control strategies and reducing control loss in emerging organizations. Journal of Management，22（1）：113-137.

Leonard-Barton D. 1992. Core capabilities and core rigidities：a paradox in managing new product development. Strategic Management Journal，13（S1）：111-125.

Levy O. 2005. The influence of top management team attention patterns on global strategic posture of firms. Journal of Organizational Behavior，26：797-819.

Lin N. 2001. Social Capital：A Theory of Social Structure and Action. Cambridge：Cambridge University Press.

Lohrke F T，Bedeian A G，Palmer T B. 2004. The role of top management teams in formulating and implementing turnaround strategies：a review and research agenda. International Journal of Management Reviews，5（2）：63-90.

Lyles M A. 1981. Formulating strategic problems：empirical analysis and model development. Strategic Management Journal，2（1）：61-75.

Lyles M A，Mitroff I I. 1980. Organizational problem formulation：an empirical study. Administrative Science Quarterly，25：102-119.

Lyon D W，Ferrier W J. 2002. Enhancing performance with product-market innovation：the influence of the top management team. Journal of Managerial Issues，14（4）：452-469.

Mahajan S，Sweeney R J. 2001. Strategic choices of quality，differentiation and pricing in financial services. Journal of Banking & Finance，25：1447-1473.

Mahoney J T. 1995. The management of resources and the resource of management. Journal of Business Research，33（2）：91-101.

Maidique M A，Patch P. 1982. Corporate Strategy and Technological Policy. Marshfields：Pitman Publishers：273-285.

March J G，Simon H A. 1958. Organizations. Oxford：Wiley.

Marlin D，Lamont B T，Geiger S W. 2004. Diversification strategy and top management team fit. Journal of Managerial Issues，16（3）：361-381.

Marton R L. 2003. The path for top management teams to achieve high-performing council organisations. Australian Journal of Public Administration，62（4）：50-58.

Michel J G，Hambrick D C. 1992. Diversification posture and top management team characteristics. Academy of Management Journal，35（1）：9-37.

Miles R E，Snow C C，Meyer A D，et al. 1978. Organizational strategy，structure，and process. Academy of Management Review，3（3）：546-562.

Miller D. 1991. Stale in the saddle：CEO tenure and the match between organization and environment. Management Science，37（1）：34-52.

Miller D，de Vries M，Toulouse J M. 1982. Top executive locus of control and its relationship to strategy making，structure，and environment. Academy of Management Journal，25：237-253.

Mintzberg H. 1973. Strategy-making in three modes. California Management Review，16（2）：44-53.

Mintzberg H. 1987. Crafting strategy. Harvard Business Review，65（5）：66-75.

Mintzberg H，McHugh A. 1985. Strategy formation in an adhocracy. Administrative Science Quarterly，30：160-197.

Mintzberg H，Raisinghani D，Theoret A. 1976. The structure of "unstructured" decision processes. Administrative Science Quarterly，21 （2）：246-275.

Mintzberg H，Waters J A. 1982. Tracking strategy in an entrepreneurial firm. Academy of Management Journal，25（3）：465-499.

Mitroff I I. 1982. Dialectic squared：a fundamental difference in perception on the meanings of some key concepts in social science. Decision Sciences，13：222-224.

Montanari J R. 1978. Managerial discretion：an expanded model of organization choice. Academy of Management Review，3：231-241.

Mooney A C，Amason A C，Sonnenfeld J. 2001. Exploring antecedents to conflict during strategic decision making：the importance of behavioral integration. Washington DC：Academy of Management Meetings.

Murray A I. 1989. Top management group heterogeneity and firm performance. Strategic Management Journal，10（S1）：125-141.

Naranjo-Gil D，Hartmann F，Maas V S. 2008. Top management team heterogeneity，strategic change and operational performance. British Journal of Management，19：222-234.

Nielson R P. 1981. Towards a method of building consensus during strategic planning. Sloan Management Review，22（4）：28-40.

Nonaka I. 1988. Toward middle-up-down management：accelerating information creation. Sloan Management Review，29（3）：9-18.

O'Reilly C A，Caldwell D F，Barnett W P. 1989. Work group demography，social integration，and turnover. Administrative Science Quarterly，34：21-37.

Papadakis V M，Barwise P. 2002. How much do CEOs and top managers matter in strategic decision-making?. British Journal of Management，13：83-95.

Papadakis V M，Lioukas S，Chambers D. 1998. Strategic decision-making processes：the role of management and context. Strategic Management Journal，19（2）：115-147.

Pennings J M，Lee K，van Witteloostuijn A. 1998. Human capital，social capital，and firm dissolution. Academy of Management Journal，41（4）：425-440.

Penrose E T. 1959. The Theory of the Growth of the Firm. New York：John Wiley and Sons.

Perrow C. 1970. Organizational Analysis. Belmont：Wadsworth.

Peters T，Waterman R. 1982. In Search of Excellence. New York：Harper & Row.

Pfeffer J. 1983. Organizational demography//Cummings L L，Staw B M .Research in Organizational Behavior. Greenwich：JAI Press：299-357.

Pfeffer J，Salancik G. 1978. The External Control of Organizations：A Resource Dependence Perspective. New York：Harper & Row.

Pfeffer J. 1981. Power in Organizations. London：Pitman Publishing.

Pitcher P，Smith A D. 2001. Top management team heterogeneity：personality，power，and proxies. Organization Science，12（1）：1-18.

Polanyi M. 1962. Tacit knowing：its bearing on some problems of philosophy. Reviews of Modern Physics，34（4）：601-615.

Porter M E. 1980. Competitive Strategy：Techniques for Analyzing Industries and Competitors. New York：The Free Press.

Prahalad C K，Bettis R A. 1986. The dominant logic：a new linkage between diversity and performance. Strategic Management Journal，7（6）：485-501.

Priem R L，Lyon D W，Dess G G. 1999. Inherent limitations of demographic proxies in top management team heterogeneity research. Journal of Management，25（6）：935-953 .

Quick D M，Carey J M. 2001. An analysis of market power mitigation strategies in Colorado's electricity industry. The Energy Journal，22（3）：55-78.

Quinn J. 1980. Strategies for Change Logical Incrementalism. Home-wood：Irwin.

Rhyne L C. 1986. The relationship of strategic planning to financial performance. Strategic Management Journal，7：423-436.

Richard M C, James G M. 1963. A Behavioral Theory of the Firm. Englewood Cliffs: Prentice-Hall.

Richard O C, Barnett T, Dwyer S, et al. 2004. Cultural diversity in management, firm performance, and the moderating role of entrepreneurial orientation dimensions. Academy of Management Journal, 47 (2): 255-266.

Romanelli E, Tushman M L. 1986. Inertia, environments, and strategic choice: a quasi-experimental design for comparative-longitudinal research. Management Science, 32: 608-621.

Sambharya R B. 1996. Foreign experience of top management teams and international diversification strategies of U.S. multinational corporations. Strategic Management Journal, 17 (9): 739-746.

Sanders W G, Carpenter M A. 1998. Internationalization and firm governance: the roles of CEO compensation, top team composition, and board structure. Academy of Management Journal, 41 (2): 158-178.

Schendel D E, Hatten K J. 1972. Business policy or strategic management: a broader view for an emerging discipline. Academy of Management Proceedings, (1): 99-102.

Schmidt P, Strauss R P. 1975. The prediction of occupation using multiple logit models. International Economic Review, 16 (2): 471-486.

Schweiger D M, Sandberg W R, Ragan J W. 1986. Group approaches for improving strategic decision making: a comparative analysis of dialectical inquiry, devil's advocacy, and consensus. Academy of Management Journal, 29: 51-71.

Segev E. 1989. A systematic comparative analysis and synthesis of two business-level strategic typologies. Strategic Management Journal, 10 (5): 487-505.

Shaw M E, Harkey B. 1976. Some effects of congruency of member characteristics and group structure upon group behavior. Journal of Personality and Social Psychology, 34 (3): 412-418.

Shook C L, Payne G T, Voges K E. 2005. The "what" in top management group conflict: the effects of organizational issue interpretation on conflict among hospital decision makers. Journal of Managerial Issues, 17 (2): 162-177.

Shull F A, Delbecq A L, Cummings L L. 1970. Organizational Decision Making. New York: McGraw-Hill.

Siegel P A, Hambrick D C. 2005. Pay disparities within top management groups: evidence of harmful effects on performance of high-technology firms. Organization Science, 16 (3): 259-274.

Simons T, Pelled L H, Smith K A. 1999. Making use of difference: diversity, debate, and decision comprehensiveness in top management teams. Academy of Management Journal, 42 (6): 662-673.

Simsek Z, Veiga J F, Lubatkin M H, et al. 2005. Modeling the multilevel determinants of top management team behavioral integration. Academy of Management Journal, 48: 69-84.

Slovic P，Fischhoff B，Lichtenstein S. 1977. Behavioral decision theory. Annual Review of Psychology，28：1-39.

Smith G D，Arnold D R，Bizzell B G. 1988. Strategy and Policy. 2nd ed. Boston：Houghton Mifflin.

Smith K G，Smith K A，Olian J D，et al.1994. Top management team demography and process：the role of social integration and communication. Administrative Science Quarterly，39（3）：412-438.

Smith W K，Tushman M L. 2005. Managing strategic contradictions：a top management model for managing innovation streams. Organization Science，16（5）：522-536.

Srivastava A，Bartol K M，Locke E A. 2006. Empowering leadership in management teams：effects on knowledge sharing，efficacy，and performance. Academy of Management Journal，49（6）：1239-1251.

Srivastava A，Lee H. 2005. Predicting order and timing of new product moves：the role of top management in corporate entrepreneurship. Journal of Business Venturing，20：459-481.

Stacecy R D. 1991. The Chaos Frontier：Creative Strategic Control for Business. Oxford：Butterworth-Heinemann：10-11，19.

Starbuck W H. 1976. Organization and their environments//M D Dunnette. Handbook of Industrial and Organizational Psychology. Chicago：Band McNally：1069-1123.

Steiner G A，Miner J B. 1977. Management Policy and Strategy：Text，Readings and Cases. New York：Mc-Millan.

Sutcliffe K M. 1994. What executives notice：accurate perceptions in top management teams. Academy of Management Journal，37（5）：1360-1378.

Tan J. 1999. The growth of entrepreneurial firms in a transition economy：the case of a Chinese entrepreneur. Journal of Management Inquiry，8（1）：83-89.

Tan J，Litsschert R J. 1994. Environment-strategy relationship and its performance implications：an empirical study of the Chinese electronics industry. Strategic Management Journal，15(1)：1-20.

Tan J，Tan D. 2005. Environment-strategy co-evolution and co-alignment：a staged model of Chinese SOEs under transition. Strategic Management Journal，26（2）：141-157.

Tihanyi L，Ellstrand A E，Daily C M，et al. 2000. Composition of the top management team and firm international diversification. Journal of Management，26（6）：1157-1177.

Treacy M，Wiersema F. 1995. The Discipline of Market Leaders. Upper Saddle River：Addison-Wesley.

Tsui A S，Egan T，O'Reilly C. 1992. Being different：relational demography and organizational attachment. Administrative Science Quarterly，37（4）：549-579.

Tuckman B W. 1965. Developmental sequence in small groups. Psychological Bulletin，63：384-399.

Tushman M, Nadler D. 1986. Organizing for innovation. California Management Review, 28（3）: 74-92.

Volberda H W, Baden-Fuller C. 1998. Strategic renewal and competence building: four dynamic mechanisms//Thomas H, O'Neal, D. Strategic Flexibility: Managing in a Turbulent Environment. New York: John Wiley & Sons, Inc: 371-389.

Walker G. 1985. Network position and cognition in a computer software firm. Administrative Science Quarterly, 30（1）: 103-130.

Wally S, Becerra M. 2001. Top management team characteristics and strategic changes in international diversification. Group & Organization Management, 26（2）: 165-188.

Walsh J P. 1995. Managerial and organizational cognition: notes from a trip down memory lane. Organization Science, 6（3）: 280-321.

Weil D. 2005. A strategic choice framework for union decision making. Working USA: The Journal of Labor and Society, 8: 327-347.

West C T, Schwenk C R. 1996. Top management team strategic consensus, demographic homogeneity and firm performance: a report of resounding nonfindings. Strategic Management Journal, 17（7）: 571-576.

Whyte G. 1989. Groupthink reconsidered. Academy of Management Review, 14（1）: 40-56.

Wiersema M F, Bantel K A. 1992. Top management team demography and corporate strategic change. Academy of Management Journal, 35（1）: 91-121.

Wiersema M F, Bird A. 1993. Organizational demography in Japanese firms: group heterogeneity, individual dissimilarity, and top management team turnover. Academy of Management Journal, 36: 996-1025.

Wood D R, LaForge R L. 1979. The impact of comprehensive planning on financial performance. Academy of Management Journal, 22: 516-526.

Wooldridge B, Floyd S W. 1989. Research notes and communications strategic process effects on consensus. Strategic Management Journal, 10（3）: 295-302.

Yamak S, Üsdiken B. 2006. Economic liberalization and the antecedents of top management teams: evidence from Turkish "big" business. British Journal of Management, 17: 177-194.

Zenger T R, Lawrence B S. 1989. Organizational demography: the differential effects of age and tenure distributions on technical communication. Academy of Management Journal, 32（2）: 353-376.

附　　录

附表　本书研究所选样本概况

股票代码	股票简称	总部所在城市	上市时间	主营业务
000025	特力 A	深圳	1993/6/21	汽车综合服务、涉及汽车销售、维修、检测设备的生产等
000550	江铃汽车	南昌	1993/12/1	生产及销售汽车、专用（改装）车、发动机、底盘等汽车总成及其他零部件
000559	万向钱潮	杭州	1994/1/10	汽车零部件及相关机电产品的开发、制造和销售，实业投资开发，金属材料、建筑材料的销售，技术咨询服务
000572	海马汽车	海口	1998/9/24	汽车及汽车发动机的研发、制造、销售、物流配送及相关业务，金融服务业等
000581	威孚高科	无锡	1992/10/1	汽车燃油喷射系统、汽车后处理系统、发动机进气系统等产品的开发、制造和销售业务
000589	贵州轮胎	贵阳	1996/3/8	轮胎生产及销售
000599	青岛双星	青岛	1996/4/30	轮胎、机械等产品的生产及销售
000625	长安汽车	重庆	1996/10/31	汽车（含轿车）、汽车发动机系列产品、配套零部件、模具、工具的开发、制造、销售等
000700	模塑科技	江阴	1997/2/28	轿车保险杠、防擦条等汽车装饰件的生产与销售
000710	天兴仪表	成都	1997/4/22	汽车、摩托车仪表的生产、销售
000753	漳州发展	漳州	1997/6/26	城市基础设施开发与建设；汽车销售与维修等
000760	博盈投资	公安县	1997/6/27	汽车配件制造及销售
000800	一汽轿车	长春	1997/6/18	开发、制造、销售轿车、旅行车及其配件，修理汽车；普通货运、物流服务等
000868	安凯客车	合肥	1997/7/25	客车、底盘生产与销售
000887	中鼎股份	宣城	1998/12/3	密封件、特种橡胶制品的研发、生产、销售与服务
000903	云内动力	昆明	1999/4/15	柴油机和轻型载货车的开发、生产和销售
000906	物产中拓	长沙	1999/7/7	钢铁贸易和汽车经营
000927	一汽夏利	天津	1999/7/27	轿车、汽车发动机、汽车零部件、内燃机配件的制造及其售后服务、高科技产品的开发研制及生产等

续表

股票代码	股票简称	总部所在城市	上市时间	主营业务
000951	中国重汽	济南	1999/11/25	载重汽车、专用汽车、重型专用车底盘、客车底盘、汽车配件制造、销售；汽车改装、机械加工
000957	中通客车	聊城	2000/11/13	客车、农用车、汽车底盘、挂车及专用配件的开发、制造、销售
000980	金马股份	黄山	2000/6/16	汽车、摩托车仪表及电器件，汽车车身、车用零部件等
000996	中国中期	北京	2000/7/18	汽车服务业务和物流服务业务
600006	东风汽车	襄樊	1999/7/27	汽车生产、制造、销售；汽车修理等
600066	宇通客车	郑州	1997/5/8	客车的生产和销售，提供汽车维修劳务及市县际定线旅游客运服务等
600081	东风科技	上海	1997/7/3	汽车零部件、粉末冶金产品的研发、采购、制造、销售等
600104	上海汽车	上海	1997/11/25	汽车，摩托车，拖拉机等各种机动车整车，总成及零部件的生产、销售等
600148	长春一东	长春	1998/5/20	汽车零部件、粉末冶金产品的研发、采购、制造、销售
600166	北汽福田	北京	1998/6/2	制造汽车（不含小轿车）、农用车、农用机械、摩托车、拖拉机及配件等
600178	东安动力	哈尔滨	1998/10/14	生产及销售微型汽车发动机及零部件
600213	亚星客车	扬州	1999/8/31	客车、特种车、农用车、汽车零部件的开发、制造、销售、进出口及维修服务
600218	全柴动力	全椒县	1998/12/3	内燃机及其配件
600303	辽宁曙光	丹东	2000/12/26	汽车前后桥、汽车底盘、汽车零部件；汽车修理（设分支销售汽车及零配件）
600327	大东方	无锡	2002/6/25	国内贸易；汽车的修理改制等
600375	星马汽车	马鞍山	2003/4/1	专用汽车（不含小轿车）、汽车配件、建材、建筑机械和金属材料的生产和销售
600418	江淮汽车	合肥	2001/8/24	交通运输设备、管类产品及配件、压力容器等
600501	航天晨光	南京	2001/6/15	交通运输设备、管类产品及配件、压力容器、普通机械及配件、自动化控制系统及设备
600523	贵航股份	贵阳	2001/12/27	汽车、摩托车零部件的制造、销售；汽车（不含小轿车）、摩托车及二、三类机电产品的批零兼营等
600565	迪马股份	重庆	2002/7/23	专用车制造及房地产开发
600609	金杯汽车	沈阳	1992/7/24	轻型客车、轻型货车、多功能商用车、相应配件
600623	双钱股份	上海	1992/12/14	轮胎，力车胎，胶鞋，配件及橡胶制品，橡胶机械，橡胶原辅材料，模具，轮胎橡胶制品钢丝
600653	申华控股	上海	1990/12/19	实业投资、中华品牌、金杯品牌汽车销售、汽车配件销售等
600660	福耀玻璃	福清	1993/6/10	浮法玻璃及汽车用玻璃制品的生产及销售
600676	上海交运	上海	1993/9/28	运输与物流服务业、汽车零部件制造与汽车后服务业、水上旅游服务业
600686	金龙汽车	厦门	1993/11/8	客车、汽车零部件、摩托车及零部件制造、开发、销售、维修等

续表

股票代码	股票简称	总部所在城市	上市时间	主营业务
600741	华域汽车	上海	1996/8/26	汽车、交通运输车辆和工程机械的零部件及其总成的设计、研发和销售等
600742	一汽富维	长春	1996/8/26	汽车零部件系列产品的研制、生产和销售
600760	中航黑豹	文登	1996/10/11	微型汽、柴油载重汽车及其配件制造；厢式柴油专用汽车制造，草坪修整机、电动车的制造、销售等
600841	上柴股份	上海	1994/3/11	柴油机、工程机械、油泵及配件；柴油电站、船用成套机组、机电设备及配件等
000417	合肥百货	合肥	1996/8/12	百货零售与批发
000419	通程控股	长沙	1996/8/16	现代商业、旅游酒店、金融证券、信息技术等
000501	鄂武商	武汉	1992/11/20	商业零售
000516	开元控股	西安	1993/8/9	国内商贸、百货零售
000564	西安民生	西安	1994/1/10	以百货零售为主，兼营酒店、房地产和股权投资的经营
000593	大通燃气	成都	1996/3/12	生产/销售/开发中成药、西药、原料药、中药材及保健品；批发和零售贸易、餐饮
000672	铜城集团	白银	1996/12/18	粮油加工、商业批发零售、酒店服务、软件开发/销售
600616	第一食品	上海	1992/9/29	食品、副食品、粮油、烟酒、餐饮、黄酒生产经营、食糖生产和销售
600628	新世界	上海	1993/1/19	商品批发零售
600631	百联股份	上海	1993/2/19	综合百货、广告、进出口贸易、商业咨询等
600655	豫园商城	上海	1992/9/2	综合百货、黄金饰品、餐饮业、仪器、烟酒饮料、进出口贸易等
600682	S 宁新百	南京	1993/10/18	商品零售
600683	银泰股份	宁波	1993/10/25	百货、服装、家电等商品的零售，自营/代理核准产品的进出口业务，房地产开发和写字楼等物业租赁
600693	东百集团	福州	1993/11/22	百货零售、批发
600694	大商股份	大连	1993/11/22	商品零售
600697	欧亚集团	长春	1993/12/6	商业、科技咨询服务、工业生产及销售
600712	南宁百货	南宁	1996/6/26	商品零售服务
600723	西单商场	北京	1996/7/16	商业零售服务
600729	重庆百货	重庆	1996/7/2	商业批发零售
600738	兰州民百	兰州	1996/8/2	商品的零售和批发
600774	汉商集团	武汉	1996/11/8	百货零售、会议展览、客房饮食、旅游服务等
600778	友好集团	乌鲁木齐	1996/12/3	商品零售兼批发、生产加工、外贸出口、房地产等
600785	新华百货	银川	1997/1/8	零售及批发百货、文化用品、服装鞋帽、针纺织品、家电家具、钟表工艺、副食品等十大类四万余种商品
600814	杭州解百	杭州	1994/1/14	商品零售、批发
600821	津劝业	天津	1994/1/28	商业、各类物资的批发/零售

续表

股票代码	股票简称	总部所在城市	上市时间	主营业务
600824	益民商业	上海	1994/2/4	百货、针纺织品等
600827	友谊股份	上海	1994/2/4	零售连锁业
600828	ST 成商	成都	1994/2/24	百货零售批发
600838	上海九百	上海	1994/2/24	日用百货、家用电器、服装、针棉织品、文化用品的零售和批发、系列化学产品的生产和销售、洗染服务、物业出租
600856	长百集团	长春	1994/4/25	商业零售批发
600859	王府井	北京	1994/5/6	商业零售、批发
600861	北京城乡	北京	1994/5/20	商品零售与批发、公共饮食、物资供销、仓储、日用品修理、群众文化事业等
600865	S 百大	杭州	1994/8/9	商品零售、批发、住宿、餐饮、旅游服务
600891	SST 秋林	哈尔滨	1996/3/25	商业零售批发
000679	大连友谊	大连	1997/1/24	商品零售、酒店、对船供应、旅游、进出口贸易、仓储、免税商品等
000715	中兴商业	沈阳	1997/5/8	商业百货零售和批发
000759	武汉中百	武汉	1997/5/19	以连锁超市业态为核心，涉足医药、物流配送、物业管理、进出口贸易等
000785	武汉中商	武汉	1997/5/19	百货零售批发
000796	宝商集团	宝鸡	1997/7/3	商贸业、酒店业、路桥收费、广告、制药业等
000882	华联股份	北京	1998/6/16	商用高新技术的开发和应用、商品批发/零售、国际贸易、联营贸易、仓储、配送、旅游、餐饮、娱乐服务业
000002	万科 A	深圳	1991/1/29	房地产业务及投资零售业务
000006	深振业 A	深圳	1992/4/27	房地产开发建筑施工
000011	深物业 A	深圳	1992/3/30	房地产开发经营
000014	沙河股份	深圳	1992/6/2	房地产开发与销售
000024	招商地产	深圳	1993/6/7	房地产开发经营、物业租赁、园区供电供水
000029	深深房 A	深圳	1993/9/15	房地产开发及商品房销售、物业租赁及管理、商品零售及贸易、酒店业务
000031	中粮地产	深圳	1993/10/8	商品房开发与销售、物业租赁
000036	华联控股	深圳	1994/6/17	房地产开发及自有物业租赁管理业务
000038	深大通	深圳	1994/8/8	房地产开发经营
000040	宝安地产	深圳	1994/8/8	房地产开发经营业
000042	深长城	深圳	1994/9/21	房地产、建筑施工和物业经营与管理
000043	中航地产	深圳	1994/9/28	各类投资、开办商场、宾馆服务配套设施、房地产开发、国内商业、物资供销业、自有物业管理经营
000046	泛海建设	北京	1994/9/12	房地产开发经营、项目投资
000150	宜华地产	汕头	2000/8/7	房地产开发、物业管理、公路建设、城市基础设施建设

续表

股票代码	股票简称	总部所在城市	上市时间	主营业务
000402	金融街	北京	1996/6/26	北京金融街的总体规划、土地开发、房产开发、房屋租赁和综合管理
000502	绿景地产	广州	1992/11/23	房地产开发经营；安装工程承包及设计；室内外装修
000505	ST 珠江	海口	1992/12/21	房地产开发经营
000511	银基发展	沈阳	1993/5/18	土地整理，房地产开发，酒店投资经营等
000514	渝开发	重庆	1993/7/12	商品房屋开发、土地开发、房屋租赁、城市污水处理
000517	荣安地产	宁波	1993/8/6	房地产开发与经营
000537	广宇发展	天津	1993/12/10	商品房销售
000546	光华控股	长春	1993/12/15	房地产开发与经营行业
000558	莱茵置业	杭州	1994/5/9	房地产开发与销售
000567	海德股份	海口	1994/5/25	经营房地产开发与销售、酒店业等
000573	粤宏远 A	东莞	1994/8/15	房地产开发经营业
000608	阳光股份	南宁	1996/9/19	房地产投资，基础设施投资，高科技投资，商品房销售、租赁、咨询、建材销售
000609	锦世股份	北京	1996/10/10	土地一级开发、餐饮管理及服务
000616	亿城股份	大连	1996/11/8	房地产开发、餐饮旅游及教育服务
000631	顺发恒业	长春	1996/11/22	房地产开发经营
000638	万方地产	沈阳	1996/11/26	房地产开发和销售
000667	名流置业	昆明	1996/12/5	房地产开发与经营
000668	荣丰控股	上海	1996/12/10	房地产项目开发、商品房销售
000670	舜元地产	荆州	1996/12/17	房地产开发经营
000671	阳光城	福州	1996/12/18	房地产开发、商贸业
000711	天伦置业	哈尔滨	1997/4/11	房地产开发经营、物业管理、自有房屋租赁等
000718	苏宁环球	吉林	1997/4/8	房地产开发、酒店经营、物业管理、环保建材制造
000732	泰禾集团	福州	1997/7/4	房地产经营管理
000736	重庆实业	重庆	1997/4/25	房地产开发、经营
000797	中国武夷	福州	1997/7/15	工程承包、投资开发、外经外贸
000838	国兴地产	北京	1997/6/26	房地产开发与销售
000897	津滨发展	天津	1999/4/22	物资、商品的批发、零售；建筑模具
000918	嘉凯城	杭州	1999/7/20	销售房屋、商品销售、物业管理、餐饮服务
000965	天保基建	天津	2000/4/6	房地产开发经营
000979	中弘地产	宿州	2000/6/16	房地产开发与经营
002016	世荣兆业	珠海	2004/7/8	房地产开发经营

续表

股票代码	股票简称	总部所在城市	上市时间	主营业务
002133	广宇集团	杭州	2007/4/27	开发性价比高的普通中档商品住宅和经营具有稳定现金流的商业物业
002146	荣盛发展	廊坊	2007/8/8	从事普通商品住宅和与住宅配套的车库、商铺的房地产开发和经营，并涉及物业管理建筑设计等业务
002208	合肥城建	合肥	2008/1/28	专业从事普通商品住宅及其配套商业地产和综合商务楼的开发、销售和服务
002244	滨江集团	杭州	2008/5/29	房地产开发和销售
002285	世联地产	深圳	2009/8/28	房地产营销的顾问代理机构。房地产顾问策划、代理销售、经纪业务
002305	南国置业	武汉	2009/11/6	从事以商业地产为引导的综合性物业开发
600048	保利地产	广州	2006/7/31	一级房地产开发、出租本公司开发商品房、房屋工程设计、旧楼拆迁、道路与土方工程施工、室内装修、物业管理、酒店管理
600052	浙江广厦	东阳	1997/4/15	房地产投资，实业投资，房地产中介代理 ，园林、绿化、市政、幕墙、智能化、装修装饰、照明工程的施工，建筑材料
600053	中江地产	南昌	1997/4/18	房地产开发与经营
600064	南京高科	南京	1997/5/6	高新技术产业投资、开发；市政基础设施建设、投资及管理；土地成片开发；建筑安装工程；商品房开发、销售；物业管理、房屋租赁；国内贸易
600159	大龙地产	北京	1998/5/26	房地产开发及建筑工程施工业务
600162	香江控股	深圳	1998/6/9	房地产开发与经营
600173	卧龙地产	上虞	1999/4/15	房地产开发，投资经营管理，建筑工程、装饰装潢工程的设计、施工，物业管理
600185	格力地产	西安	1999/6/11	房地产开发与经营
600208	新湖中宝	嘉兴	1999/6/23	房地产开发与经营业
600223	鲁商置业	淄博	2000/1/13	房地产开发与经营管理；物业管理；建筑安装及建筑装饰；房地产销售代理及咨询
600225	天津松江	天津	2000/1/27	房地产开发与经营
600239	云南城投	昆明	1999/12/2	房地产开发与经营、商品房销售、房屋租赁、基础设施建设投资、土地开发
600240	华业地产	北京	2000/6/28	房地产及相关业务
600246	万通地产	北京	2000/9/22	房地产开发与销售
600266	北京城建	北京	1999/2/3	房地产开发、销售
600322	天房发展	天津	2001/9/10	国家授权资产投资、控股；房地产、销售等
600325	华发股份	珠海	2004/2/25	房地产开发和销售
600376	首开股份	北京	2001/3/12	房地产的开发与经营，具体为商品住宅小区的开发建设，包括商品房、经济适用房、办公用房、商业设施及土地等的开发、销售、租赁

续表

股票代码	股票简称	总部所在城市	上市时间	主营业务
600383	金地集团	深圳	2001/4/12	房地产开发与经营、物业管理和物业租赁等
600393	东华实业	广州	2001/3/19	房地产开发
600463	空港股份	北京	2004/3/18	土地开发、房地产开发、建筑施工、物业出租、物业管理及仓储物流等业务
600503	华丽家族	上海	2002/7/9	房地产开发经营，房屋土地建设和房屋（附属内部装修设施）出售，租赁，物业管理，房屋设备，园林绿化，实业投资，投资管理
600533	栖霞建设	南京	2002/3/28	住宅小区综合开发建设；商品房销售、租赁、售后服务；新型住宅构配件、建筑材料、装潢材料生产、加工、销售
600606	金丰投资	上海	1992/3/27	住宅流通业务、住宅开发业务和住宅配套服务业务
600614	鼎立股份	上海	1992/8/28	房地产开发、医药及橡胶业、酒店业务
600615	丰华股份	上海	1992/9/10	房地产开发
600634	ST 海鸟	上海	1993/3/4	房地产开发、经营及相关的物业管理
600638	新黄浦	上海	1993/3/26	房地产开发、危旧房改造、物业管理、房产咨询等
600639	浦东金桥	上海	1993/3/26	房地产开发经营销售出租和中介；土地使用权投资等
600641	万业企业	上海	1993/4/7	实业投资、资产经营、房地产开发经营、钢材、木材、建筑材料等
600648	外高桥	上海	1993/5/4	从事房地产开发与租赁和工程管理咨询服务
600657	信达地产	北京	1993/5/24	房地产开发、经营、投资及物业管理
600658	电子城	北京	1993/5/24	园区地产销售、园区地产出租、物业管理
600663	陆家嘴	上海	1993/6/28	房地产开发、经营、销售、出租和中介；市政基础设施的开发建设
600665	天地源	西安	1993/7/9	房地产开发和经营、物业管理，实业投资、资产管理
600675	中华企业	上海	1993/9/24	经营商品房设计、建造、买卖、租赁及调剂业务，各类商品住宅的配套服务；房屋装修及维修业务、建筑材料经营
600683	京投银泰	北京	1993/10/25	轨道物业开发、景观物业开发、城市综合高端综合物业经营开发
600684	珠江实业	广州	1993/10/28	房地产开发与经营
600696	多伦股份	上海	1993/12/6	房地产综合开发、商品房销售、出租及相应的物业管理、生产与经营建材产品及新型建筑材料等
600716	凤凰股份	南京	1996/7/2	房地产开发与销售
600732	上海新梅	上海	1996/8/16	房地产开发与经营、物业管理、建筑装潢、实业投资
600736	苏州高新	苏州	1996/8/15	高新技术产品的投资、开发和生产；能源、交通、通信等基础产业和市政基础设施的投资；工程设计、施工
600743	华远地产	北京	1996/9/9	房地产开发与经营
600745	中茵股份	黄石	1996/8/28	房地产开发及经营
600748	上实发展	上海	1996/9/25	房地产开发和经营，实业投资，国内贸易，信息服务

续表

股票代码	股票简称	总部所在城市	上市时间	主营业务
600753	东方银星	民权	1996/9/27	房地产开发经营
600759	正和股份	海口	1996/10/8	高新技术项目及产品的投资、开发、生产与经营；能源基础产业投资、开发、经营、房地产、旅游资源、旅游产品开发、经营；建筑材料生产；房屋租赁服务；装饰装修工程
600766	园城股份	烟台	1996/10/28	房地产及物业管理 、药业、商贸
600767	运盛实业	上海	1996/11/15	城市基础设施开发及配套服务，城市供水、能源、交通、工业、房地产项目开发、工程承包
600773	西藏城投	拉萨	1996/11/8	房地产投资、开发销售、咨询服务
600791	京能置业	北京	1997/1/30	房地产开发、房地产信息咨询；房屋代理销售、租赁；物业管理、投资顾问
600807	天业股份	济南	1994/1/3	房地产经营与开发
600823	世茂股份	上海	1994/2/4	实业投资，房地产综合开发经营，酒店管理，物业管理
600890	ST 中房	北京	1996/3/18	房地产经营与开发
000027	深圳能源	深圳	1993/9/3	电力燃气销售
000037	深圳南山热电	深圳	1994/7/1	生产经营供电、供热
000426	富龙热电	赤峰	1996/8/28	城市集中供热、发电、高等级公路运营等产业
000531	广州恒运	广州	1994/1/6	电力、热力的生产和销售
000539	广东电力	广州	1993/11/26	电力、煤炭及其他能源投资、生产
000543	安徽皖能	合肥	1993/12/20	电力、节能及相关项目
000600	建投能源	石家庄	1996/6/6	电力生产为主的能源项目
000601	广东韶能	韶关	1996/8/30	能源开发、公路工程及设计、建筑材料、房地产开发
000692	惠天热电	沈阳	1997/2/27	民用和工业供热、供汽
000720	鲁能泰山	泰安	1997/5/9	以电力、电线电缆为主业
000767	漳泽电力	太原	1997/6/9	电力开发、生产和销售
000875	吉林电力	长春	2002/9/26	火电、水电、供热、工业供气、新能源的开发、投资、建设、生产与销售
000899	江西赣能	南昌	1997/11/26	电力开发、生产和销售
000958	东方热电	石家庄	1999/12/23	热力、电力生产与销售
000966	国电长源	武汉	2000/3/16	热力、电力生产与销售
000993	闽东电力	宁德	2000/7/31	水力发电
001896	河南豫能	郑州	1998/1/22	电力开发、生产和销售
002039	黔源电力	贵阳	2005/3/3	单一的水电生产
600011	华能国际	北京	1998/1/21	投资、建设、经营管理电厂
600021	上海电力	上海	2003/10/29	电力、热力生产，检修、维护

续表

股票代码	股票简称	总部所在城市	上市时间	主营业务
600027	华电国际	济南	2005/2/3	电力生产
600101	明星电力	遂宁	1997/6/27	电力、自来水生产销售
600116	三峡水利	重庆	1997/8/4	发电、供电，电力产品营销
600131	岷江水电	四川	1998/4/2	电力、化成箔的生产销售
600236	桂冠电力	南宁	2000/3/23	水电、火电上网
600283	钱江水利	杭州	2000/10/18	水的生产、销售和管网输送
600292	九龙电力	重庆	2000/11/1	火电，工程及工程技术服务
600310	桂东电力	贺州	2001/2/28	水力发电、供电，供水，交通建设及其基础设施开发
600396	沈阳金山	沈阳	2001/3/28	电力，供热，煤炭，挂网
600452	涪陵电力	重庆	2004/3/3	电力供应与销售
600505	西昌电力	西昌	2002/5/30	水力发电
600509	天富热电	石河子	2002/2/28	电、热的生产供应
600578	京能热电	北京	2002/5/10	电、热的生产供应
600642	申能股份	上海	1993/4/16	电力、石油天然气、燃煤销售
600644	乐山电力	乐山	1993/4/26	电力、天然气供应，自来水销售
600719	大连热电	大连	1996/7/16	电力、热力产品的生产和销售
600726	华电能源	哈尔滨	1996/7/1	电力生产、供热、电厂检修、电力技术咨询等
600744	华银电力	长沙	1996/9/5	电力生产销售
600780	通宝能源	太原	1996/12/5	火力发电，热力
600795	国电电力	大连	1997/3/18	电力、热力
600863	内蒙华电	呼和浩特	1994/5/20	电力、热力、水
600864	哈投股份	哈尔滨	1994/8/9	电力、供暖、蒸汽、水泥、化肥、入网配套、木材
600868	梅雁水电	梅州	1994/9/12	水力发电、铜箔的生产和销售
600900	长江电力	北京	2003/11/18	水力发电
600969	郴电国际	郴州	2004/4/8	电力销售，工业气体销售
600979	广安爱众	广安	2004/9/6	电力生产及销售、城市燃气、水务
600982	宁波热电	宁波	2004/7/6	电力、蒸汽，煤炭销售
600995	文山电力	文山	2004/6/15	电力
601991	大唐发电	北京	2006/12/20	电力销售、热力销售

资料来源：中证网（中国证券报主办），http://www.cs.com.cn/